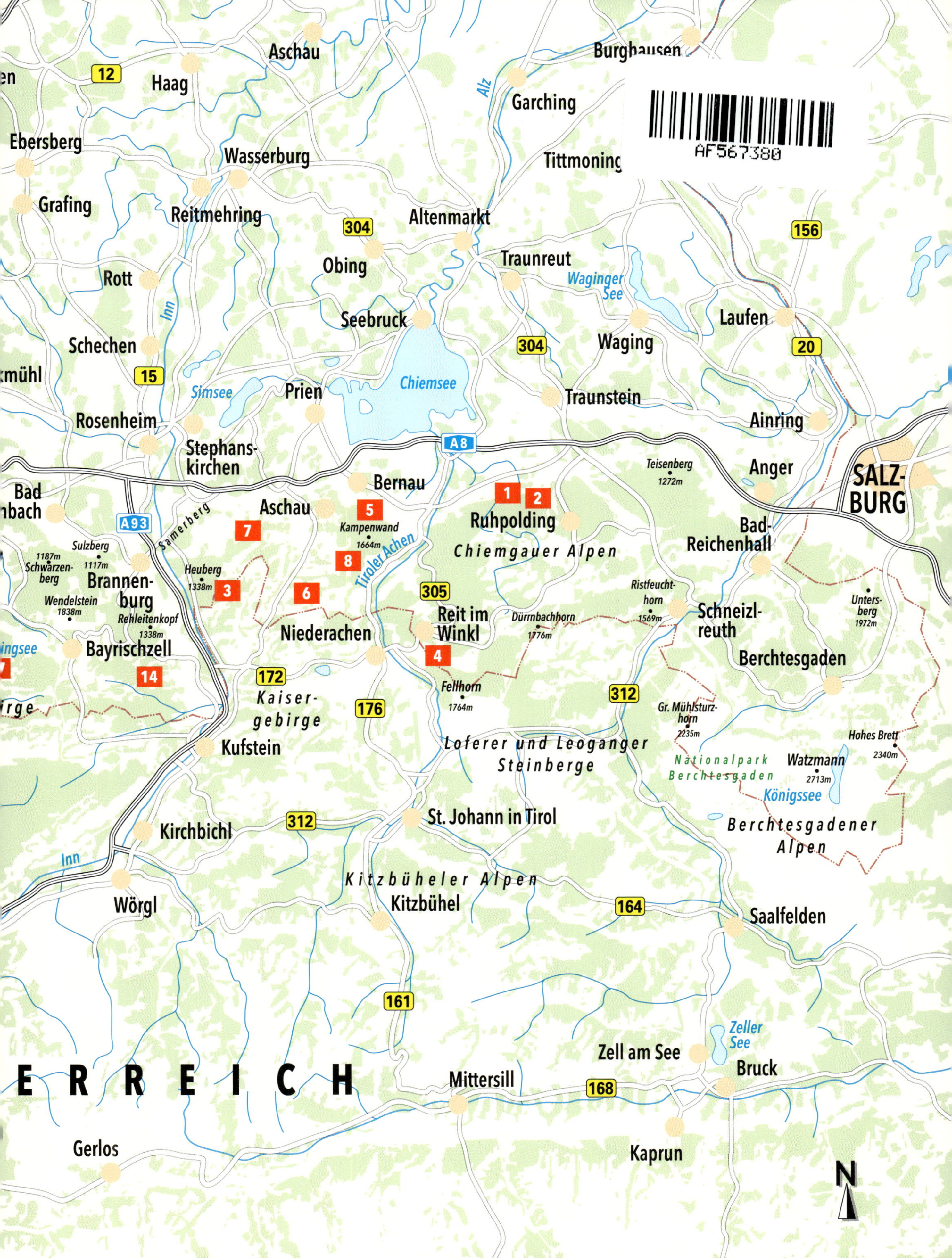

Aschau
Burghausen
Haag
Garching
Alz
Ebersberg
Wasserburg
Tittmoning
Grafing
Reitmehring
Altenmarkt
Obing
Traunreut
Waginger See
Rott
Inn
Seebruck
Laufen
Waging
Schechen
Chiemsee
Simsee
Prien
Traunstein
Rosenheim
Ainring
Stephans-kirchen
Teisenberg 1272m
Anger
Bernau
SALZ-BURG
Aschau
Kampenwand 1664m
Ruhpolding
Samerberg
Tiroler Achen
Bad-Reichenhall
Chiemgauer Alpen
Sulzberg 1117m
1187m Schwarzen-berg
Brannen-burg
Heuberg 1338m
Ristfeucht-horn 1569m
Unters-berg 1972m
Wendelstein 1838m
Rehleitenkopf 1338m
Reit im Winkl
Dürrnbachhorn 1776m
Schneizl-reuth
Niederachen
Bayrischzell
Berchtesgaden
Fellhorn 1764m
Kaiser-gebirge
Gr. Mühlsturz-horn 2235m
Hohes Brett 2340m
Kufstein
Loferer und Leoganger Steinberge
Nationalpark Berchtesgaden
Watzmann 2713m
Königssee
St. Johann in Tirol
Kirchbichl
Berchtesgadener Alpen
Inn
Wörgl
Kitzbüheler Alpen
Kitzbühel
Saalfelden
Zeller See
Zell am See
Bruck
ERREICH
Mittersill
Gerlos
Kaprun
N
12
15
304
304
156
20
A8
A93
305
172
176
312
312
164
161
168
1
2
3
4
5
6
7
8
14

Jürgen Kiermeier

Die schönsten (E-)Mountainbike-Touren in den Bayerischen Alpen

25 Routen zwischen Chiemgau
und Garmisch-Partenkirchen

Bassermann

Inhalt

Vorwort 6
Zum Gebrauch des Buches 7

DIE SCHÖNSTEN ROUTEN
IN DEN CHIEMGAUER ALPEN 9

Tour 1 ● Durch den Märchenwald 10
Tour 2 ● Zur Bründling-Alm 14
Tour 3 ● Zur Kranzhornalm 18
Tour 4 ● Zur Winklmoosalm 24
Tour 5 ● Auf die Kampenwand 28
Tour 6 ● Zur Priener Hütte 32
Tour 7 ● Um das Feichteck 36
Tour 8 ● Auf die Hochplatte 40

DIE SCHÖNSTEN ROUTEN
IN DEN BAYERISCHEN VORALPEN 45

Tour 9 ● Um den Schliersee 46
Tour 10 ● Zu den Gindelalmen 50
Tour 11 ● Durch das Lainbachtal 54
Tour 12 ● Auf den Blomberg 58
Tour 13 ● Zum Jenbachfall 62
Tour 14 ● Zur Erzherzog-Johann-Klause 66
Tour 15 ● Um den Fockenstein 70
Tour 16 ● Durch den Stinkergraben 74
Tour 17 ● Zum Rotwandhaus 78

DIE SCHÖNSTEN ROUTEN IN DEN BERGEN UM GARMISCH-PARTENKIRCHEN 85

Tour 18 ● Auf den Hohen Kranzberg 86

Tour 19 ● Rund um Oberammergau 90

Tour 20 ● Auf den Pürschling 94

Tour 21 ● Zur Hochthörlehütte 98

Tour 22 ● Zur Rotmoosalm 102

Tour 23 ● Zum Königshaus am Schachen 106

Tour 24 ● Zur Falkenhütte 110

Tour 25 ● Um den Wank 114

Register 120

Impressum 123

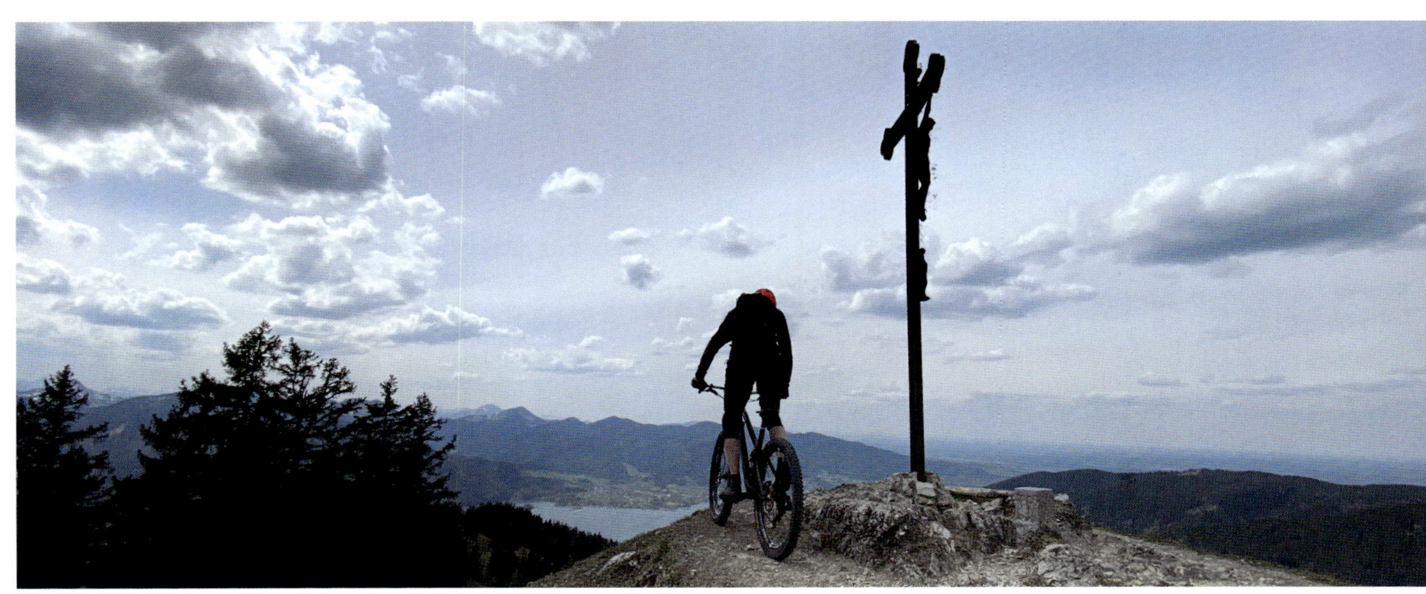

Vorwort

Die bayerischen Alpen sind trotz der touristischen Erschlossenheit immer noch ein atemberaubender Lebensraum. Hier kann man den Alpensalamander direkt am Wegesrand beobachten oder den Murmeltieren im Chiemgau beim Herumtollen zusehen.

Vor oder nach diesen Erlebnissen kann man bei herrlichen Ausblicken auf den gut bewirtschafteten Almen die ein oder andere regionale Köstlichkeit genießen. Genau diese Mischung macht diese Region zu Recht zu einem der beliebtesten Urlaubsziele in ganz Deutschland.

In diesem Führer habe ich die besten Routen für Mountainbiker mit und ohne E-Bike, mit und ohne Familie vom Chiemgau bis nach Garmisch-Partenkirchen zusammengetragen. Dabei hat jede der drei Regionen ihren ganz eigenen Charakter.

Das Chiemgau besticht durch seine Weitläufigkeit und die damit oft verbundene Ruhe und Einsamkeit. Die Region um den Tegernsee ist dafür von München sehr gut erreichbar und bietet alle Möglichkeiten für eine entspannte Nachmittagstour. An schönen Wochenenden sollte man bei der Anfahrt mit dem eigenen Fahrzeug genügend Geduld mitbringen, die Bayerische Oberlandbahn kann hier eine hervoragende Alternative sein. Die Berge um Garmisch-Partenkirchen bieten wohl die schroffeste Kulisse für eine Mountainbiketour und sind sicherlich auch technisch und konditionell am anspruchsvollsten.

Jede Tour enthält Vorschläge zur individuellen Gestaltung, so dass jeder, vom ambitionierten Sportler bis zum genussorientierten E-Biker auf seine Kosten kommen wird. Für Familien oder Interessierte habe ich, wenn möglich auch Alternativprogramme für die Kleinsten oder das Kulturprogramm in *Tipps zur Tour* zusammengefasst.

Zum Abschluss noch ein Wort **zum Miteinander** in diesem wunderschönen Naturraum, das mir sehr am Herzen liegt. Bitte nehmt **Rücksicht aufeinander**, habt **Verständnis füreinander** und **Respekt voreinander!**

Viel Spaß beim Nachfahren der Touren und viele tolle Erlebnisse.

Jürgen Kiermeier

Zum Gebrauch des Buches

Die Anforderung jeder Tour wird im blauen Kasten *Die Tour kompakt* zusammengefasst. Der Startplatz wird so beschrieben, dass er per Eingabe in ein Navigationsgerät problemlos angesteuert werden kann.

Alle Karten und GPS-Tracks können Sie unter: www.bassermann-verlag.de/mountainbike herunterladen.

Die Schwierigkeit der Touren nimmt generell innerhalb jeder Region mit steigender Nummerierung zu. Die Einteilung zwischen leicht, mittel und schwer kann man dabei auch leicht an der farblichen Markierung neben dem Tourennamen erkennen.

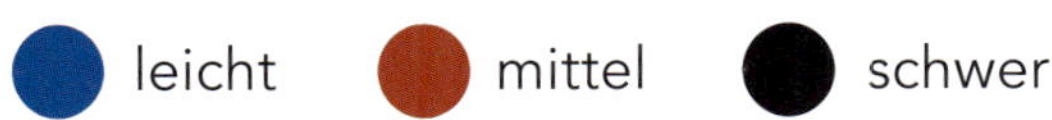

Alle Touren sind frei von Tragestrecken!

Man sollte bitte bedenken, dass jede Schwierigkeitsangabe immer nur eine subjektive und grobe Einschätzung sein kann. Außerdem ist natürlich die ein oder andere Auffahrt mit dem E-Bike wesentlich leichter zu bewältigen. Alle Einschätzungen beruhen, ebenso wie die Angaben für den Zeitbedarf, auf der Benutzung eines gewöhnlichen Mountainbikes – und auch eines normal trainierten Sportlers. Der Zeitbedarf ist die reine Fahrzeit jeder Tour ohne jegliche Pausen.

Jede Tourenabfahrt entspricht der einfachsten Abfahrtsvariante. Sollte es einen interessanten Trail geben, ist dieser im Höhenprofil und im GPS-Track markiert. Jeder Trail mündet dabei wieder auf dem Track, der im GPS-Gerät angezeigt wird.

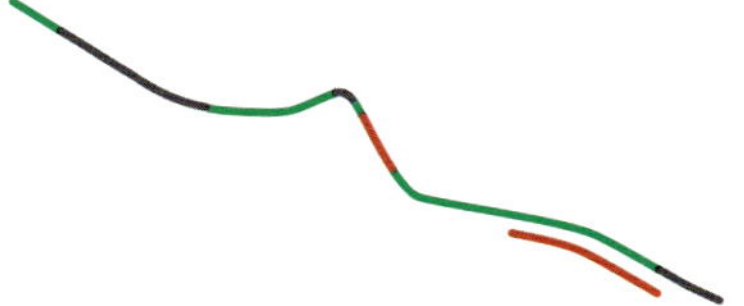

Der höchste Punkt der Tour ist für die Planung von entscheidender Bedeutung, da man im Herbst die Schneefallgrenze im Auge haben sollte. Im Frühjahr kann man sich eine Webcam mit einem Referenz-Höhenwert aussuchen um den aktuellen tatsächlichen Schneestand in Augenschein zu nehmen.

Alle bewirtschafteten Hütten und Almbetriebe auf der Tour werden im Höhenprofil gekennzeichnet und sind auch in dem Kartenausschnitt klar ersichtlich. Sollte es außerordentlich schöne alternative Rastplätze geben, werden diese in der Tourenbeschreibung erwähnt.

Zum Abschluss sei gesagt, dass natürlich Wegbeschreibungen aufgrund von Sanierungen abweichen können.

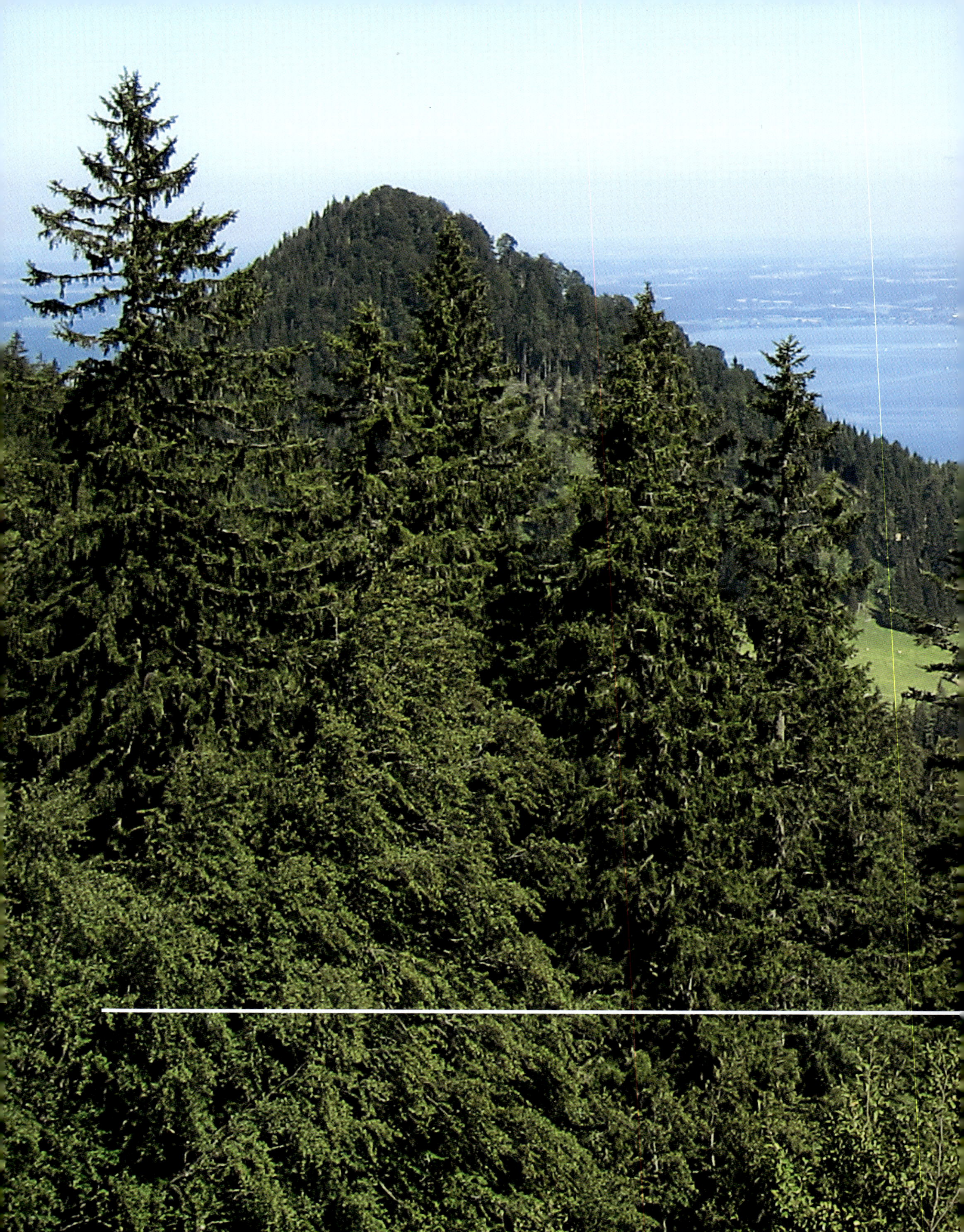

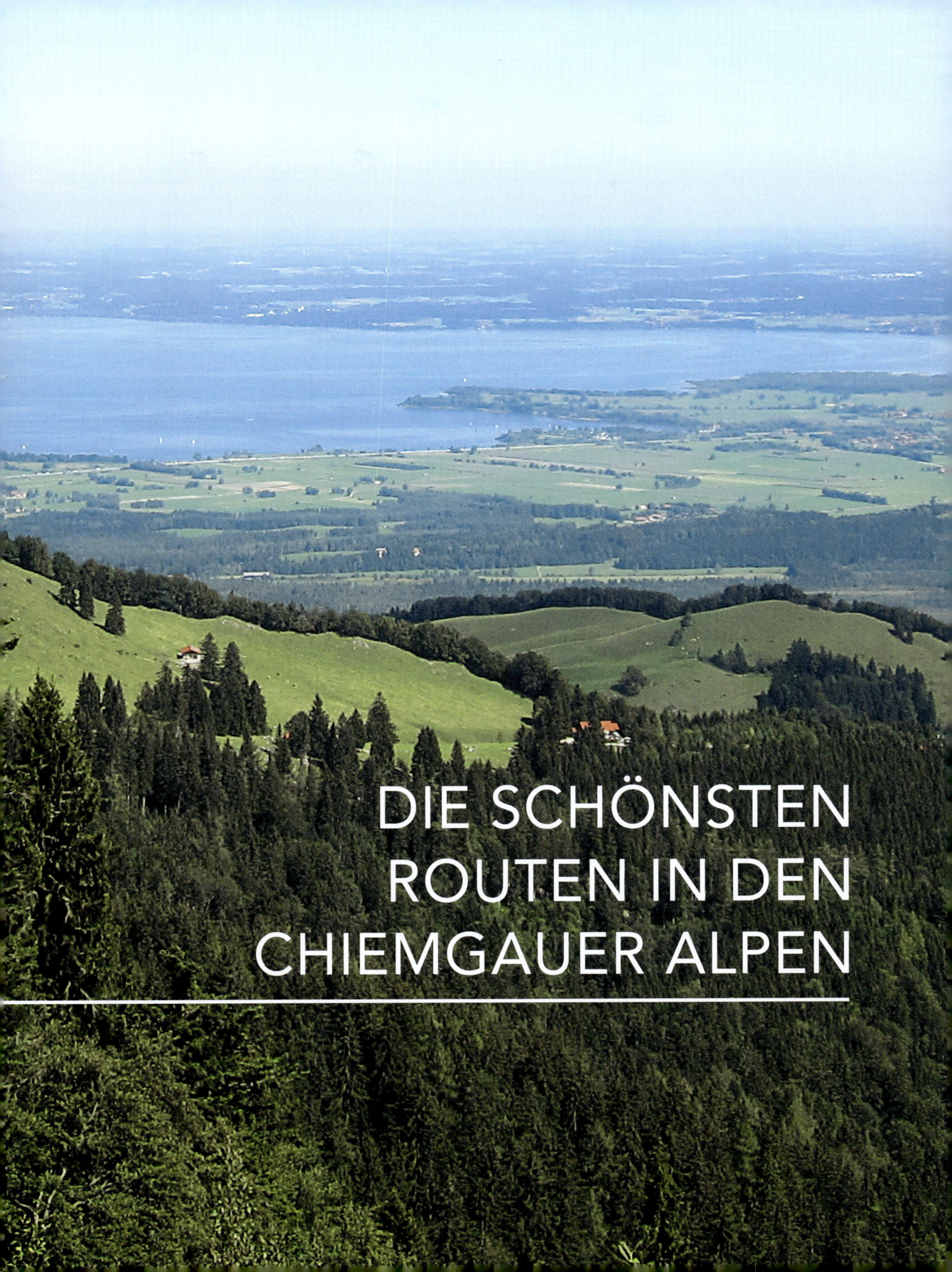

DIE SCHÖNSTEN ROUTEN IN DEN CHIEMGAUER ALPEN

Tour 1

DURCH DEN MÄRCHENWALD

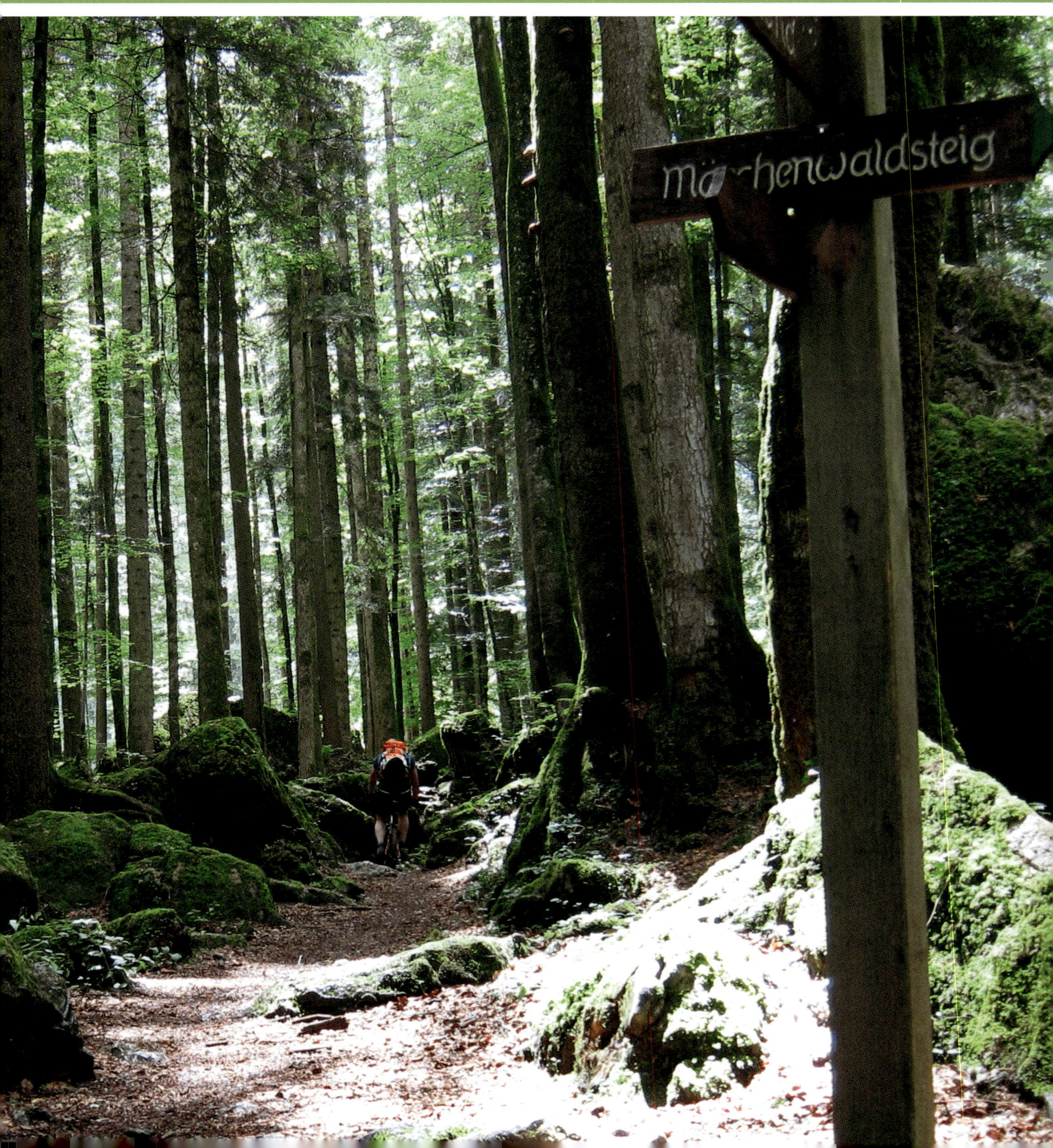

Diese Tour ist fast schon eine Pilgerfahrt. Führt sie doch direkt an der berühmten Chiemgauer **Wallfahrtskirche Maria Eck** vorbei. Ein Besuch lohnt sich allemal, da es neben einem "wundersamen Stein", um den sich viele Mythen und Legenden ranken, auch eine Wasserkapelle mit Marienbrunnen zu sehen gibt. Nachdem es hier für eine erste Verpflegung noch zu früh sein wird, sei auch die Klosterwirtschaft erwähnt. Ihre ausgezeichnete Voralpenküche hat hier sogar Papst Benedikt der XVI. mehrmals bei einem Besuch genossen.

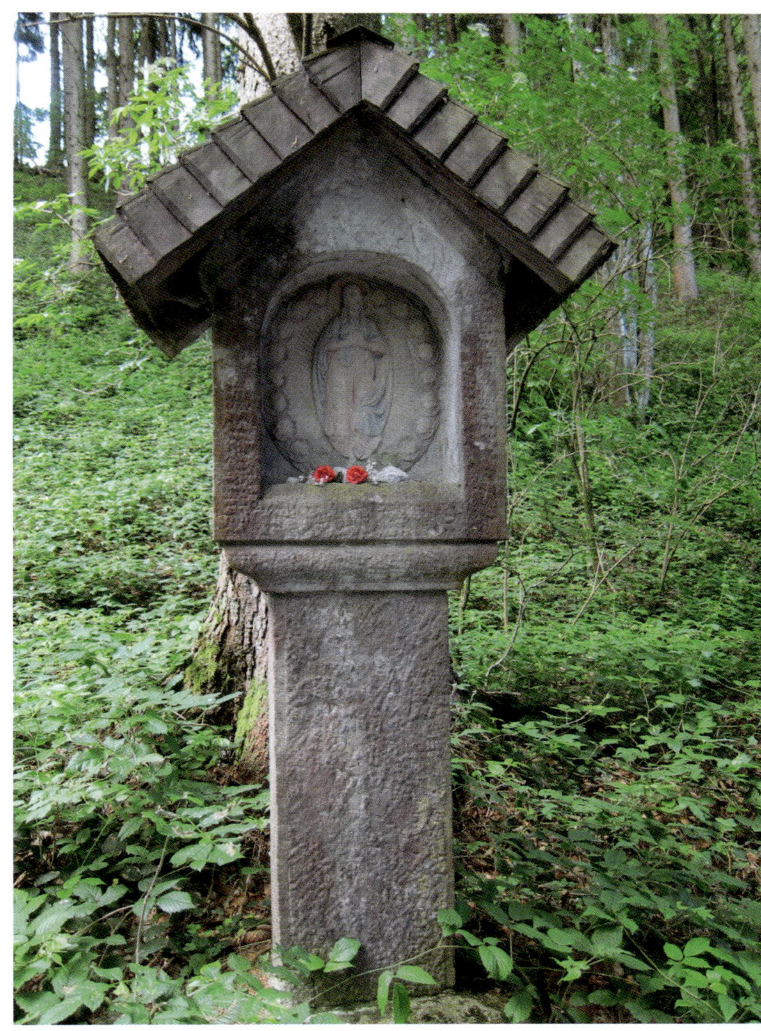

Vom großen Parkplatz der Hochfelln Seilbahn geht es in sanfter Steigung auf einem schönen Forstweg durch den Wald zur oben beschriebenen Wallfahrtskirche. Am Wegesrand gibt es dabei einige alte Mariensäulen zu bestaunen. Am Ende der Steigung und zu Beginn der Asphaltstraße ist ein Abstecher zu einer Mariengrotte und einem tollen Chiemseeausblick möglich (Abzweig im GPS-Track markiert).

Bald gelangt man nun zur Hauptstraße, der man bis kurz hinter Maiergschwendt folgt. Nun biegt man in einen Pfad ein, der am Abbaugebiet des "Ruhpoldinger Marmor" vorbeiführt. Marmor aus Ruhpolding? Ja, tatsächlich wurde in diesem Steinbruch "Marmor" abgebaut. Dabei handelt es sich allerdings nicht um echten Marmor. Die Bezeichnung verdankt das rötliche Gestein lediglich seiner Struktur und der Tatsache, dass es sich sehr gut verarbeiten lässt. Einige Fassaden in Ruhpolding bestehen aus diesem "Marmor". Das Abbaugebiet ist in jedem Fall beeindruckend anzusehen.

DIE TOUR KOMPAKT

Startplatz: Parkplatz der Hochfelln Seilbahn in Bergen
Schwierigkeit: leicht
Anstieg: 710 Höhenmeter
Höchster Punkt: 1093 m
Distanz: 29 Kilometer
Zeitbedarf: ca. 2 Stunden

Einige kleine Pfade entlang der Urschlauer Achen weiter erreicht man das Gasthaus Brand. Hier lässt es sich hervorragend einkehren und darüber nachdenken, ob man den Märchenwald zu Fuß erkundet oder lediglich mit dem Bike hindurchfährt. Wie man sich auch entscheidet, der Märchenwald ist ein mystisches Erlebnis und man hat für einen Moment das Gefühl, als wäre die Zeit stehen geblieben.

Nach diesem Highlight folgt ein leichter Anstieg zu den herrlichen Hochalmwiesen des Eschelmoos, das sich zu Füßen des Hochgern ausbreitet. Ab diesem Punkt geht es nur noch bergab.

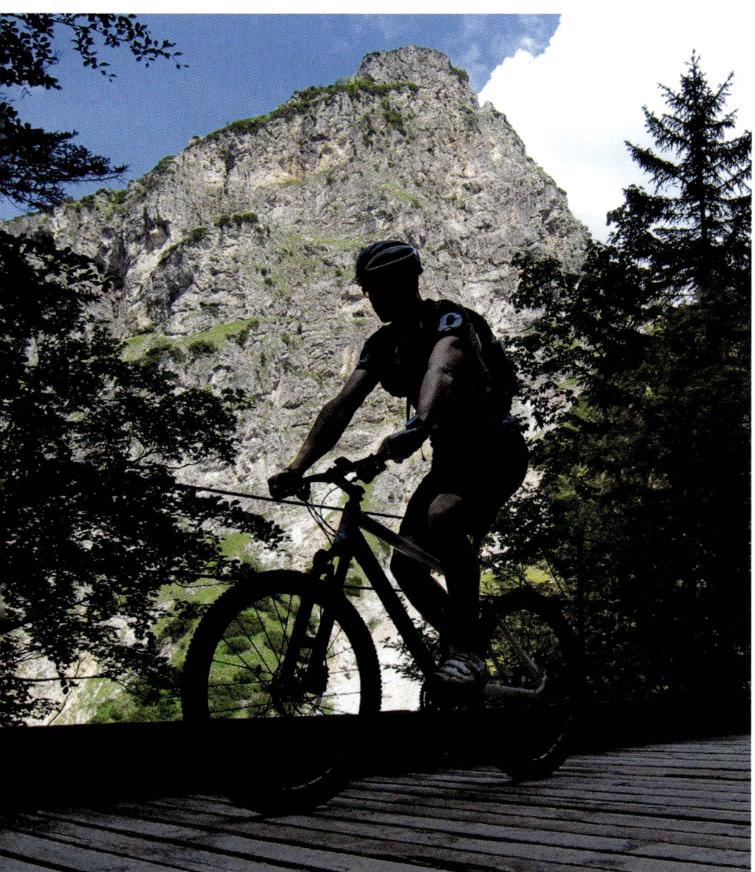

Auf einem alten Schotterweg fährt man oberhalb der tiefen Schlucht der Weißen Achen entlang und überquert dabei den ein oder anderen Graben auf alten Holzstegen, die mit Stahlträgern in den Fels gehauen wurden. Einige Abschnitte in dieser Abfahrt sind leicht trailmäßig und erfordern zum Abschluss der Tour auf jeden Fall etwas Konzentration.

Später öffnet sich das Tal und ab Kohlstadt geht es immer am Fluss entlang zurück zum Ausgangspunkt in Bergen.

TIPPS ZUR TOUR

- Jedes Jahr am dritten Sonntag im Mai findet die große Maria Eck Trachtenwallfahrt statt – mit über dreitausend Trachtlern einer der Höhepunkte im Chiemgauer Wallfahrtsjahr.
- Viele kleine Pfade führen im Märchenwald zu zauberhaften Plätzen wie beispielsweise einer Glücksgrotte oder einer alten Bärenhöhle. Es empfiehlt sich auf jeden Fall, das Mountainbike abzustellen und eine Erkundung zu Fuß einzuplanen.
- Für heiße Sommertage gibt es kurz vor Ende der Tour, bei der alten Diensthütte, eine tolle Bademöglichkeit in der Weißen Achen.

HÖHENPROFIL

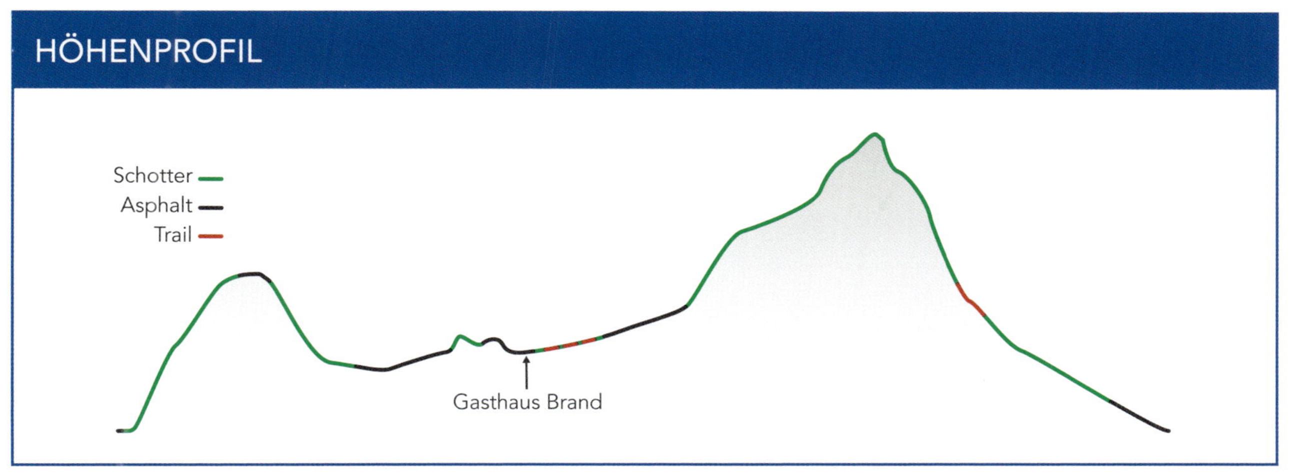

KARTENAUSSCHNITT

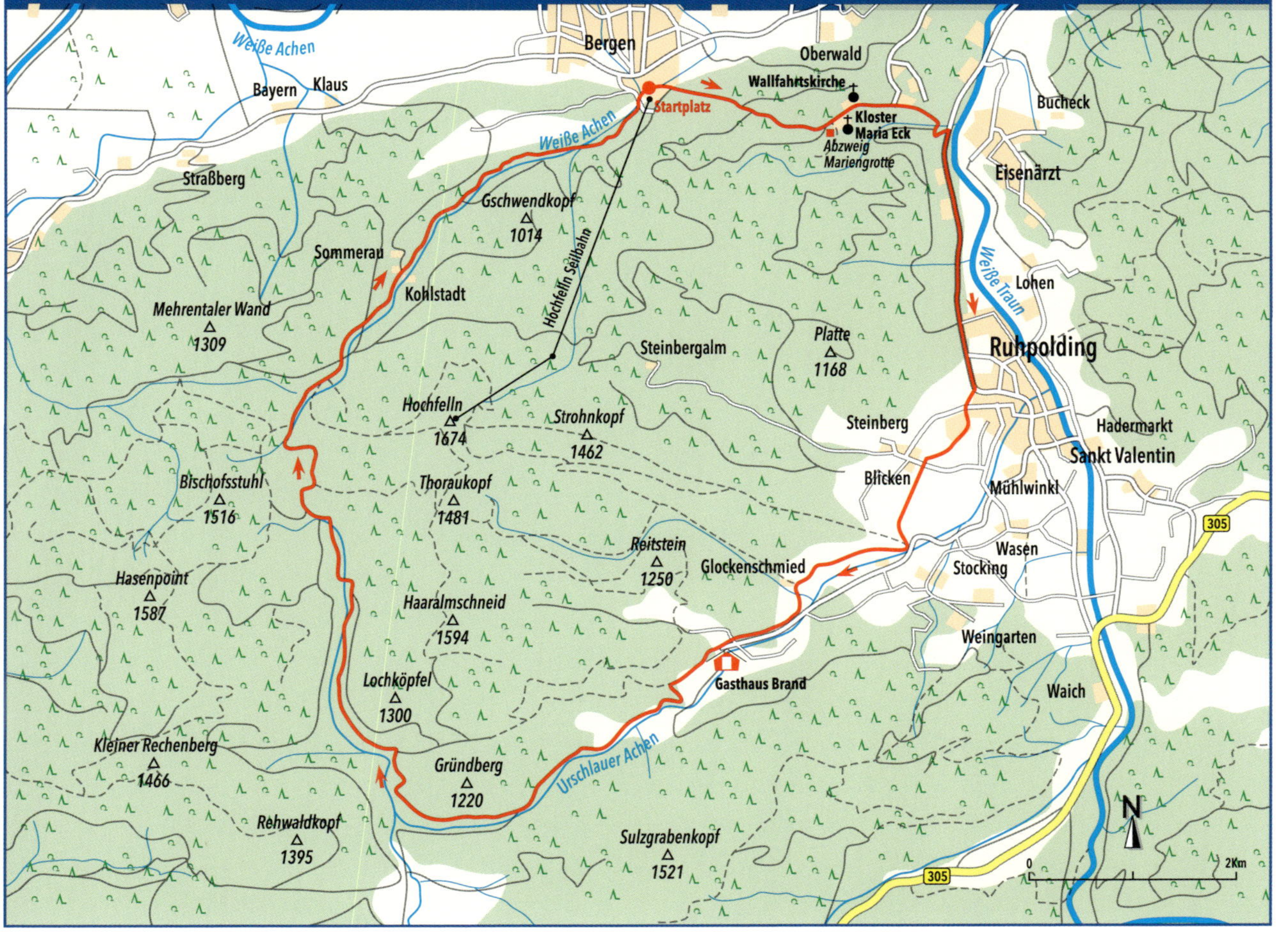

Tour 2

ZUR BRÜNDLING-ALM

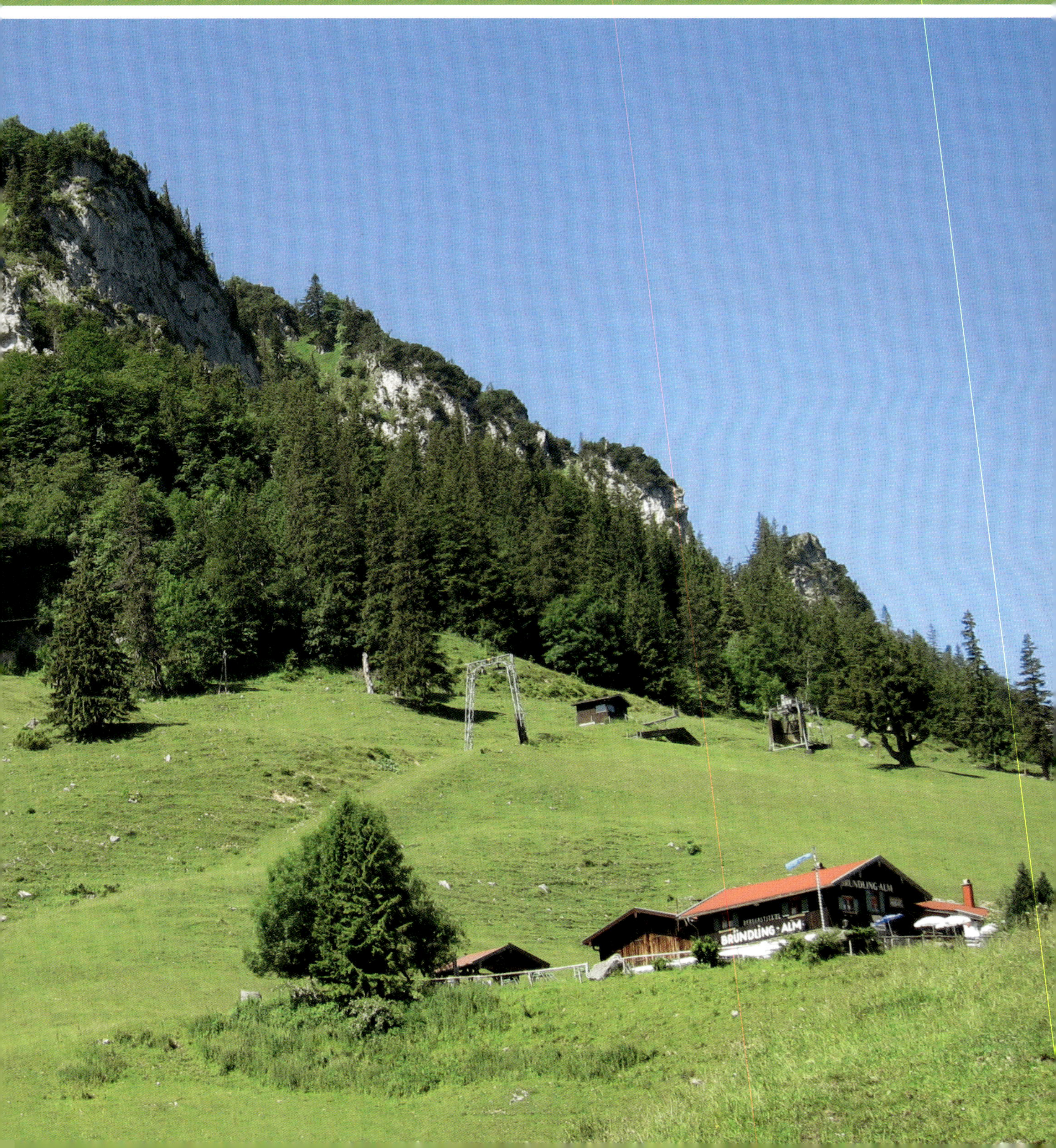

Zu Füßen des Hochfelln liegt mit gleich drei bewirtschafteten Almgebäuden die Bründling-Alm. In der Tour ist jedoch nur von der Hauptalm die Rede, da sie am höchsten Punkt liegt. Wer möchte schon mit vollem Magen weiter bergauf radeln? Warten doch **selbstgemachte Kuchen** und allerlei weitere Köstlichkeiten auf den Besucher. Ein paar Abschnitte der Route sind, je nach Kondition, besser mit dem E-Bike zu fahren, da sie doch steiler sind. Es gibt zwar noch einige alternative Auffahrtsmöglichkeiten, aber diese ist die mit Abstand am wenigsten frequentierte und bietet somit viel Ruhe und Entspannung.

Zunächst geht die Fahrt jedoch sehr gemütlich auf breitem Forstweg bergauf. Einige alte Mariensäulen säumen diesen Wallfahrtsweg nach Maria Eck. Auf halbem Weg dorthin biegt die Tour dann nach Westen ab und man gelangt bald an eine schöne Brotzeithütte mit Blick auf den Hochfelln. Man sollte allerdings nur eine kleine Stärkung zu sich nehmen, da etwas später, nach einer kurzen Abfahrt, die steileren Abschnitte des Anstiegs folgen.

Nach dem anstrengendsten Teil des Tages öffnet sich die Hochebene der Bründling-Alm und man kann am Horizont bereits das Dach des gleichnamigen Almgebäudes sehen.

Hat man sich ausreichend gestärkt, fährt man auf einem herrlichen Singletrail am Hang entlang. Bald darauf hebt man sein Bike über den Zaunüberstieg (auch mit dem E-Bike gut machbar) und folgt dem Wiesenpfad über ein paar kleine Wurzeln bergab zur Gleichenbergalm. Hier biegt man nach Westen ab und folgt dem Forstweg, vorbei an einer Trinkwasserquelle, bergab.

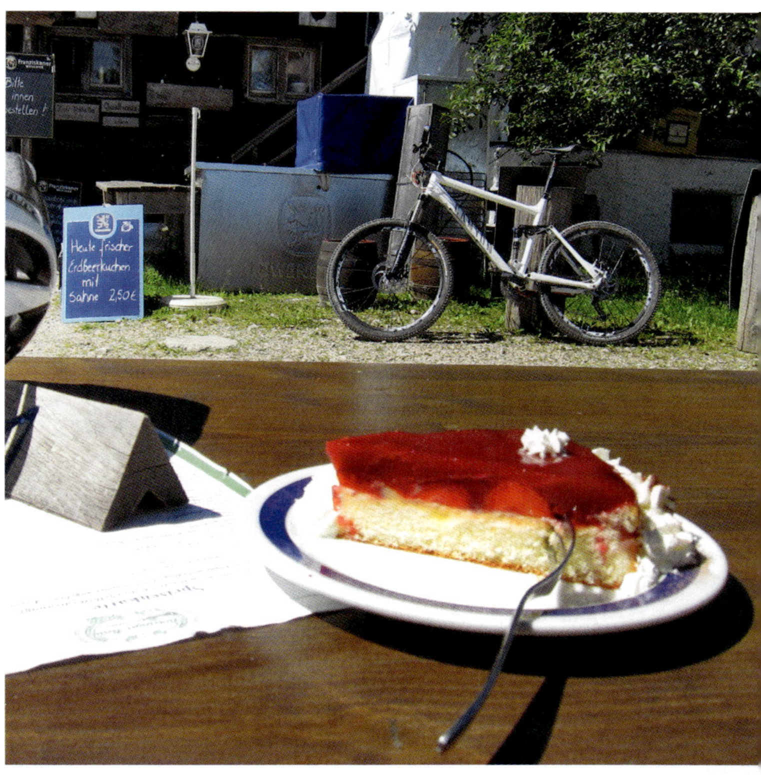

DIE TOUR KOMPAKT

Startplatz: Parkplatz der Hochfelln Seilbahn in Bergen
Schwierigkeit: leicht
Anstieg: 870 Höhenmeter
Höchster Punkt: 1180 m
Distanz: 17 Kilometer
Zeitbedarf: ca. 2,5 Stunden

Hinter der Brücke über die Weiße Achen ist danach ein kleiner Gegenanstieg zu bewältigen und schließlich fährt man auf einem uralten Forstweg durch einen lichtdurchfluteten, jungen Buchenwald bergab.

Später ist dann, hinter dem Abzweig zum Engelstein und der Engelsteinhöhle (im GPS-Track markiert), ein leichter Trail zu befahren, bevor man aus dem Wald kommend nach Pattenberg rollt.

Von hier führt einen die Fahrstraße zurück zum Ausgangspunkt.

TIPPS ZUR TOUR

- Die Halbhöhle am Engelstein ist mit ihrem spaltartigen Eingang und dem darauffolgenden Aha-Erlebnis auf jeden Fall einen Besuch wert!

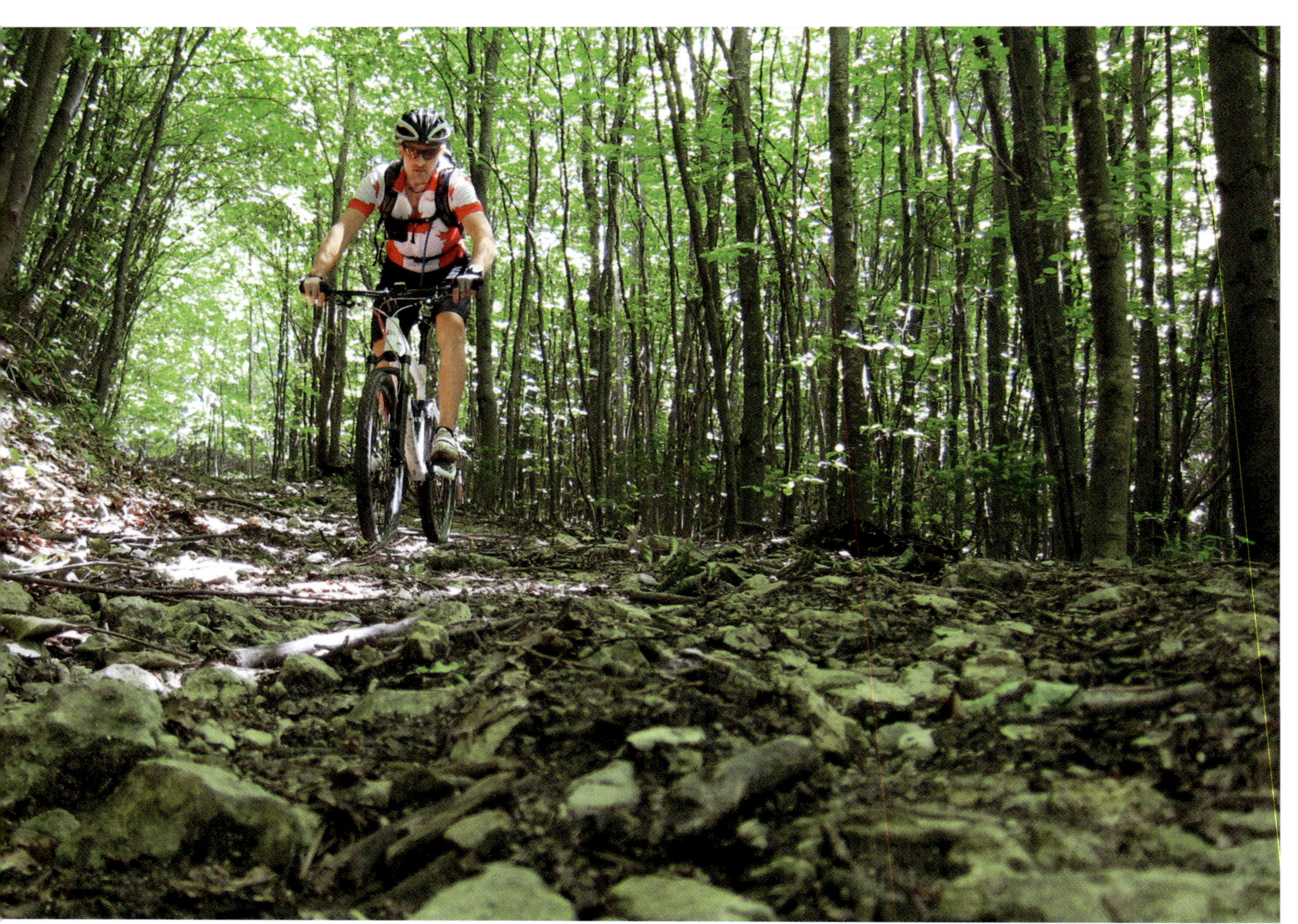

HÖHENPROFIL

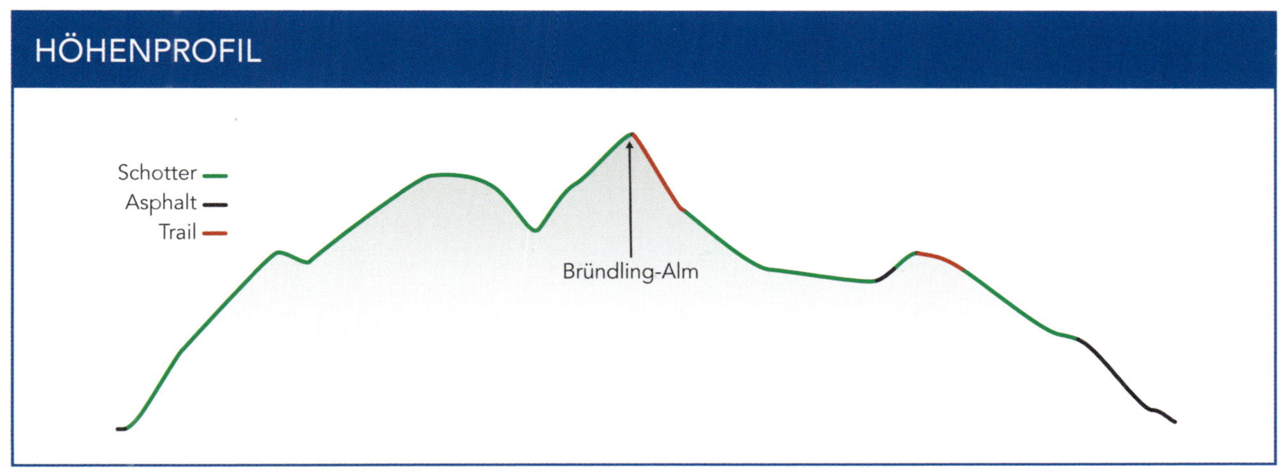

KARTENAUSSCHNITT

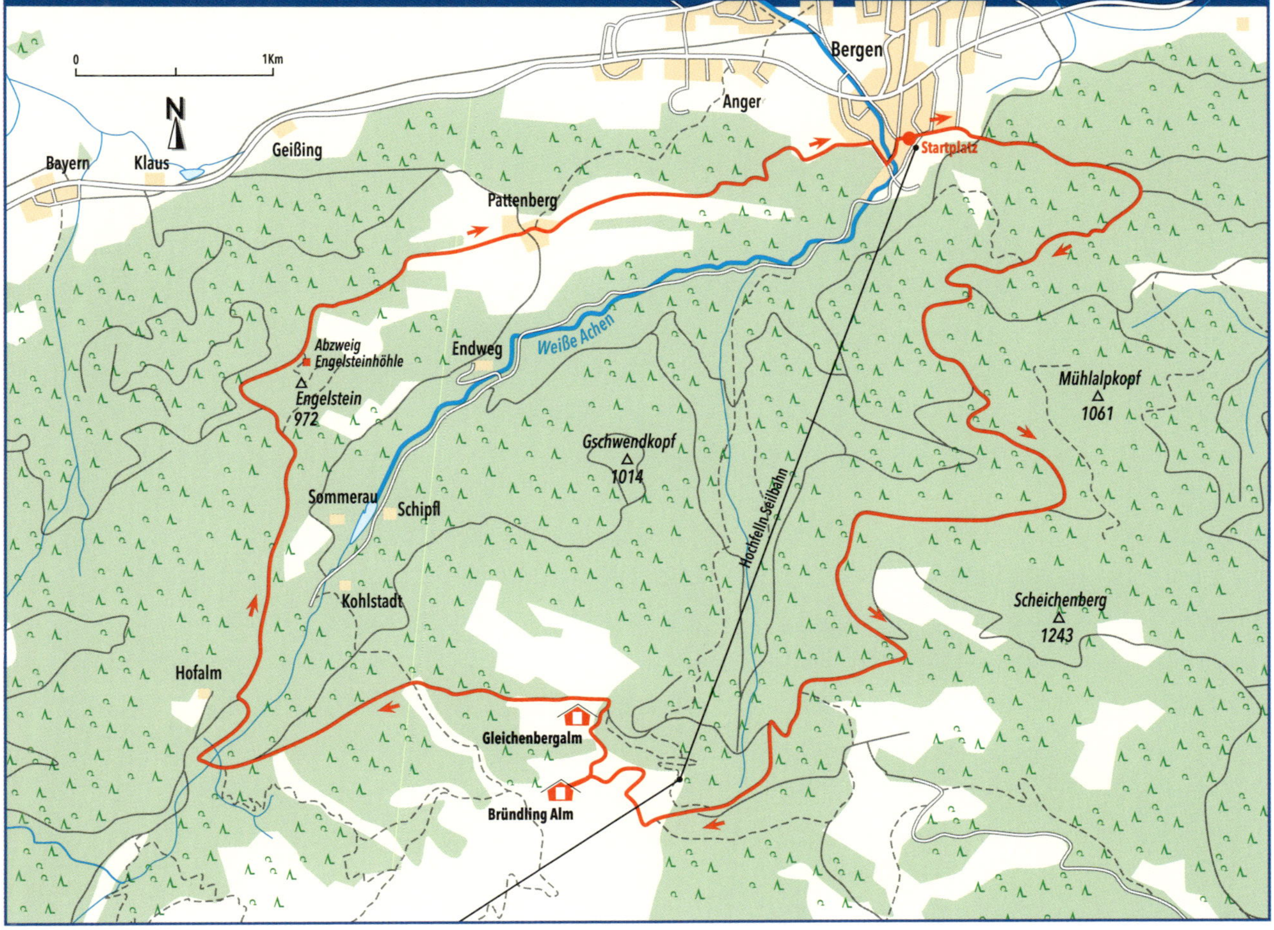

Tour 3

ZUR KRANZHORNALM

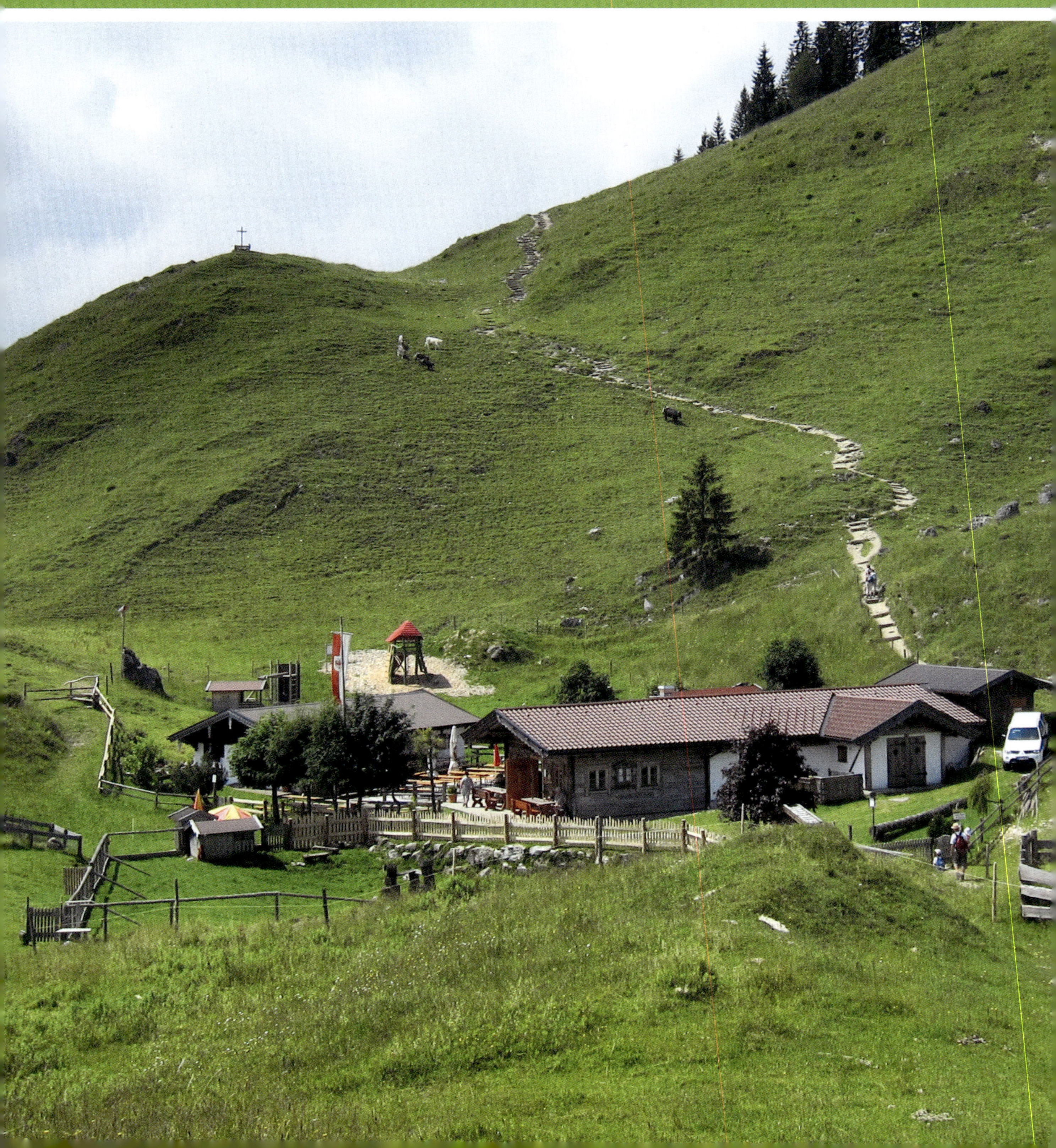

Der Kranzhorngipfel liegt genau auf der Grenze zwischen Deutschland und Österreich und bietet einen grandiosen Ausblick auf das Inntal. Unmittelbar unterhalb des Gipfels befindet sich die aufwendig bemalte **Kranzhorn-Kapelle** aus dem 17. Jahrhundert. Nach einer Überlieferung sollen die Heiligenstatuen während des Dritten Reichs aus der Kapelle entfernt und den Berg hinuntergeworfen worden sein. Nach dem zweiten Weltkrieg fand eine Sennerin die Figur des Heiligen Josef unbeschädigt am Fuße des Kranzhorns. Die Figur wurde daraufhin wieder in die Kapelle zurückgebracht und kann noch heute dort bestaunt werden. Ein Besuch lohnt sich also (siehe Tipps zur Tour).

Zu Beginn fährt man auf einem mäßig steilen Forstweg durch den Wald. Nach einiger Zeit wird der Untergrund etwas ruppiger und der Weg schmaler. Während der Auffahrt gibt der dichte Wald immer wieder kurz den Blick auf den Heuberg frei, der an schönen Sommertagen in der Ferne glitzert.

Einige Kehren weiter erreicht man eine Kuppe im Wald und folgt dem leichten Wurzel- und Wiesentrail bergab zur freien Wiesenfläche der Schindlau. Hier trifft man auf den Forstweg, der von der östlichen, österreichischen Seite zur Kranzhornalm hinaufzieht. Man folgt ihm nach rechts, nun wieder bergauf über groben Schotter und für einige Kehren, bis man schließlich die Almfläche unterhalb des Kranzhorns erreicht. Auf der Kranzhornalm angekommen kann man sich den Tiroler Köstlichkeiten hingeben oder die weitläufige Gegend erkunden.

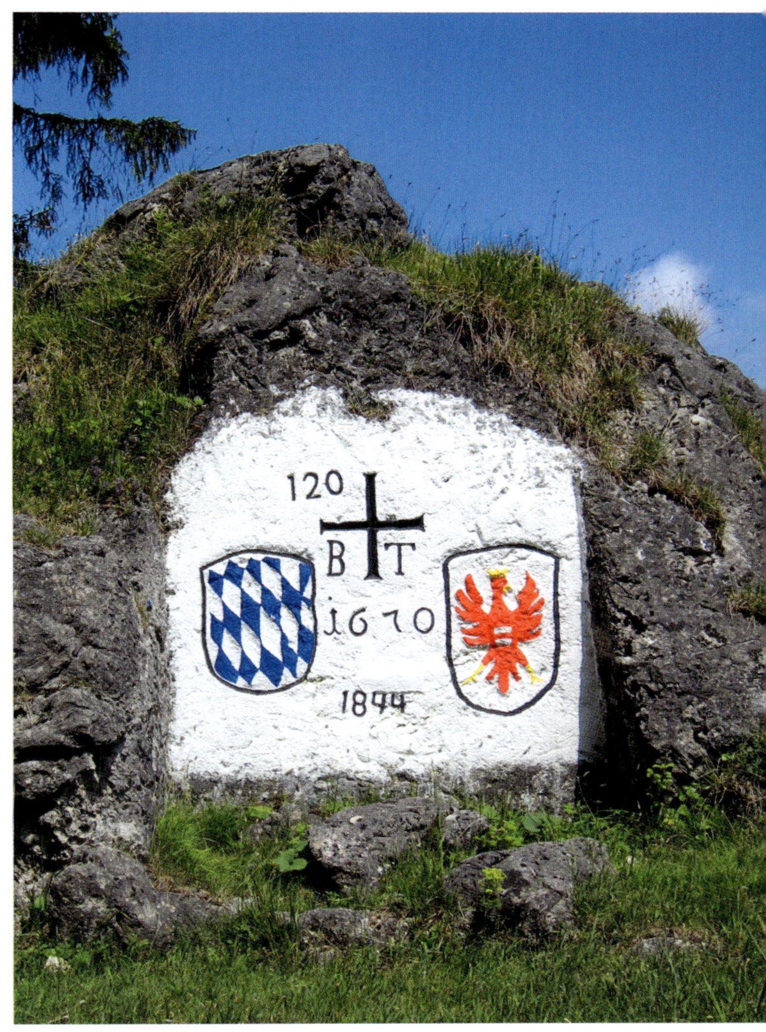

DIE TOUR KOMPAKT

Startplatz: Parkplatz oberhalb von Windshausen kurz vor der Grenze
Schwierigkeit: leicht
Anstieg: 740 Höhenmeter
Höchster Punkt: 1234 m
Distanz: 13 Kilometer
Zeitbedarf: ca. 2 Stunden

Die Wiesen und Mulden in der näheren Umgebung bieten jede Menge Gelegenheit für eine alternative und eventuell ruhigere Rastmöglichkeit. An schönen Wochenenden kann es schon einmal etwas voller auf der Kranzhornalm werden. Wer sich seine Brotzeit selbst mitgebracht hat, kann sie hier mit einem tollen Blick auf das Gebirge des Zahmen Kaisers verzehren.

Nach der verdienten Pause fährt man auf dem gleichen Weg zurück. Die Abfahrt erfordert dabei etwas Kontrolle über sein Bike. Im unteren Teil der Abfahrt kann man einen etwas anspruchsvolleren Trailabschnitt in die Tour einbauen (der Abzweig ist im GPS-Track markiert). Dieser Trail mündet wieder auf dem Forstweg und ist mit Wurzeln und grobem, losem Geröll gespickt. Vorsicht beim Ausstieg, da die letzte Stufe höher ist, als man vermuten mag!

Die restliche Abfahrt zum Ausgangspunkt folgt dem bekannten Forstweg.

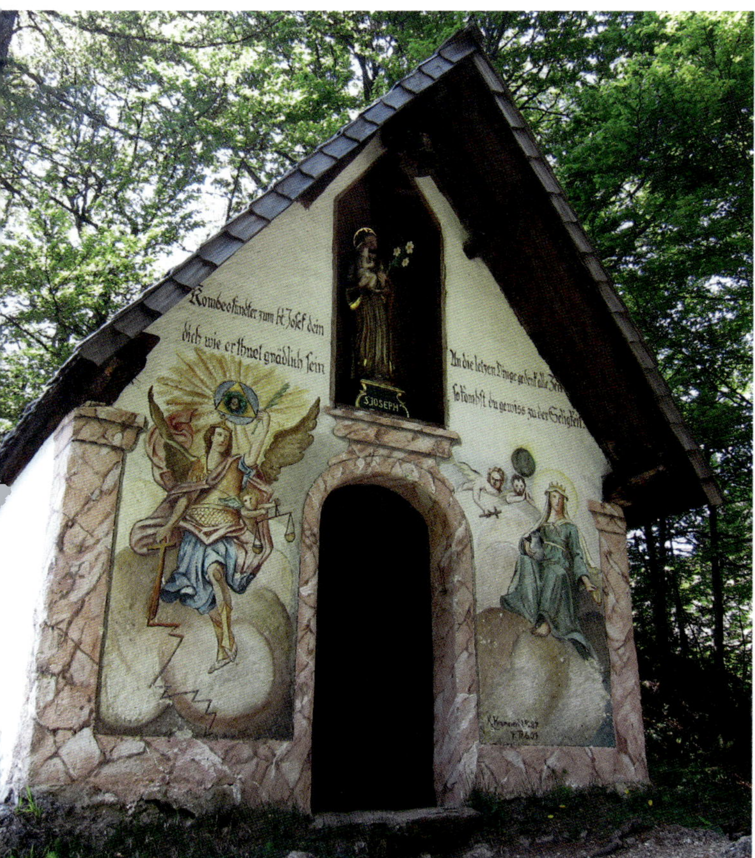

TIPPS ZUR TOUR

- Der Kranzhorngipfel mit seiner dazugehörigen Kapelle kann über einen einfachen Steig in einer guten halben Stunde bestiegen werden. Am Gipfelaufbau ist ein Drahtseil gespannt und etwas Schwindelfreiheit erforderlich.
- Die schattige nordseitige Auffahrt eignet sich besonders für heiße Sommertage.
- Der große Spielplatz auf dem Almgelände bietet jede Menge Spaß und Abenteuer auch für die Kleinsten der Familie.
- Die Kranzhornalm hat bis weit in den Herbst geöffnet und auch eine Übernachtung mit den Allerkleinsten ist möglich. Ein Wickelraum (mit Fläschchenwärmer) befindet sich direkt vor den Schlafräumen.

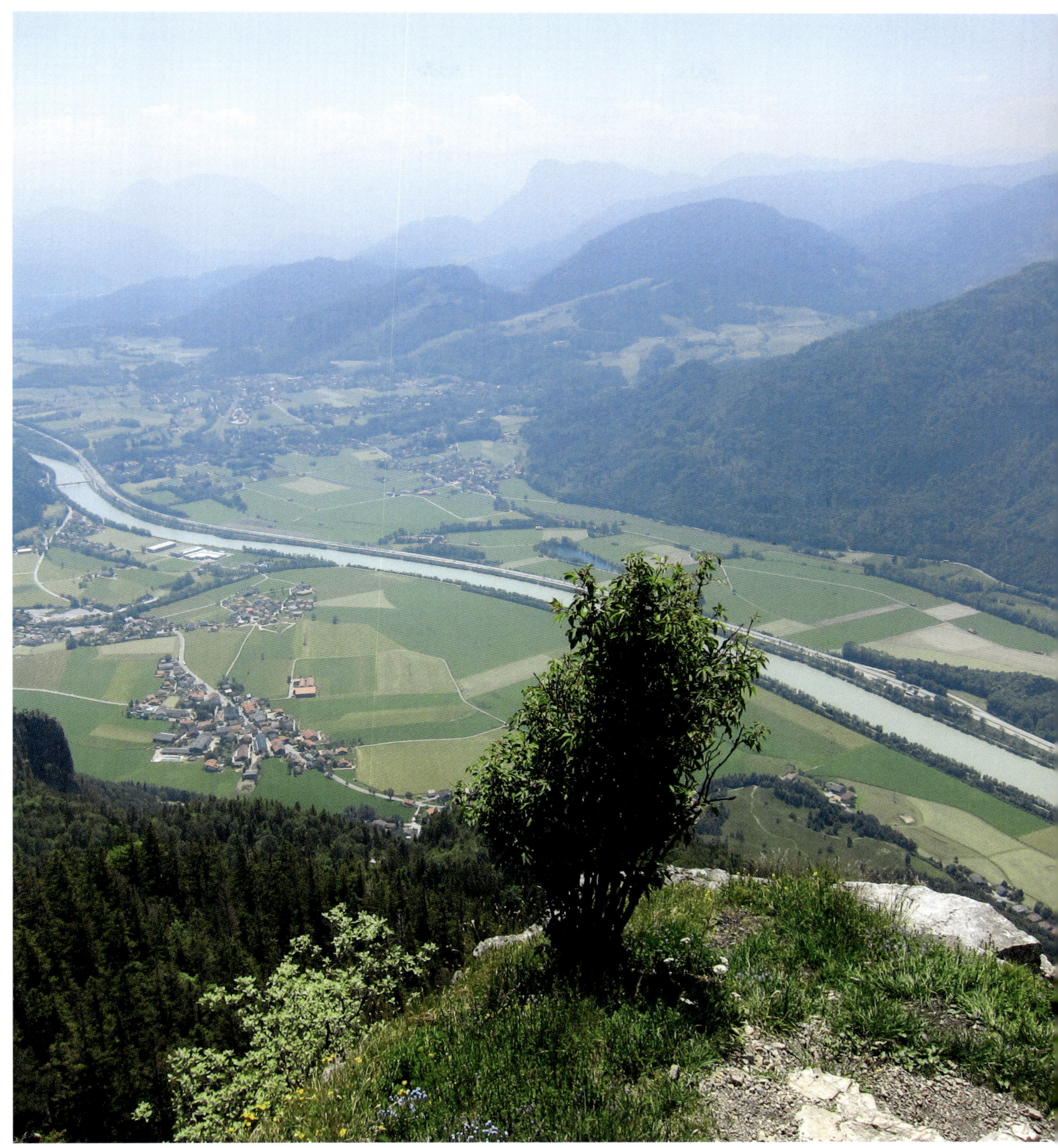

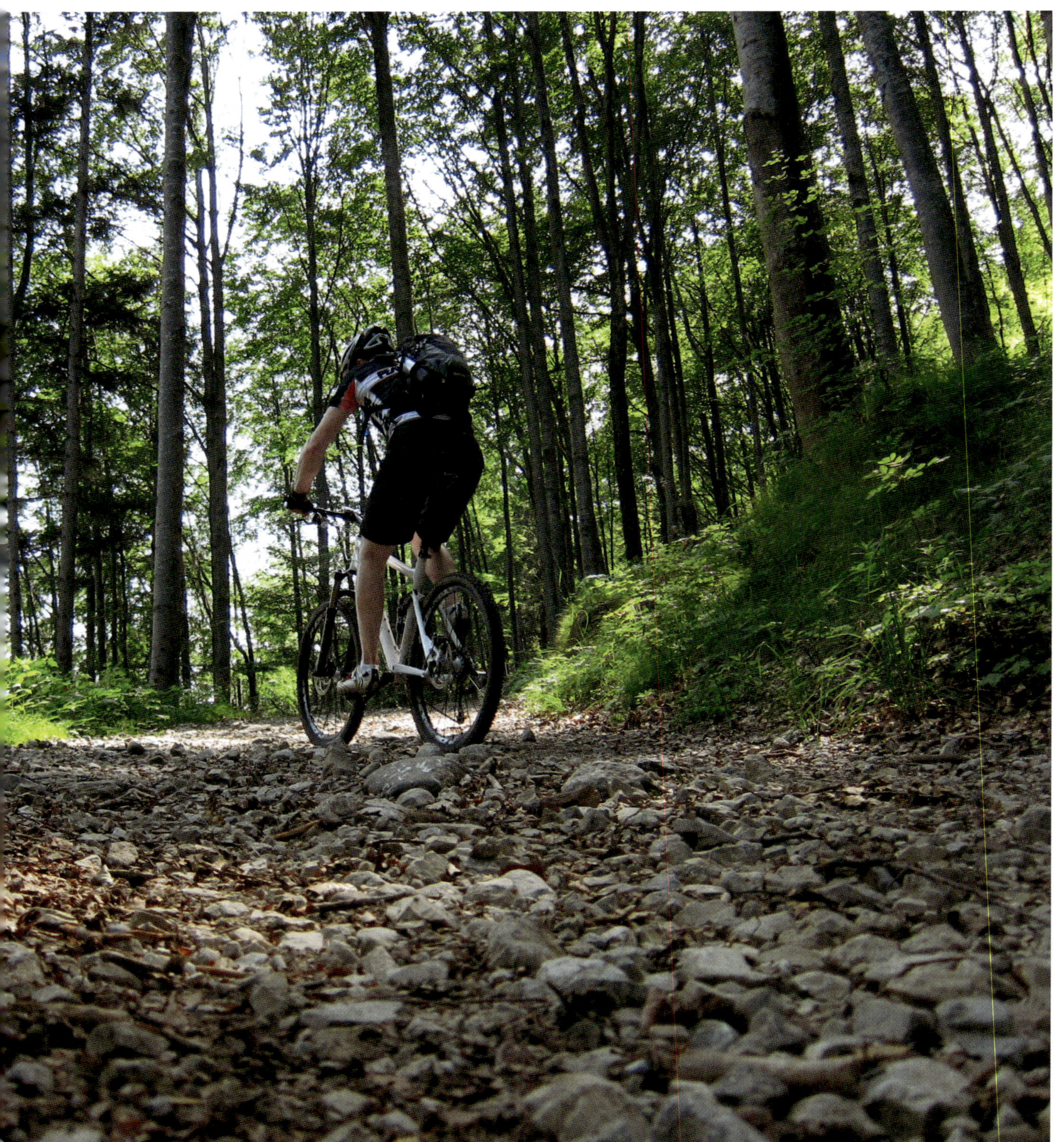

HÖHENPROFIL

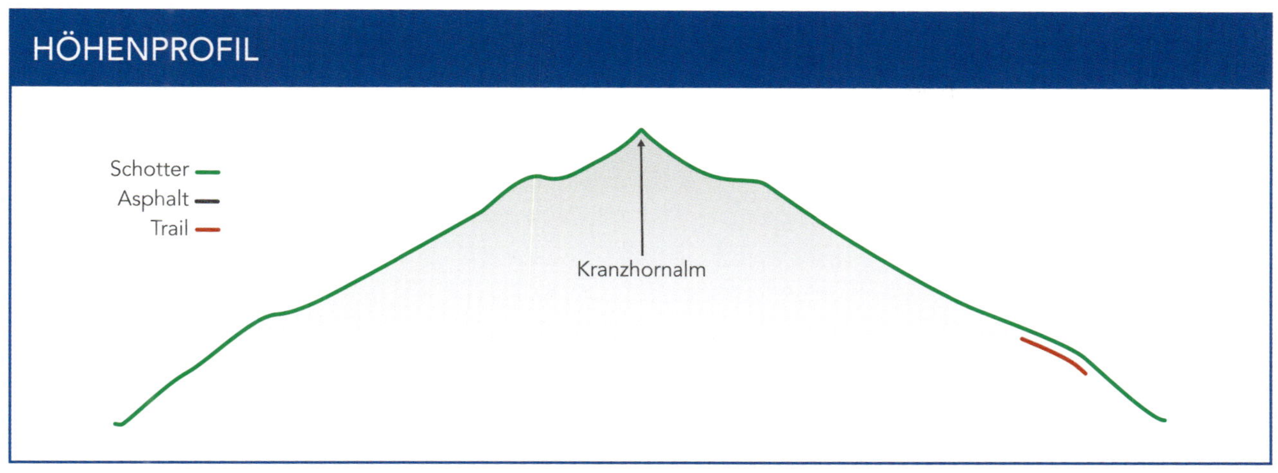

KARTENAUSSCHNITT

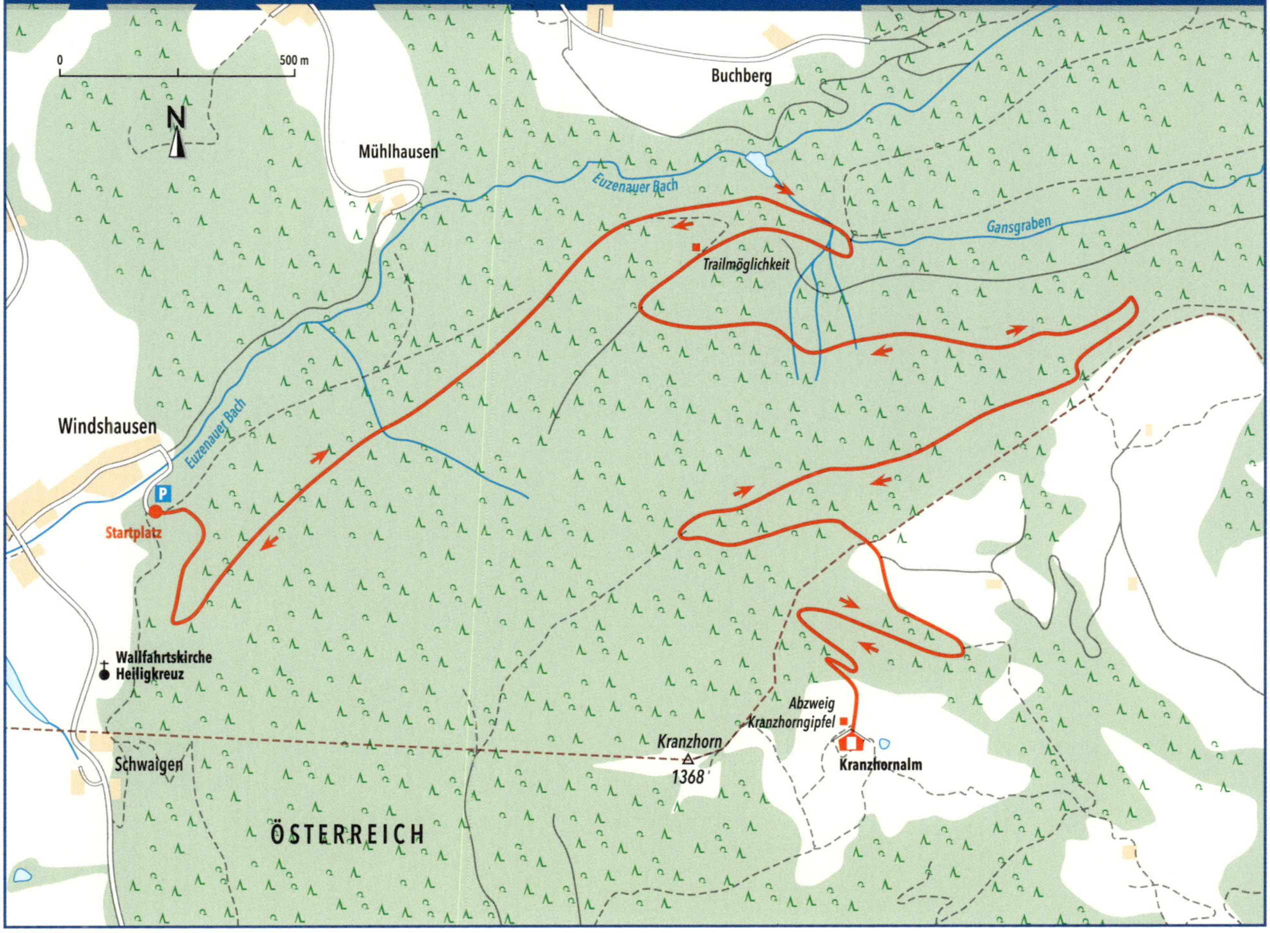

0
500 m
N
Buchberg
Mühlhausen
Euzenauer Bach
Trailmöglichkeit
Gansgraben
Windshausen
Euzenauer Bach
P
Startplatz
Wallfahrtskirche Heiligkreuz
Schwaigen
Kranzhorn
1368
Abzweig Kranzhorngipfel
Kranzhornalm
ÖSTERREICH

Tour 4

ZUR WINKLMOOSALM

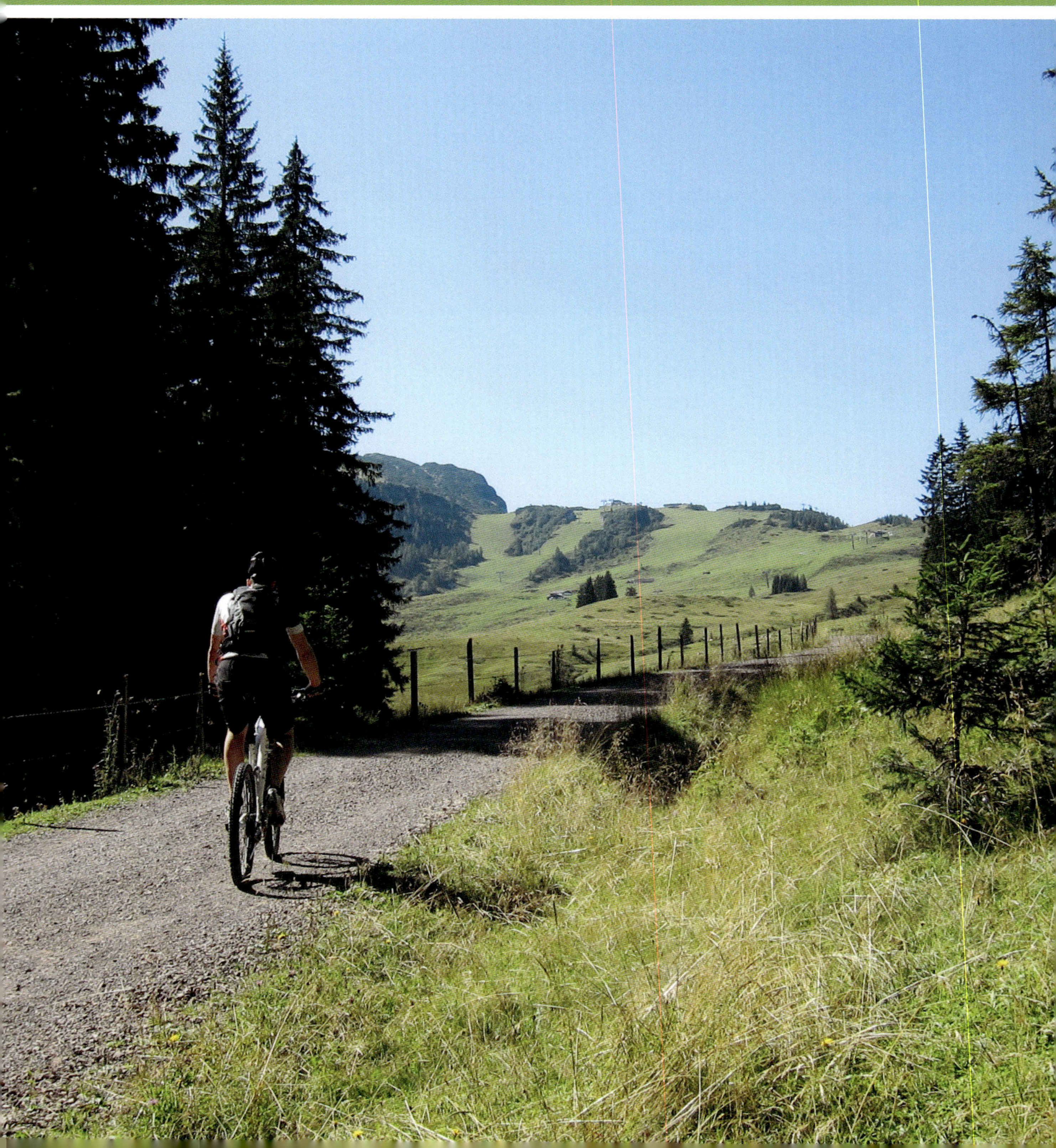

Mitten im Dreiländereck Bayern, Salzburg und Tirol auf gut 1200 Meter liegt in einem weitreichenden Hochplateau die Winklmoosalm. Das dortige Almgebiet ist nicht nur Sommerdomizil zahlreicher Kühe und Kälber, sondern auch von Fohlen und Pferden. Neben der Ruhe und den kulinarischen Köstlichkeiten gibt es hier unvergleichliche Ausblicke auf die Loferer Steinberge.

Die **Muckklause** (siehe Tipps zur Tour), welche 1792 aus massivem, rotem Marmor errichtet wurde, diente damals als Staumauer für das sogenannte Holztriften. Die Saline in Reichenhall benötigte früher sehr viel Brennholz, welches aus den Wäldern um die Winklmoosalm gewonnen wurde. Um das Holz ins Tal zu transportieren, wurde das Wasser mit den Stämmen darin an der Klause gestaut. Wenn die Klause schließlich wieder geöffnet wurde, flossen die Stämme den Unkenbach herunter, so dass das Holz in Reichenhall zur Saline transportiert werden konnte.

Am Anfang der Tour stellt sich eine kleine Rampe in den Weg, bevor es fast flach am Waldrand und später direkt an der Schwarzlofer locker dahingeht. Nun biegt man über den großen Parkplatz am Seegatterl nach Süden ab und gelangt in gleichmäßig sanfter Steigung auf bestem Forstweguntergrund zu den Almwiesen der Winklmoosalm.

Nach einer Stärkung und dem Besuch der Muckklause fährt man weiter bergauf zur Möseralm, einer sehr guten alternativen Verpflegungsstation. Direkt dahinter biegt man nun ab und gelangt schließlich zu einem Pfad, dem man leicht trailmäßig bergab folgt.

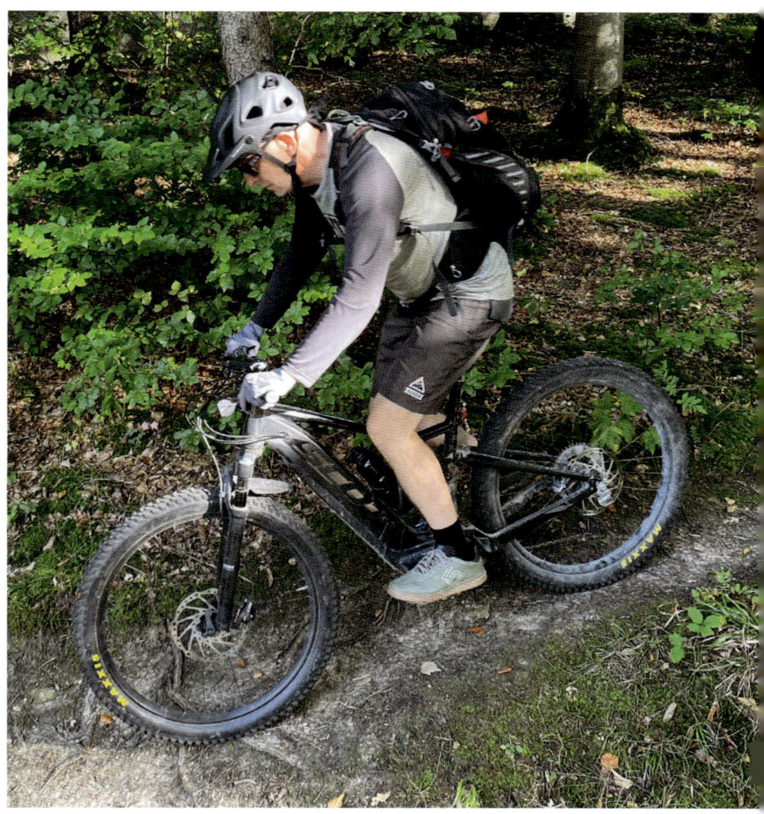

DIE TOUR KOMPAKT

Startplatz: Parkplatz an den Franz-Haslberger-Schanzen (Spielfeld)
Schwierigkeit: mittel
Anstieg: 960 Höhenmeter
Höchster Punkt: 1452 m
Distanz: 30 Kilometer
Zeitbedarf: ca. 3 Stunden

Nach einem kleinen Gegenanstieg durch die herrlich einsamen Wälder "hinter" dem Skigebiet erreicht man schließlich die Hindenburghütte. Sollte man Glück haben, findet gerade eine der vielen musikalischen Veranstaltungen statt und man kann den Tag mit einem wunderbaren Chiemseeblick zufrieden und glücklich ausklingen lassen.

Die restliche Abfahrt ist dann relativ unspektakulär und führt über die Asphaltstraße und eine Forststraßenverbindung zurück zum Parkplatz an den Skisprungschanzen.

TIPPS ZUR TOUR

- Unbedingt eine halbe Stunde Zeit für die Besichtigung der Muckklause einplanen (Abzweig im GPS-Track markiert).

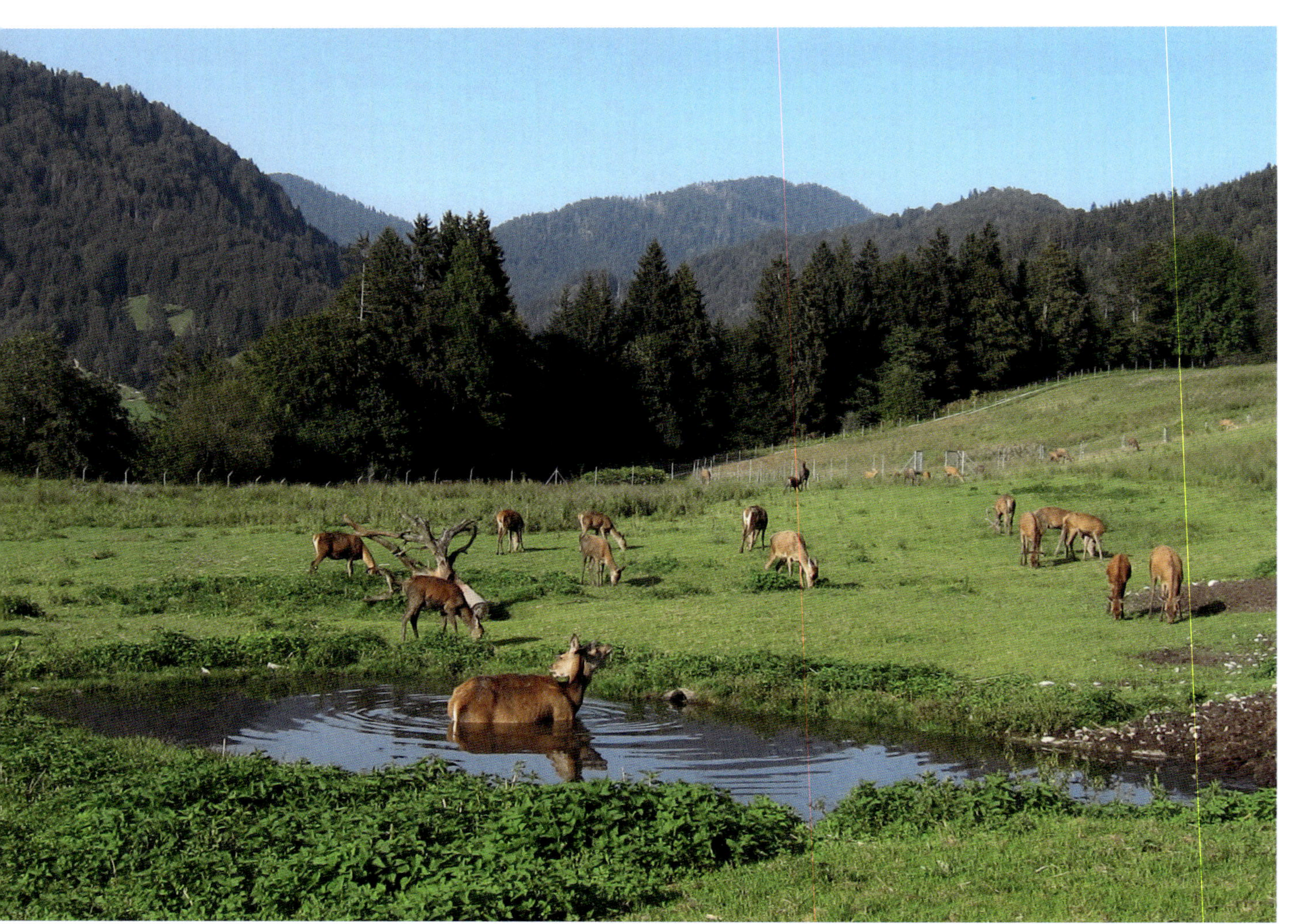

HÖHENPROFIL

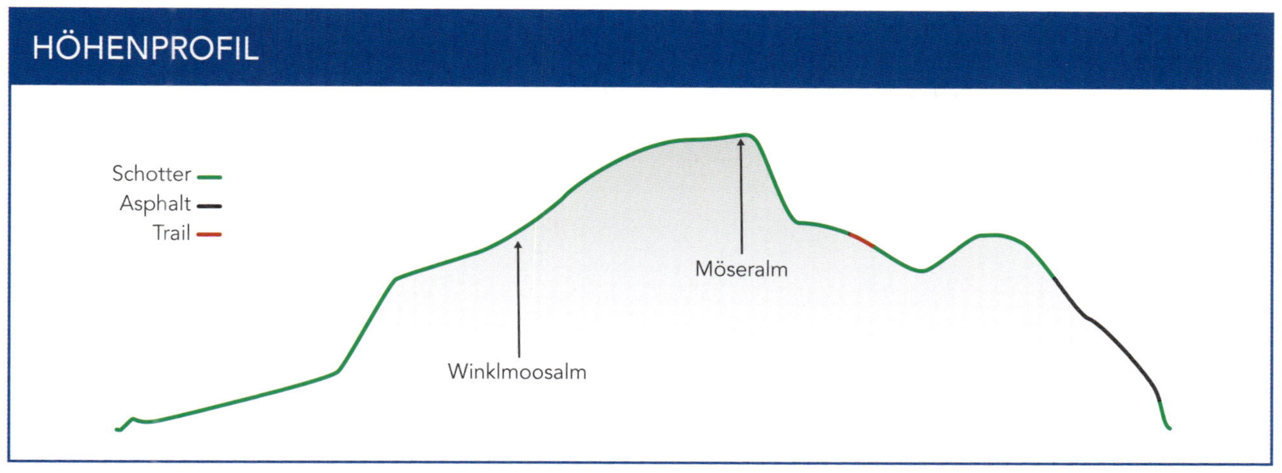

KARTENAUSSCHNITT

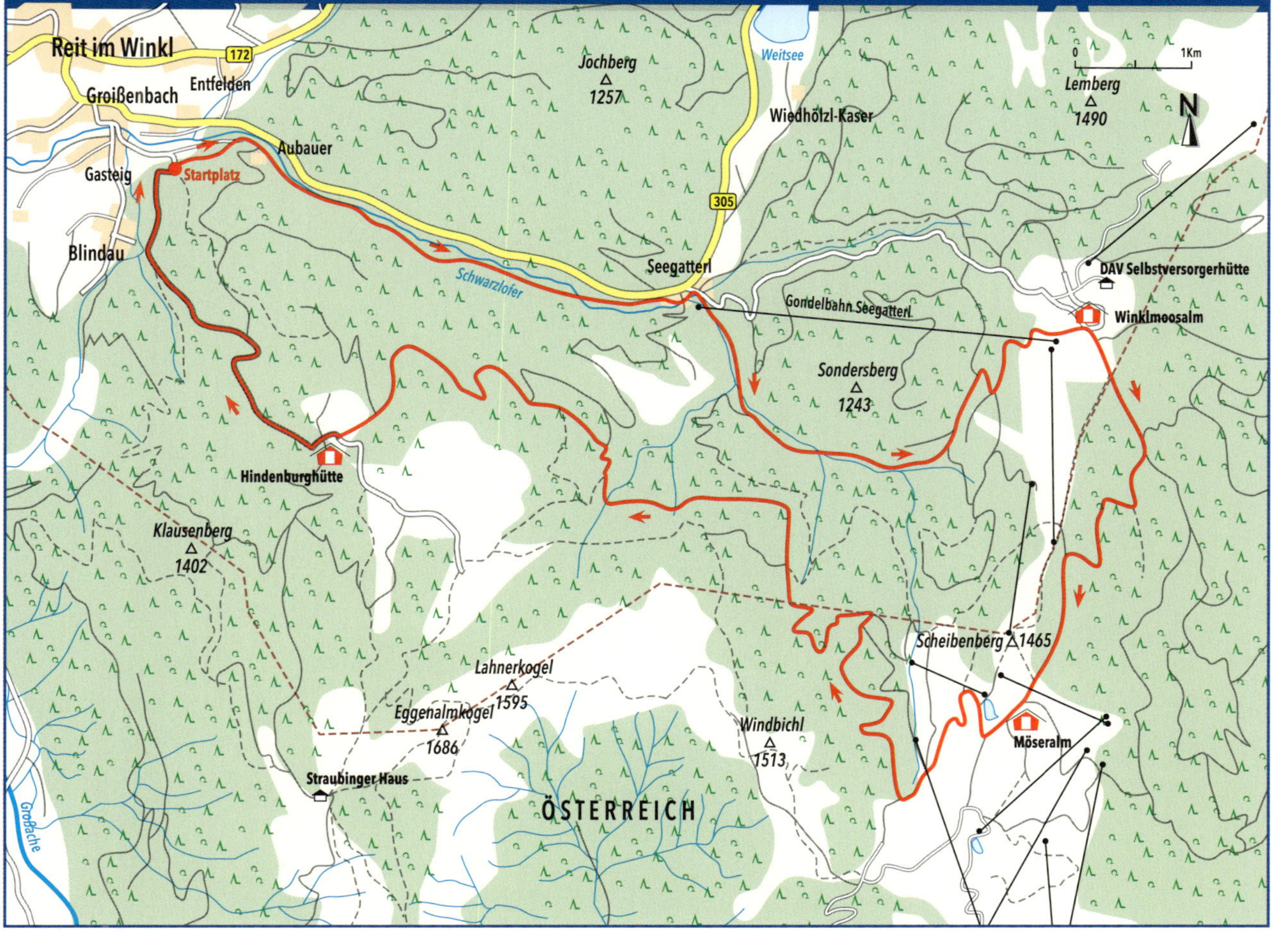

Tour 5

AUF DIE KAMPENWAND

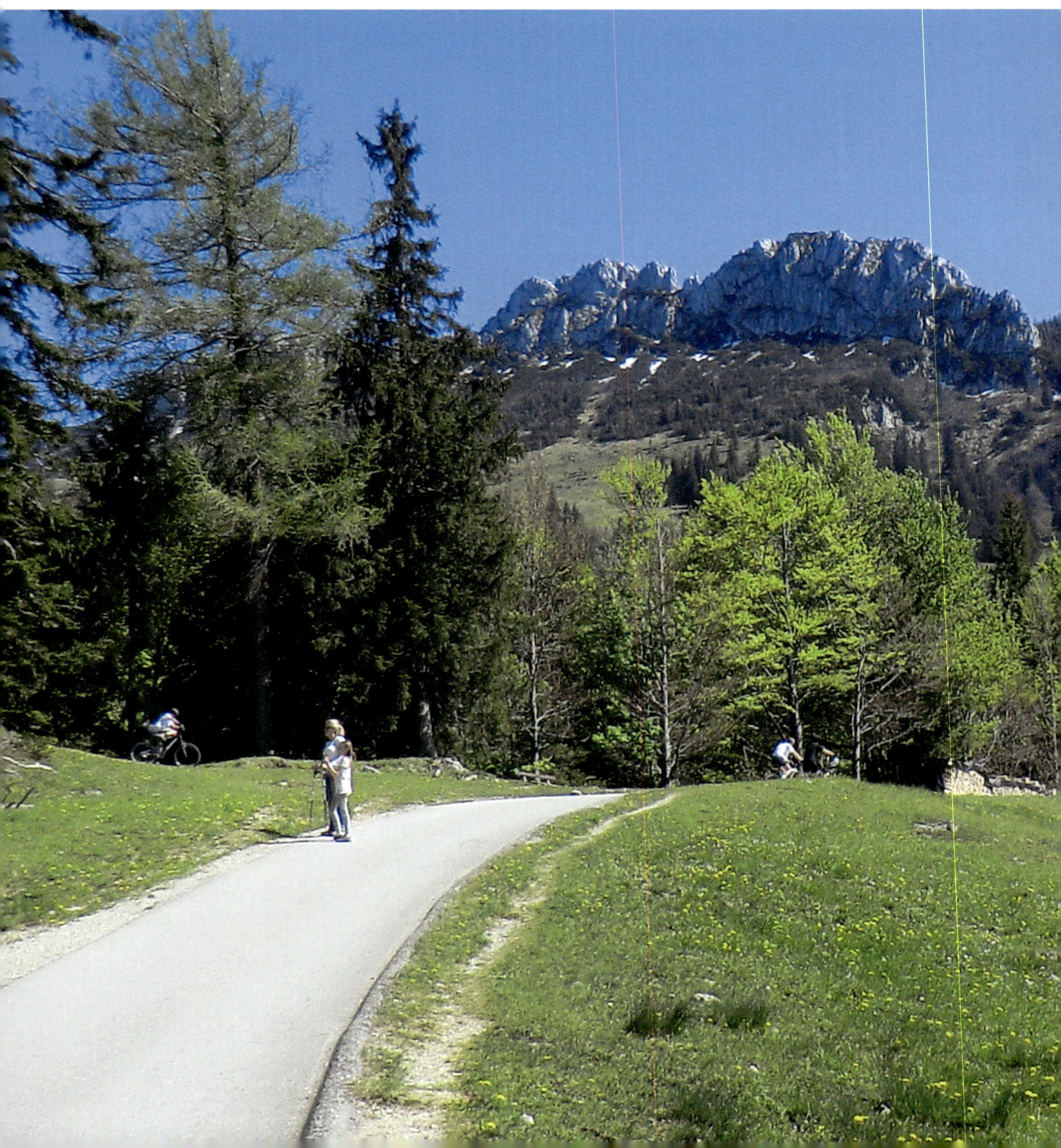

Mit dem größten Gipfelkreuz der Bayerischen Alpen ist die Kampenwand zweifelsfrei das **Wahrzeichen des Chiemgaus** und von weither sichtbar. Seine steilen Felswände faszinieren und ziehen einen in ihren Bann, wenn man ihnen bei einer Brotzeit auf der Steinlingalm zum Greifen nahe gegenüber sitzt. Die Tour ist als mittel eingestuft, da sie keine technischen Schwierigkeiten bereithält. Ohne E-Mountainbike ist sie allerdings aufgrund ihrer streckenweise erheblichen Steilheit, und weil sie keinen Schatten bietet, in der Auffahrt nicht zu unterschätzen.

Zu Beginn gestaltet sich die Auffahrt jedoch sehr angenehm. Auf der Asphaltstraße durchfährt man Schlechtenberg immer mit einem tollen Blick auf das weite Tal hinter Hohenaschau. Bald darauf biegt man in einen schönen Forstweg ab, der im Winter auch gerne zum Rodeln genutzt wird. Nach zwei langen Geraden biegt man scharf nach Westen ab und gelangt über eine erste steile Asphaltrampe zu den freien Wiesenflächen unterhalb der Kampenwand.

Hier angekommen empfiehlt sich eine erste kleine Rast bei einem tollen Aussichtspunkt (Abzweig im GPS-Track markiert), der auch nicht weit von der sehenswerten Schlechtenberger Kapelle entfernt ist.

Die Weiterfahrt ist nun mit einem ständigen Blick auf die massive Nordwand der Kampenwand verbunden. Teilweise wird man jedoch auf den nun folgenden, steileren Abschnitten keinen Blick dafür haben, zumal man auf dem Anstieg auch noch von den kulinarischen Angeboten der Gorialm und der Schlechtenberger Alm abgelenkt wird.

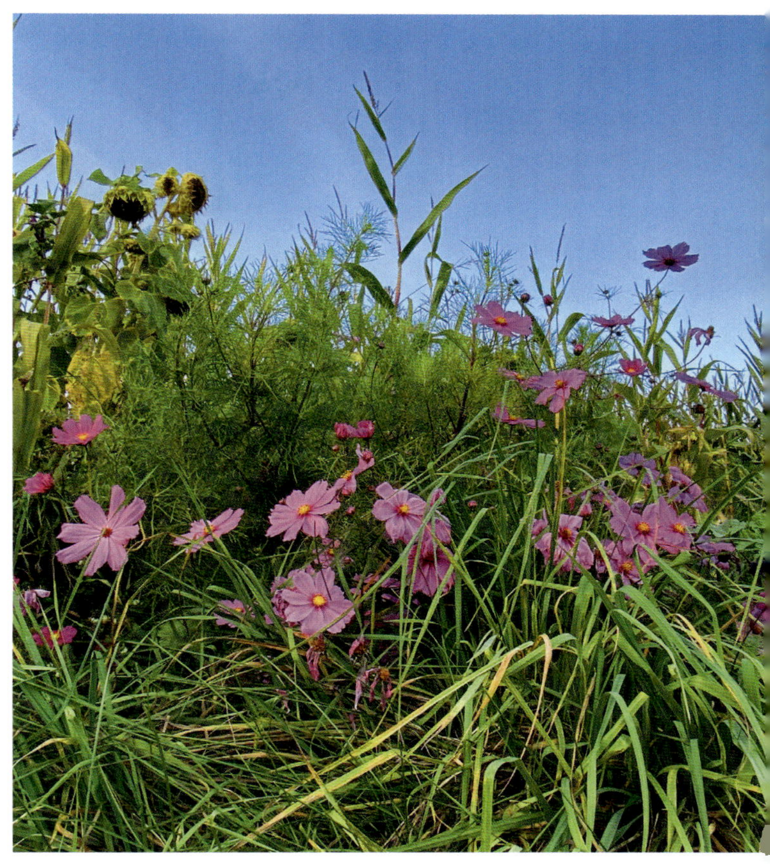

DIE TOUR KOMPAKT

Startplatz: Wanderparkplatz in Kohlstatt (Kohlstattweg)
Schwierigkeit: mittel
Anstieg: 810 Höhenmeter
Höchster Punkt: 1445 m
Distanz: 16 Kilometer
Zeitbedarf: ca. 2 Stunden

Wie auch immer man sich bei der Verpflegung entscheidet, bietet die Steinlingalm, wie bereits erwähnt, den direktesten Blick auf die Kampenwand.

Neben der Kampenwand (siehe Tipps zur Tour) lässt sich von Geübten auch die Felsnadel des Staffelsteins besteigen.

Die Abfahrt folgt zunächst dem Anfahrtsweg und biegt kurz unterhalb des Aussichtspunktes nach Osten ab, um später auf die Asphaltstraße zu treffen, die zum Ausgangspunkt führt.

TIPPS ZUR TOUR

- Der Kampenwandgipfel erfordert Trittsicherheit und ist in guten 40 Minuten über einen steilen Steig erreichbar.

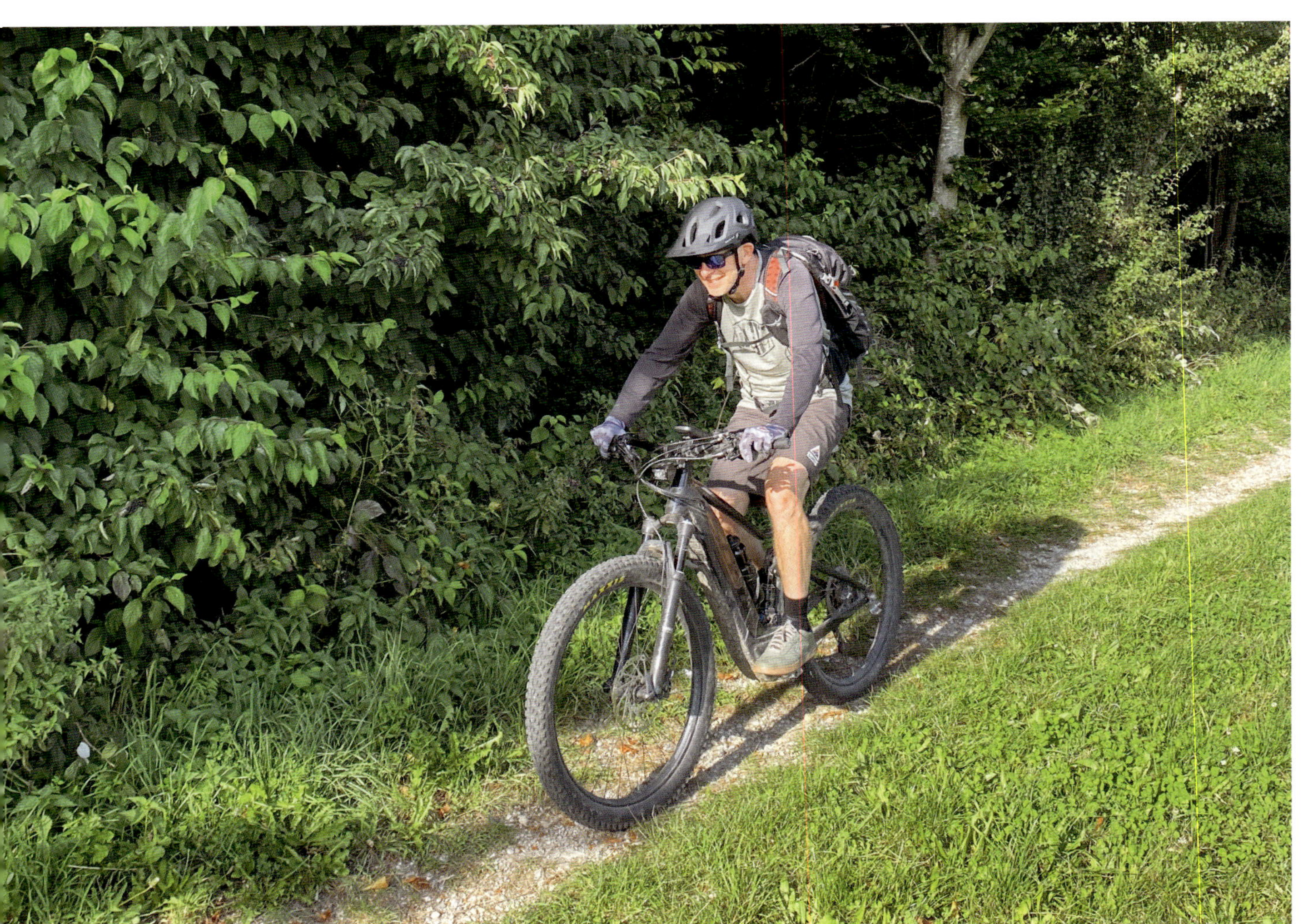

HÖHENPROFIL

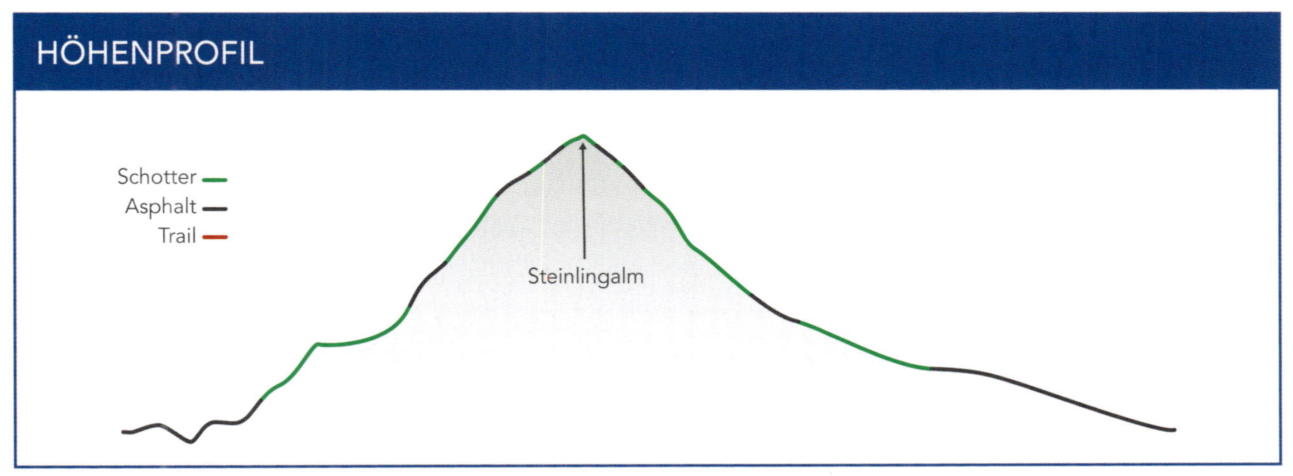

KARTENAUSSCHNITT

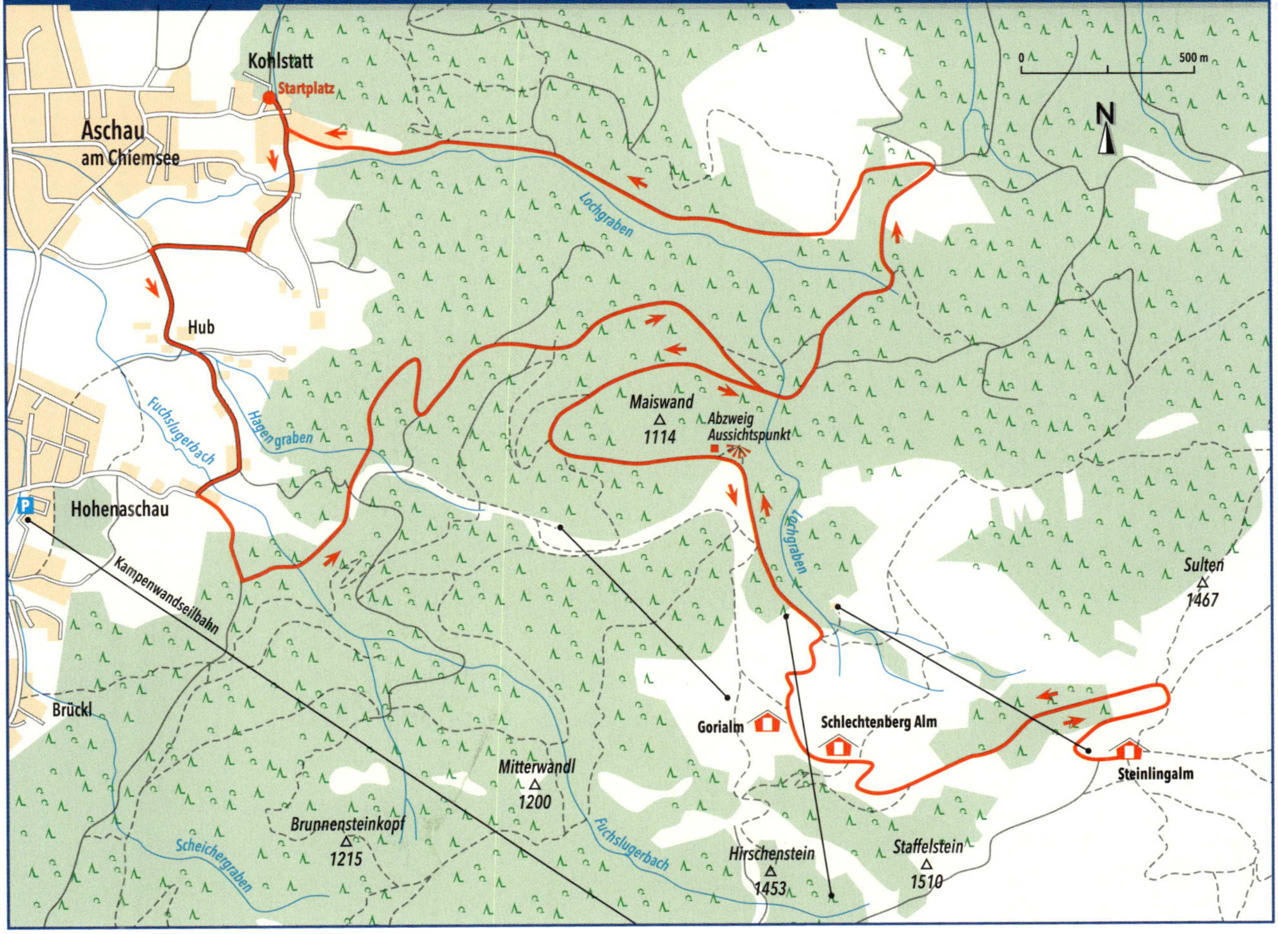

Kohlstatt
Startplatz
Aschau am Chiemsee
Hub
Hohenaschau
Brückl
Kampenwandseilbahn
Fuchslugerbach
Hagengraben
Lochgraben
Maiswand 1114
Abzweig Aussichtspunkt
Gorialm
Schlechtenberg Alm
Steinlingalm
Sulten 1467
Mitterwandl 1200
Brunnensteinkopf 1215
Scheichergraben
Hirschenstein 1453
Staffelstein 1510
0
500 m
N

Tour 6

ZUR PRIENER HÜTTE

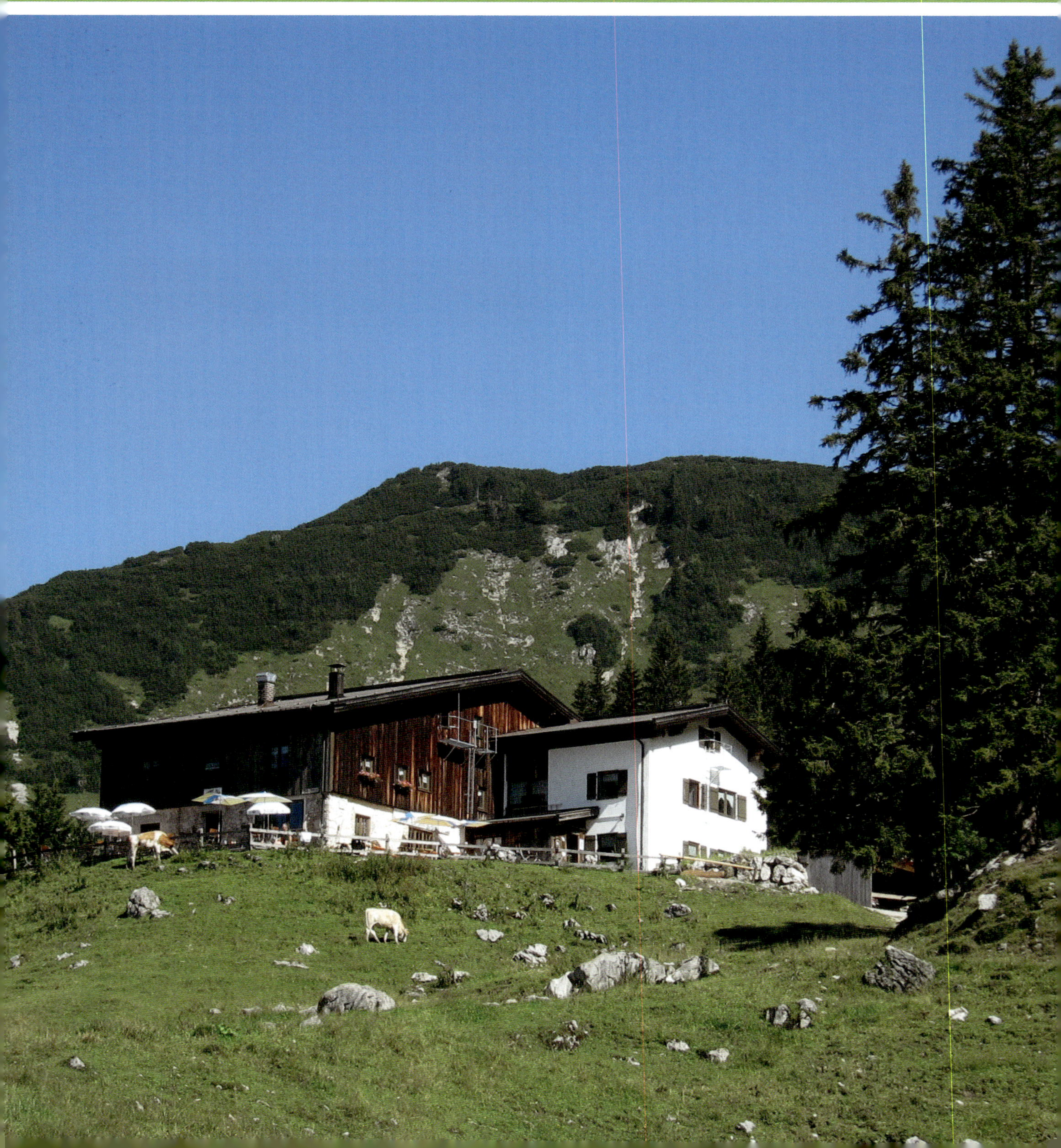

Die Priener Hütte mit ihrem fantastischen Ausblick auf das Gebirge des Wilden Kaisers ist ein **absoluter Klassiker** und darf hier auf keinen Fall fehlen. Die Auffahrt von gut acht Kilometern zieht sich und wird am Ende nochmals steiler. Jedoch ist der Untergrund meist sehr gut fahrbar. Wer ohne E-Mountainbike unterwegs ist, sollte aber eine gewisse Grundkondition mitbringen. So oder so wird einem der Kaiserschmarrn auf der Hütte vorzüglich schmecken – sicher mit einer der besten der Region!

Direkt vom großen Wanderparkplatz geht es auch schon in den Wald und ziemlich stramm bergauf, bevor ein kurzes Flachstück einem Zeit zum Durchatmen lässt.

Danach wird die Steigung etwas sanfter, baut sich dann aber Stück für Stück wieder auf. Kurz vor der Hütte und einem Flachstück wird es dann noch einmal richtig steil. Aber Vorsicht! Nach dem Flachstück folgt der finale Anstieg zur Hütte auf noch einmal schlechterem Untergrund.

Nach einer ausgiebigen Pause und einer eventuellen Besteigung des Geigelsteins (400 Höhenmeter und eineinhalb Stunden Gehzeit auf einem schmalem Steig) geht es zunächst auf dem gleichen Weg zurück.

Bald darauf nimmt man die erste Abzweigung leicht bergauf zur Schreckalm. Hinter dem Almgebäude folgt man nun dem herrlichen Wiesenpfad bergab und trifft etwas später wieder auf den Anfahrtsweg zum Ausgangspunkt zurück.

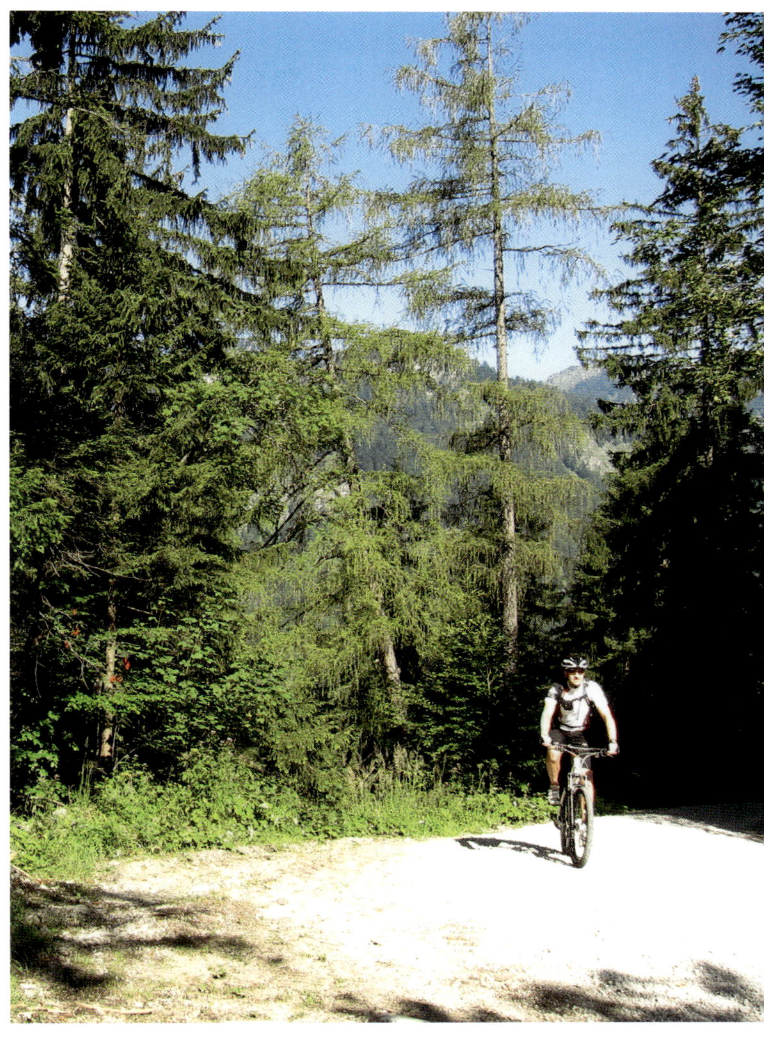

DIE TOUR KOMPAKT

Startplatz: Geigelstein Parkplatz kurz vor Sachrang
Schwierigkeit: mittel
Anstieg: 780 Höhenmeter
Höchster Punkt: 1410 m
Distanz: 17 Kilometer
Zeitbedarf: ca. 2 Stunden

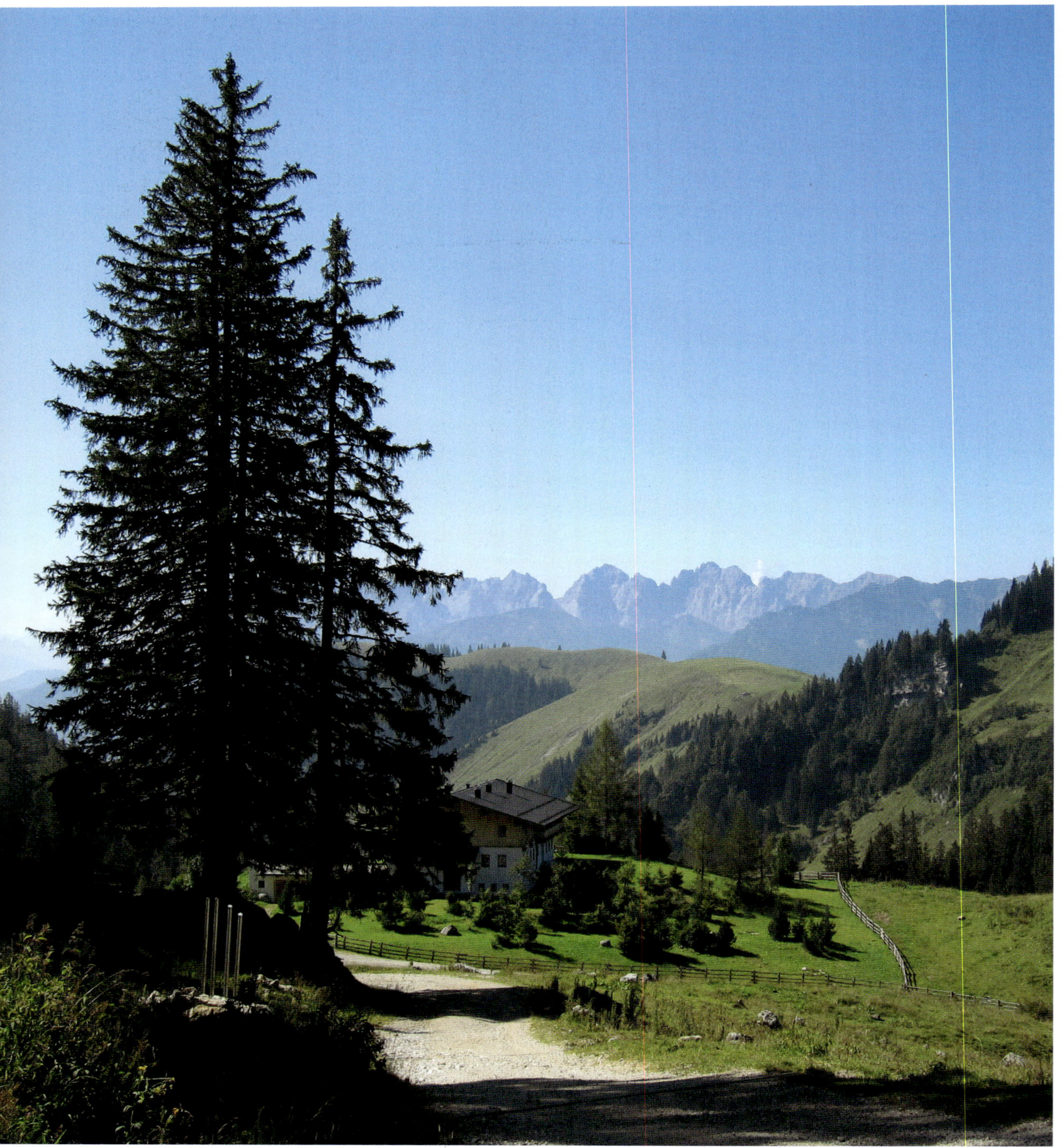

HÖHENPROFIL

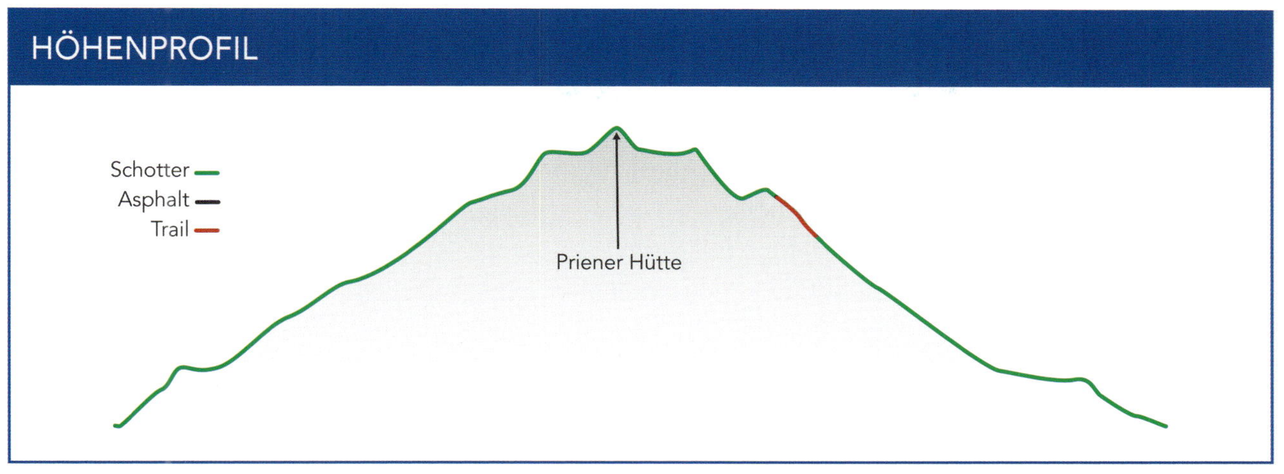

KARTENAUSSCHNITT

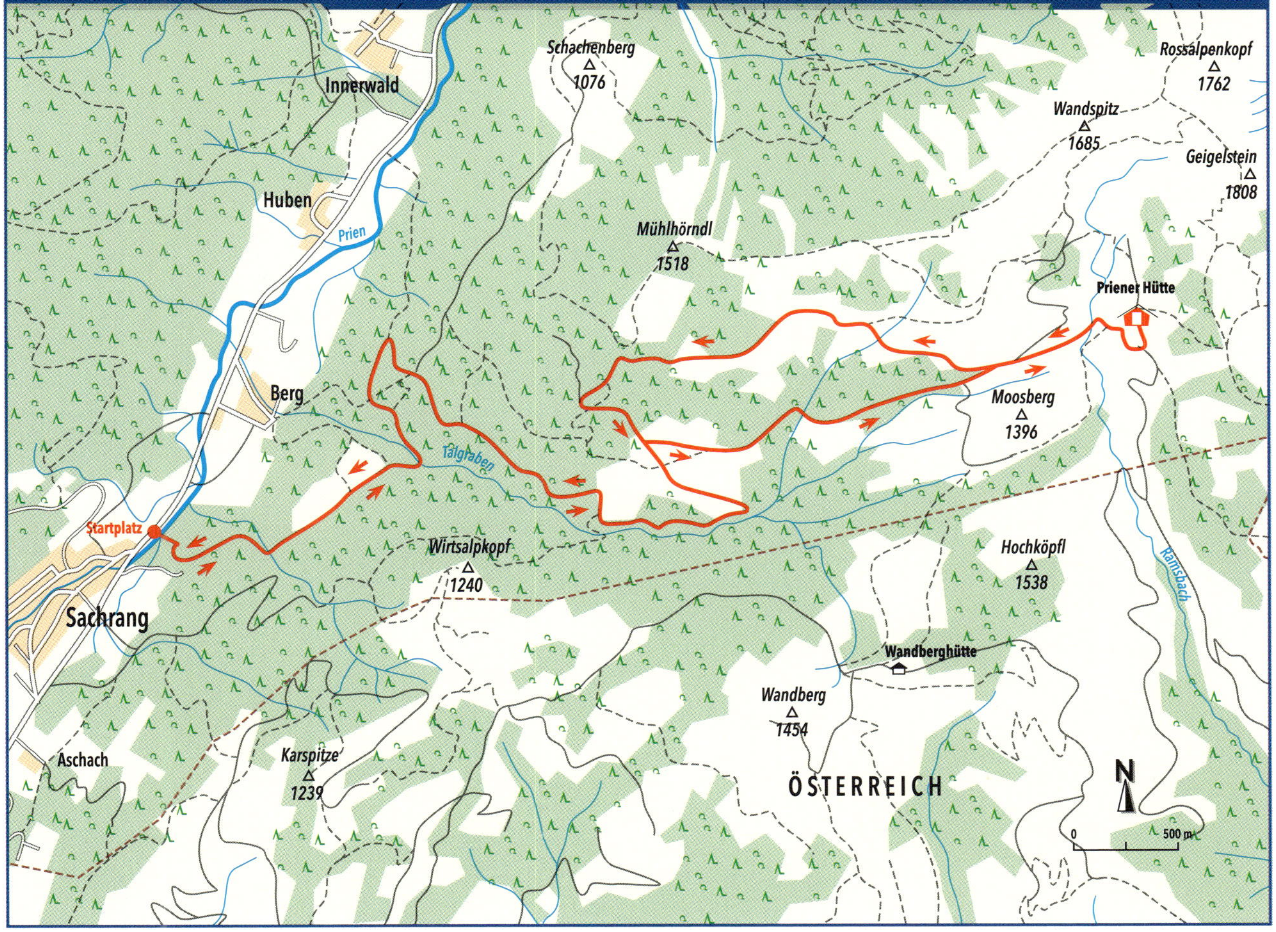

Schachenberg 1076
Rossalpenkopf 1762
Innerwald
Wandspitz 1685
Geigelstein 1808
Huben
Prien
Mühlhörndl 1518
Priener Hütte
Berg
Moosberg 1396
Talgraben
Startplatz
Wirtsalpkopf 1240
Hochköpfl 1538
Sachrang
Ramsbach
Wandberghütte
Wandberg 1454
Aschach
Karspitze 1239
ÖSTERREICH
N
0
500 m

Tour 7

UM DAS FEICHTECK

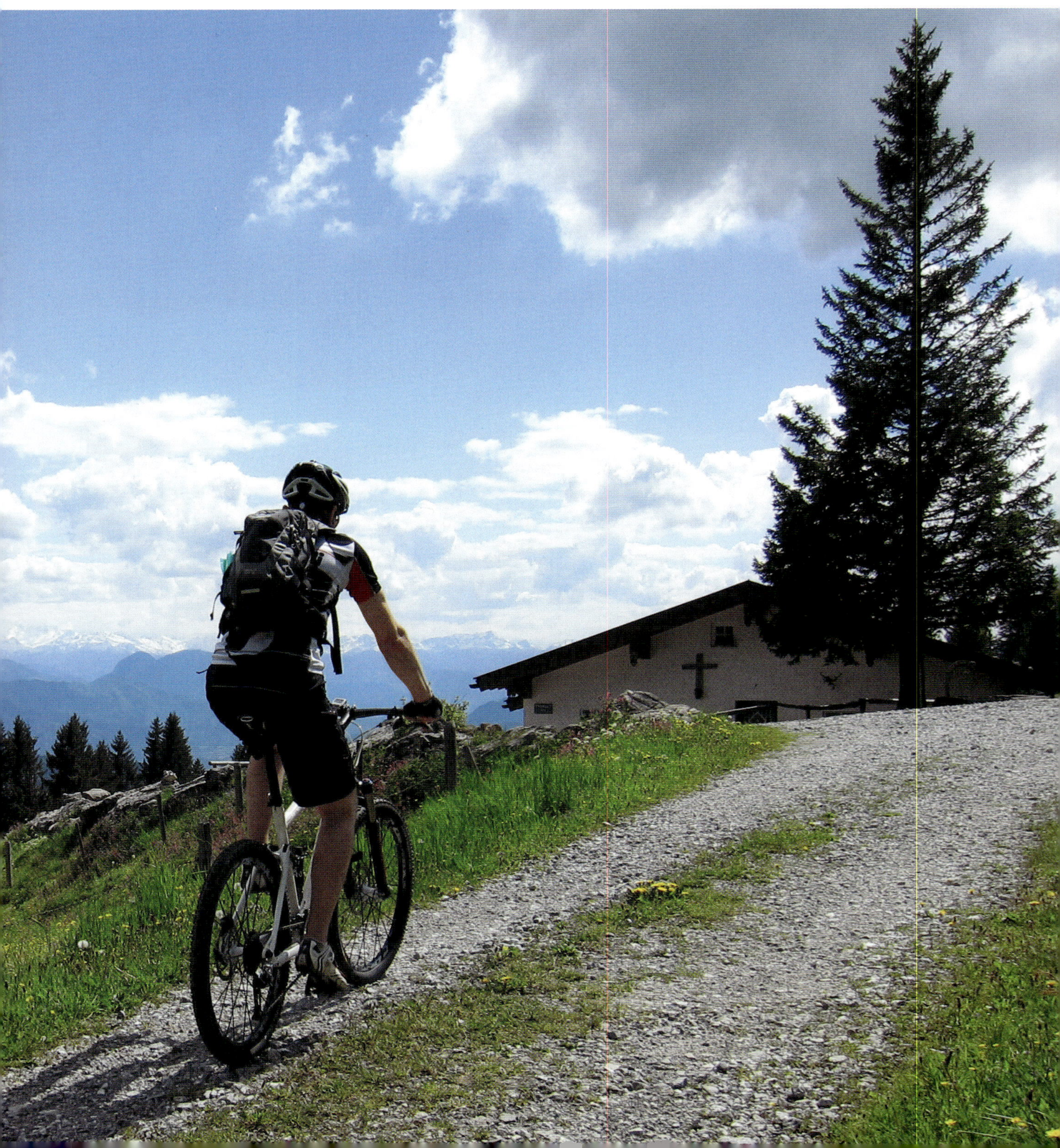

Das Feichteck im Schatten der Hochries ist sicherlich ein **Geheimtipp** für alle, die es ruhiger und ursprünglicher lieben. Gleiches gilt für die urige Alm mit einem zwar kleinen, aber umso feinerem Angebot an Getränken und Kuchen. Der Ausblick, der an klaren Tagen bis zum Großglockner und Großvenediger reicht, ist zudem atemberaubend.

Am Anfang der Tour kann man sich erst einmal gemütlich warm fahren und folgt dazu der Fahrstraße bis zum Waldparkplatz Bruchfeld. Hinter der Schranke bäumt sich der Forstweg dann schon etwas auf und der Untergrund wird etwas schlechter.

Nun folgen die ersten steilen Rampen durch den Wald, die durch die alten Betonplatten auch im Wiegetritt zu fahren sind. Wer natürlich mit dem E-Bike unterwegs ist, ist hier klar im Vorteil. Danach legt sich der Weg etwas zurück und man fährt aus dem Wald auf die freien Wiesen der Schweibereralm zu. Hier heißt es durchatmen, denn die steilsten Abschnitte erscheinen bald am Horizont. Auch hier sind zwischendurch asphaltierte Teilstücke vorhanden und nach zwei langen Geraden erreicht man die Feichteckalm.

Nach einer ausgiebigen Pause fährt man noch ein Stück weiter bergauf und erreicht bald den Pölcher Schneid, eine ideale alternative Rastmöglichkeit für Selbstverpfleger. Von hier aus ist dann ein Abstecher zum einsamen Feichteckgipfel in gut einer viertel Stunde auf einem Jägersteig möglich (Abzweig im GPS-Track markiert).

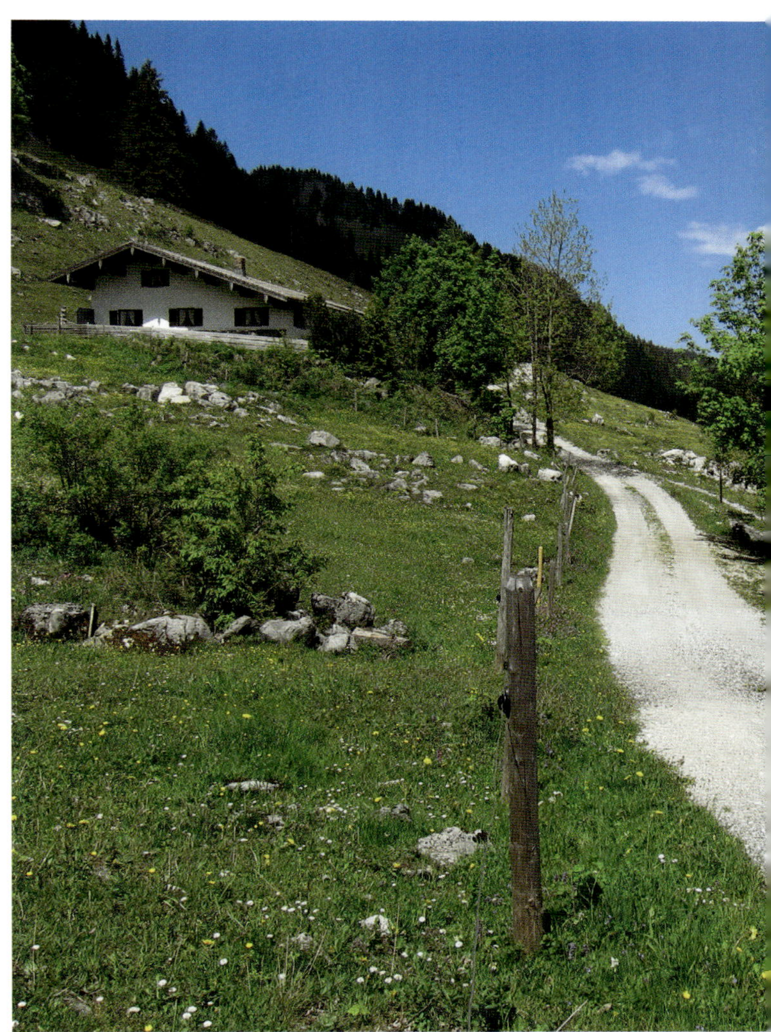

DIE TOUR KOMPAKT

Startplatz: Großer Waldparkplatz in Spatenau
Schwierigkeit: schwer
Anstieg: 680 Höhenmeter
Höchster Punkt: 1390 m
Distanz: 16 Kilometer
Zeitbedarf: ca. 2,5 Stunden

Jetzt geht es in die Abfahrt und nach den ersten Asphaltplatten wird der Untergrund lose und grobschottrig (Vorsicht! Der Untergrund kann tückisch sein!). Hinter der Pölcheralm trifft man danach auf den Anfahrtsweg und folgt ihm bergab bis zum Parkplatz zurück.

Kurz vor dem Ende der Tour kann man noch einen Abstecher zum **Duftbräu** machen. Der urige Gastronomiebereich, die Koppel mit vielen Tieren, die Kapelle und der naturnah gestaltete Kinderspielplatz bilden eine eigene kleine Welt für sich und sind einen Besuch wert.

TIPPS ZUR TOUR

- Die Feichteckalm hält, trotz aller Urigkeit, für alle, denen der "Saft" ausgegangen ist, eine E-Bike Akku-Ladestation bereit.

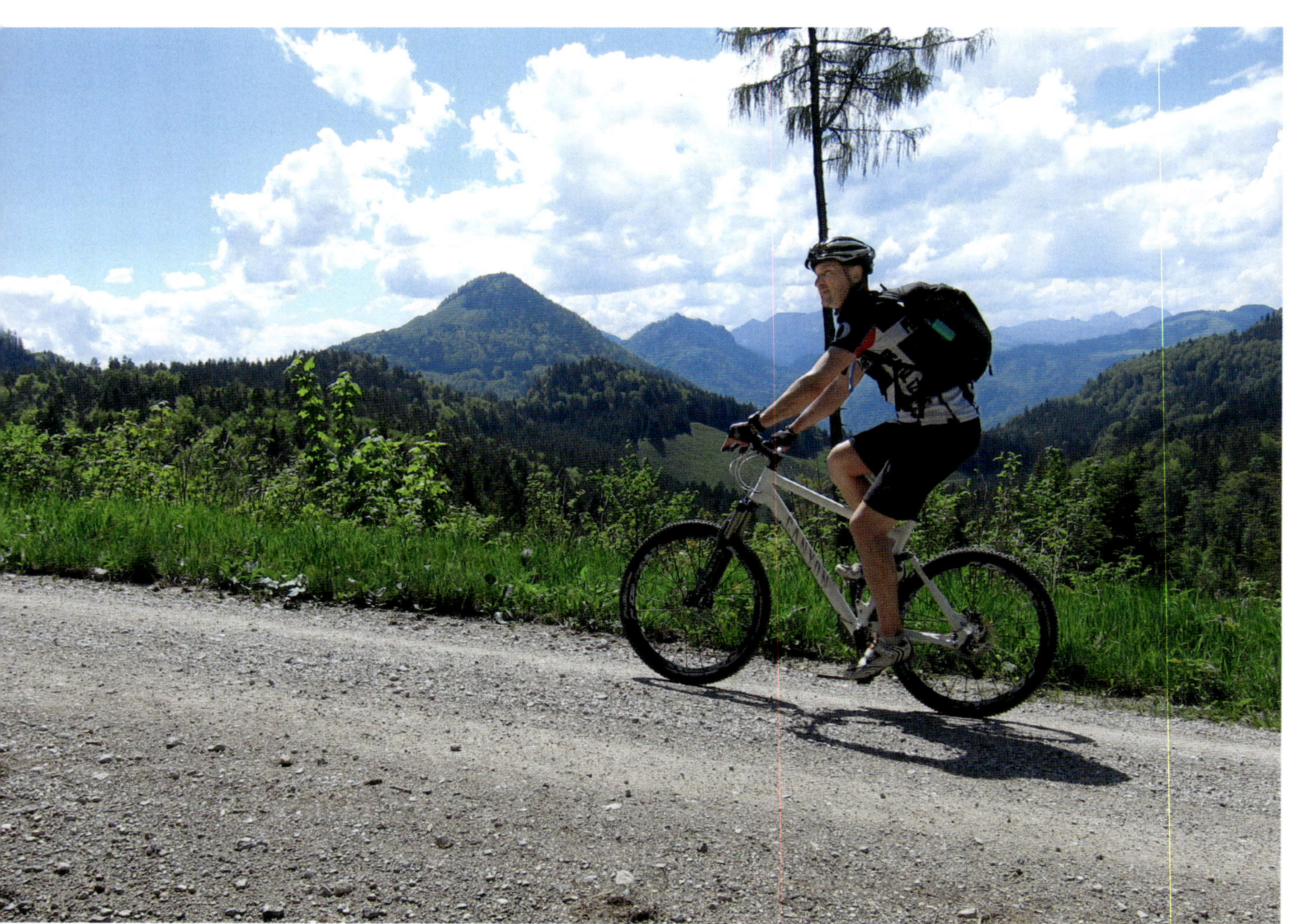

HÖHENPROFIL

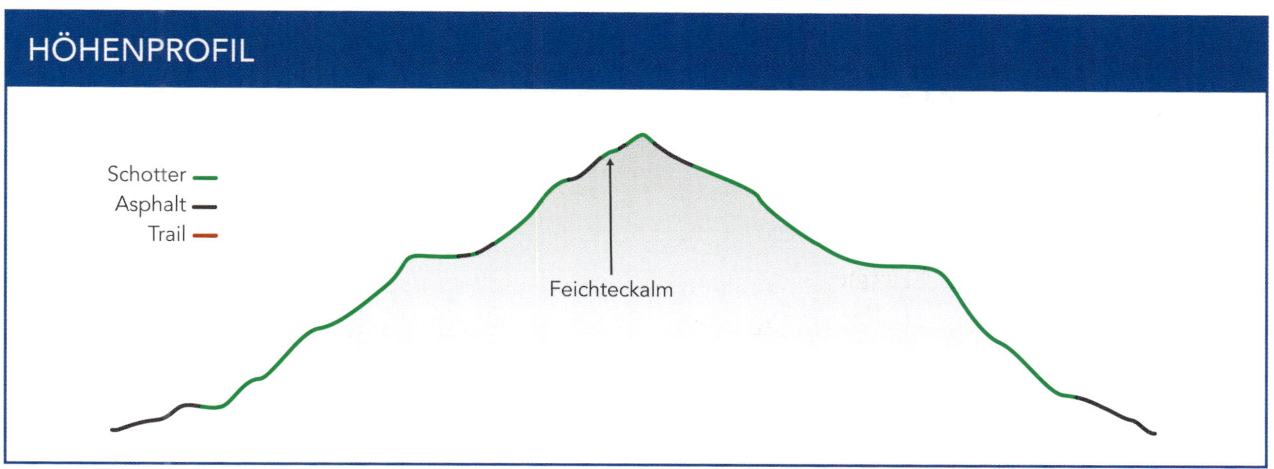

KARTENAUSSCHNITT

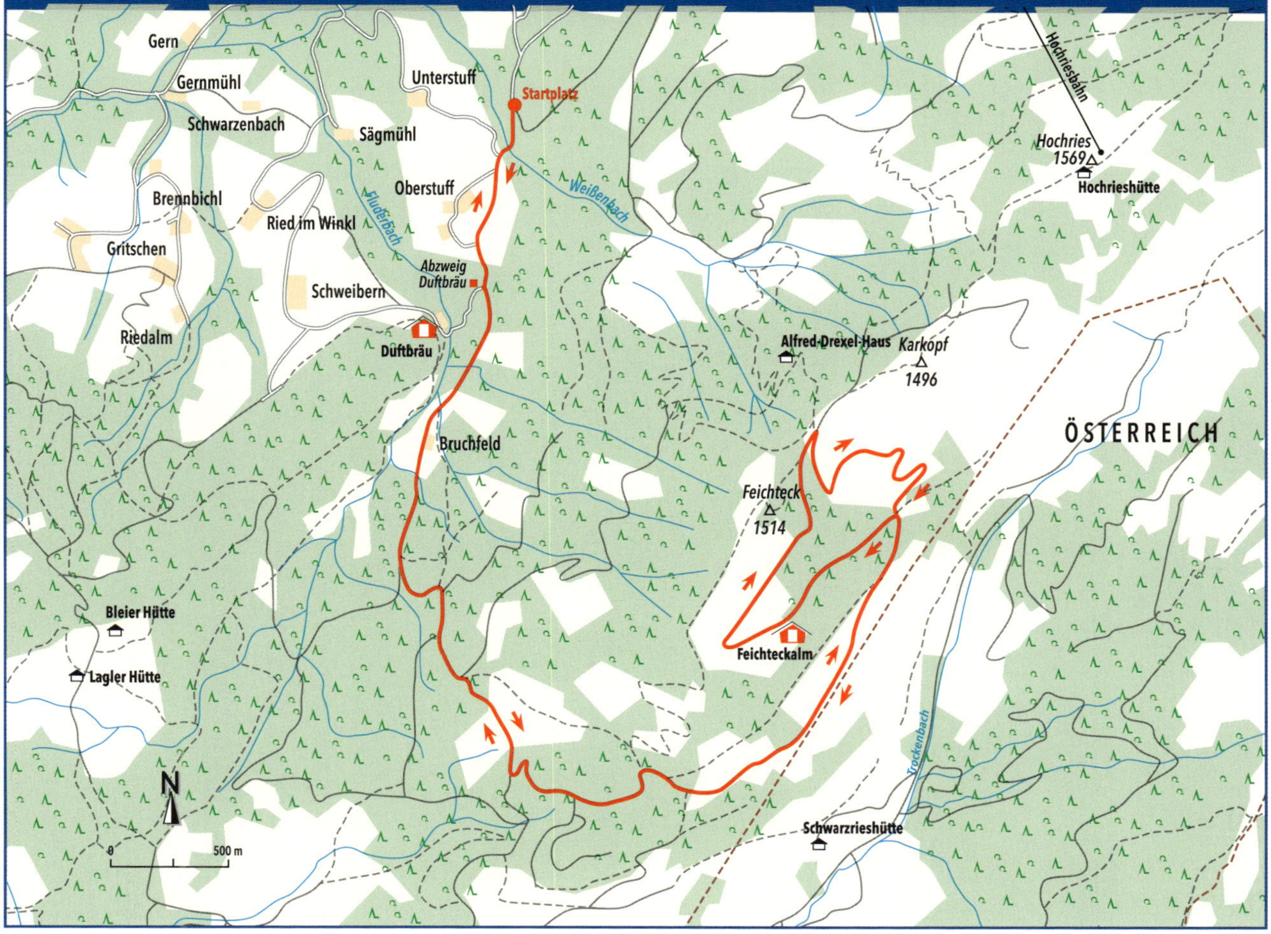

Gern
Gernmühl
Schwarzenbach
Unterstuff
Startplatz
Sägmühl
Oberstuff
Brennbichl
Ried im Winkl
Gritschen
Weißenbach
Abzweig Duftbräu
Schweibern
Riedalm
Duftbräu
Bruchfeld
Alfred-Drexel-Haus
Karkopf 1496
Hochriesbahn
Hochries 1569
Hochrieshütte
ÖSTERREICH
Feichteck 1514
Feichteckalm
Bleier Hütte
Lagler Hütte
N
0
500 m
Trockenbach
Schwarzrieshütte

Tour 8

AUF DIE HOCHPLATTE

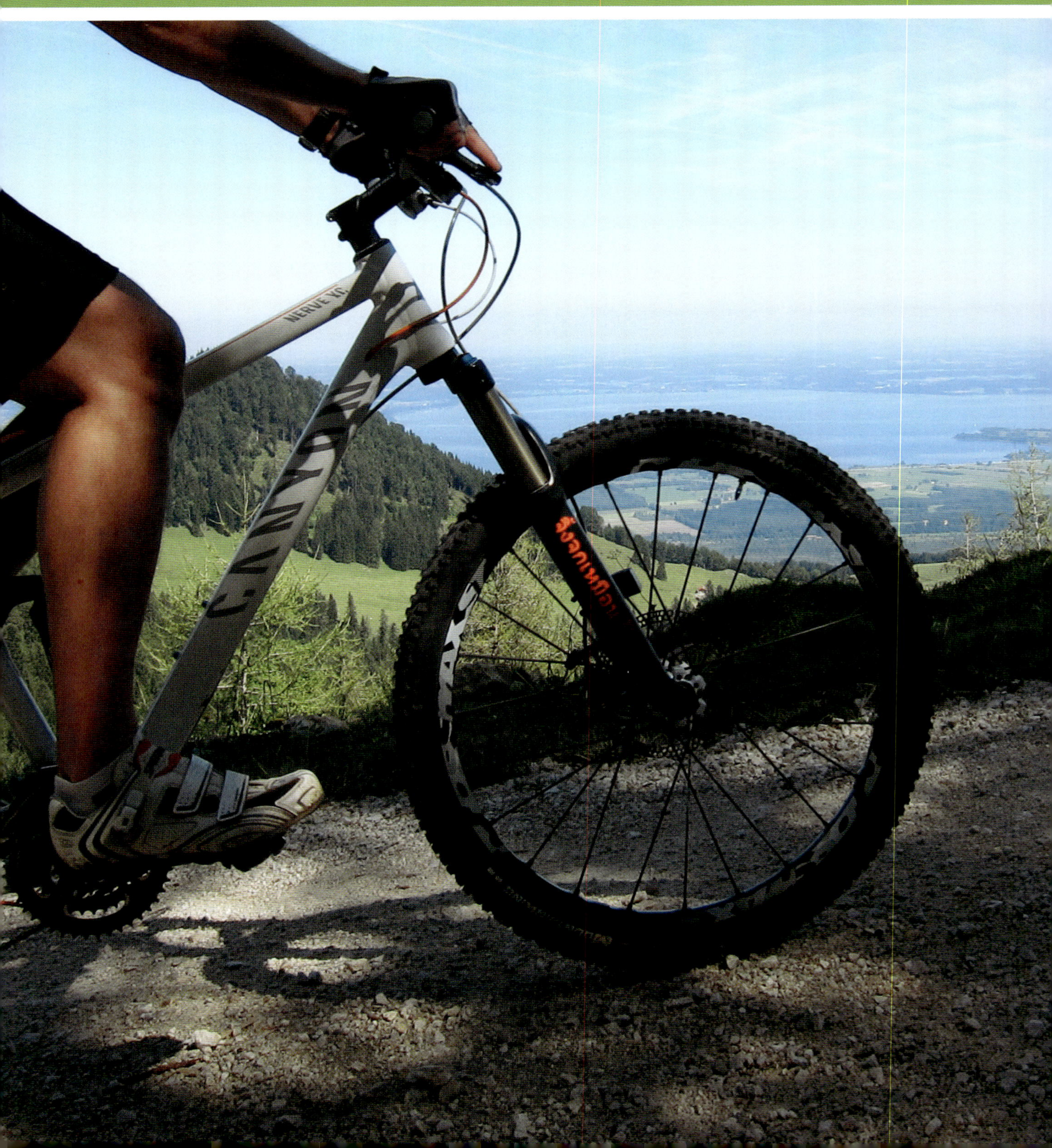

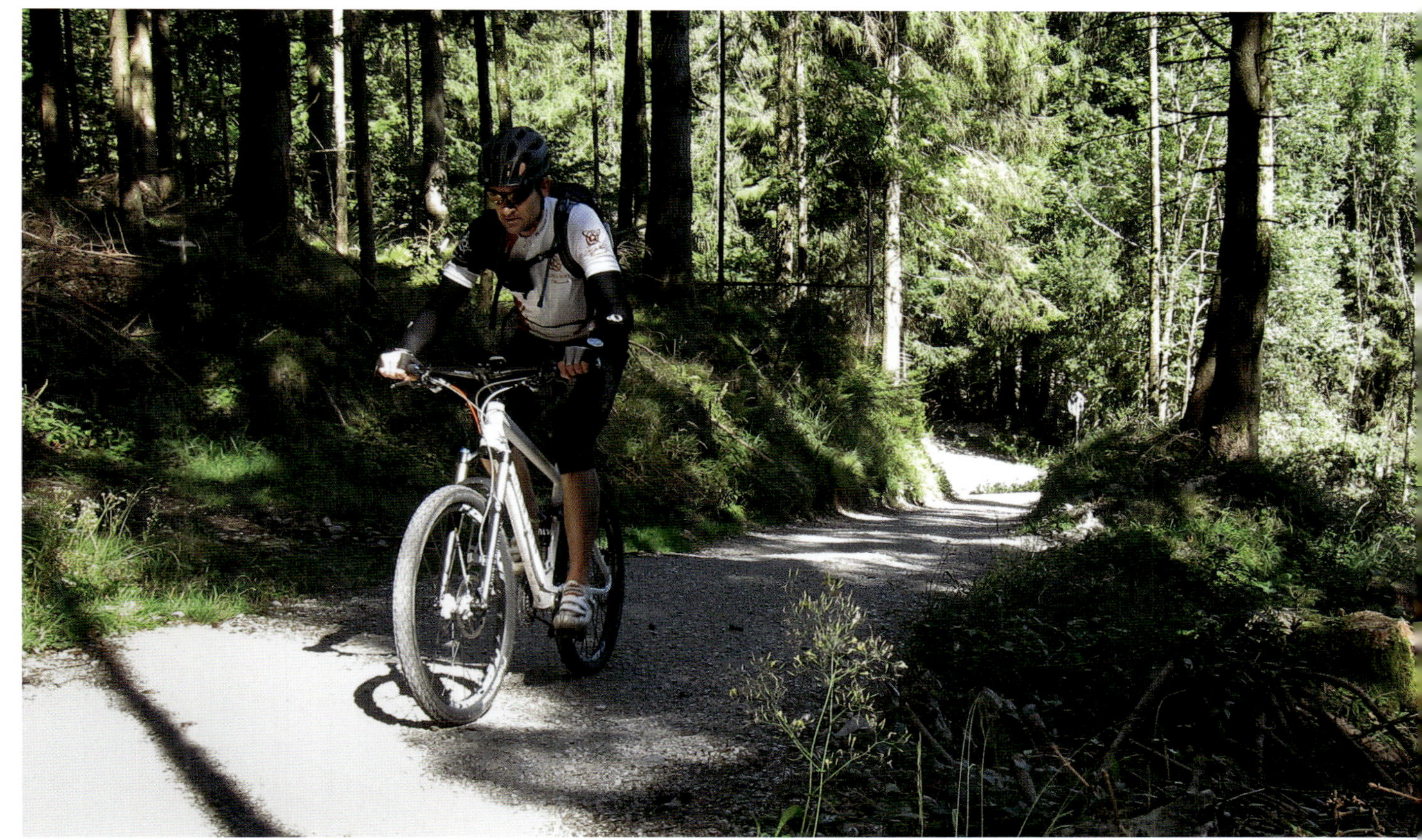

Auf der Hochplatte hat man einen grandiosen Rundumblick auf die umliegenden Berge, den Chiemsee und an schönen Tagen sogar bis zum Alpenhauptkamm. Ob man jedoch die zusätzlichen Höhenmeter (siehe Tipps zur Tour) auf sich nimmt, bleibt jedem selbst überlassen. Denn auch von der ursprünglichen Piesenhauser Hochalm hat man bei einer schmackhaften Brotzeitplatte einen tollen Ausblick. Die Tour ist allerdings ohne E-Mountainbike nicht zu unterschätzen und im oberen Teil auch sehr sonnenausgesetzt. Wer eine Gipfelbesteigung plant, kann bereits auf der Hochplattenalm einkehren (Markierung im GPS-Track), um die nötigen Kräfte für die weitere Auffahrt und die Besteigung zu sammeln.

DIE TOUR KOMPAKT

Startplatz: Parkplatz der Hochplattenbahn in Niedernfels
Schwierigkeit: schwer
Anstieg: 910 Höhenmeter
Höchster Punkt: 1434 m
Distanz: 15 Kilometer
Zeitbedarf: ca. 3 Stunden

Zunächst folgt man dem Forstweg vom Parkplatz in den Wald bergauf. In der vierten Kehre biegt man dann scharf nach links ab, um dem sehr steilen Forstweg zur Hochplattenbergstation zu entgehen.

Nun wird der Untergrund teilweise etwas loser und die Steigung ist mit einigen steilen Kehren gespickt. Man erreicht so die Hochplattenalm und fährt weiter bergauf mit einem ständigen, tollen Chiemseeblick.

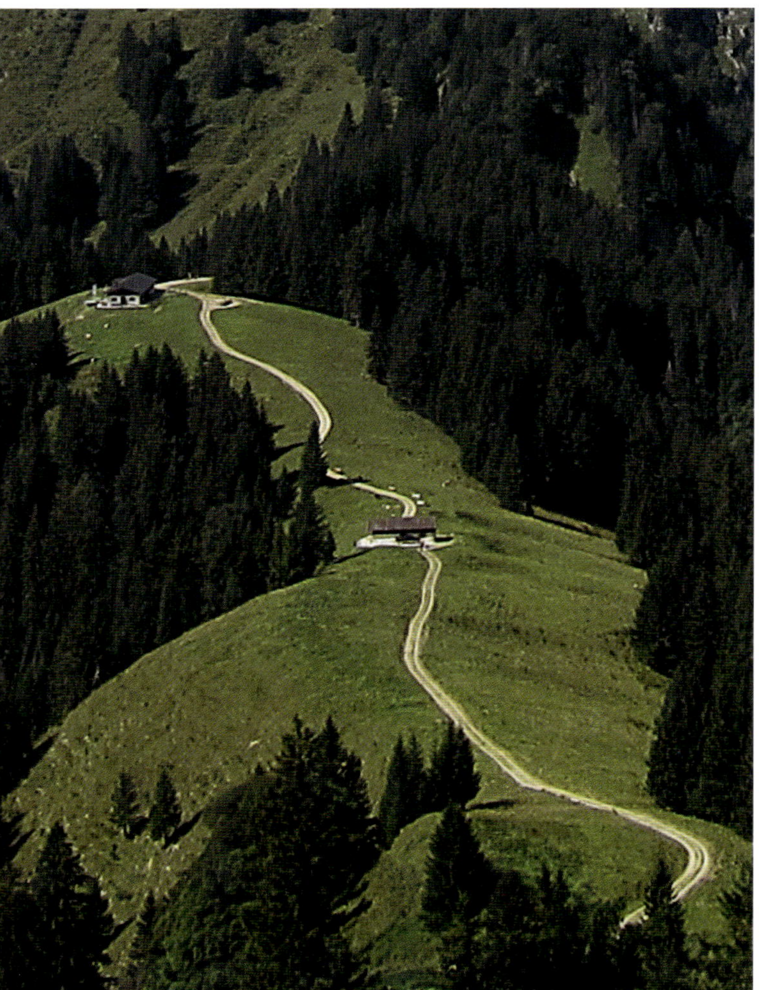

Schließlich erreicht man die Kuppe direkt unter dem Gipfel der Hochplatte. Der grobschottrige Weg bergab zur Piesenhauser Hochalm ist etwas tückisch und man sollte auf jeden Fall nicht zu schnell in die Kurve fahren.

Nach einer ausgiebigen Pause, die Selbstverpfleger auch gut überall auf dem Kamm des Almgeländes verbringen können, muss man über den Gegenanstieg zurück zur Kuppe an der Hochplatte. Danach folgt man dem Anfahrtsweg zurück, fährt aber kurz vor der Bergstation der Hochplatte geradeaus. Hier kann man noch den vielen Paraglidern beim Start zusehen, um sich bald darauf selbst in die weitere Abfahrt zu stürzen. Die folgenden Serpentinen sind sehr steil und schottrig und queren später auf einem uralten Forstweg zurück zur Auffahrtsroute, die einen zurück zum Ausgangspunkt leitet.

TIPPS ZUR TOUR

- Wer mit Kindern unterwegs ist, sollte eventuell noch einen Besuch des Märchenparks in Niedernfels einplanen. Oder man macht sich ein schönes Familienwochenende mit Übernachtung und plant den Besuch für den nächsten Tag.
- Die Besteigung der Hochplatte erfordert Trittsicherheit und ist über einen teils felsigen Steig in gut zwanzig Minuten zu erreichen.

HÖHENPROFIL

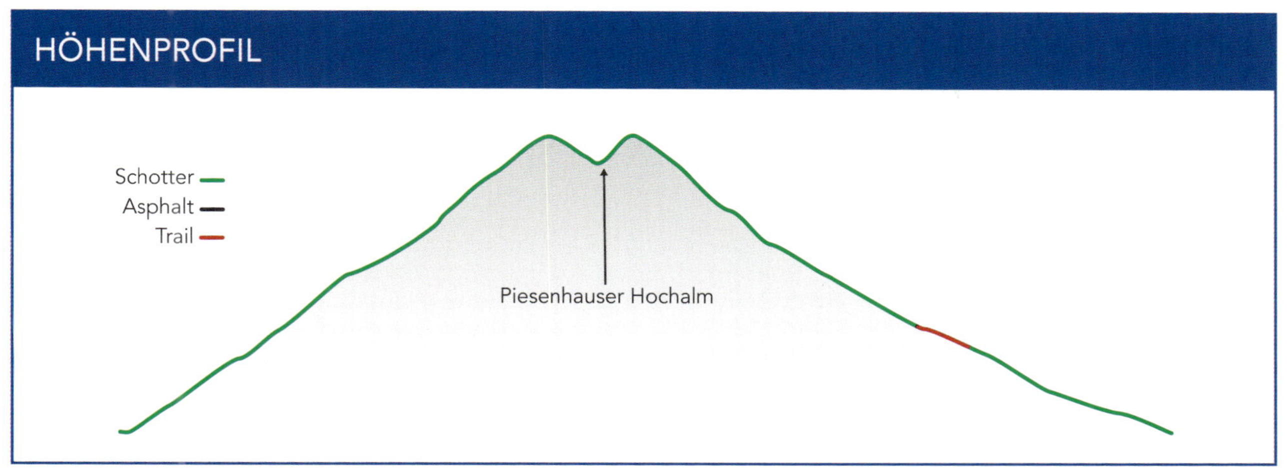

KARTENAUSSCHNITT

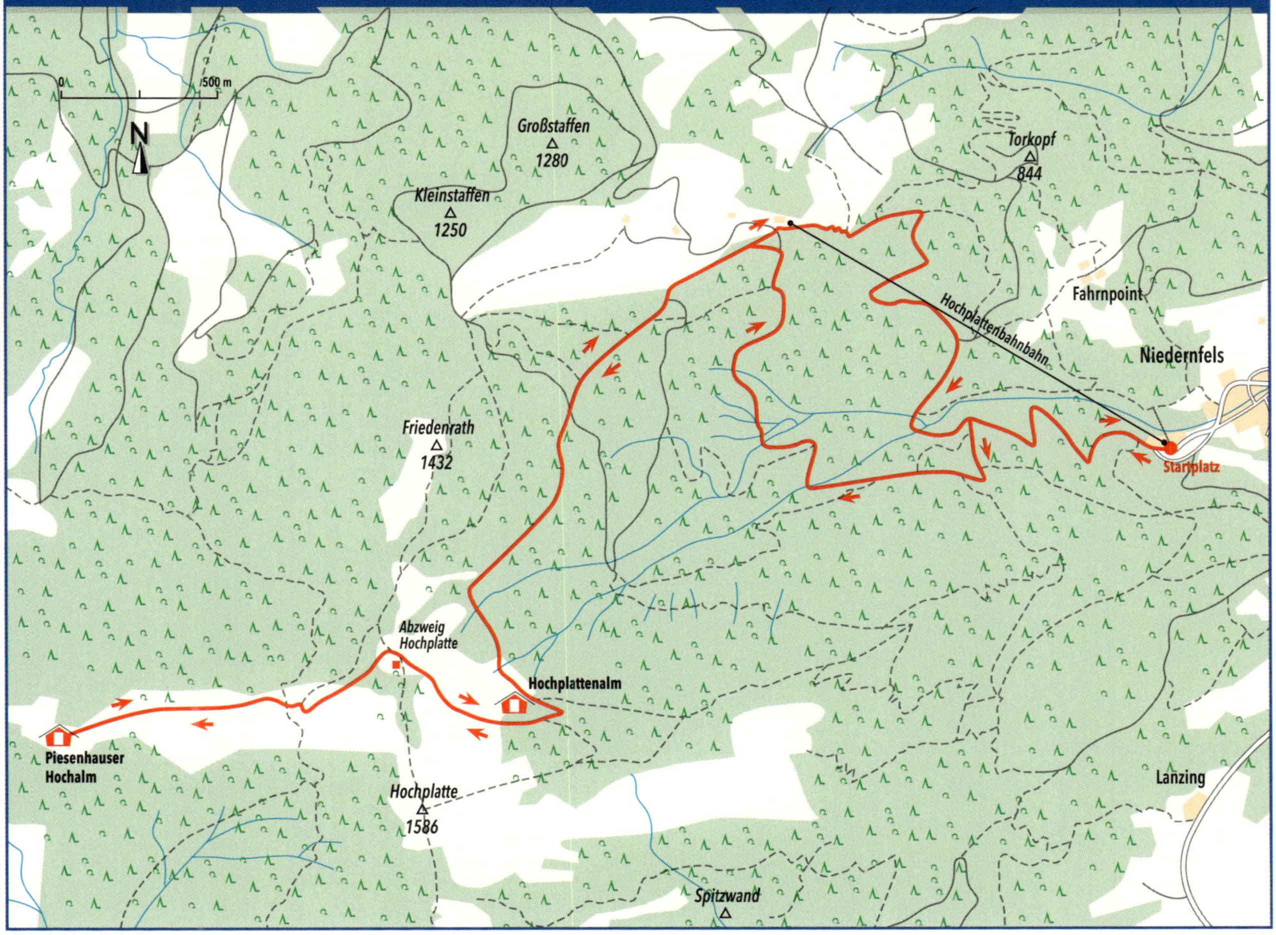

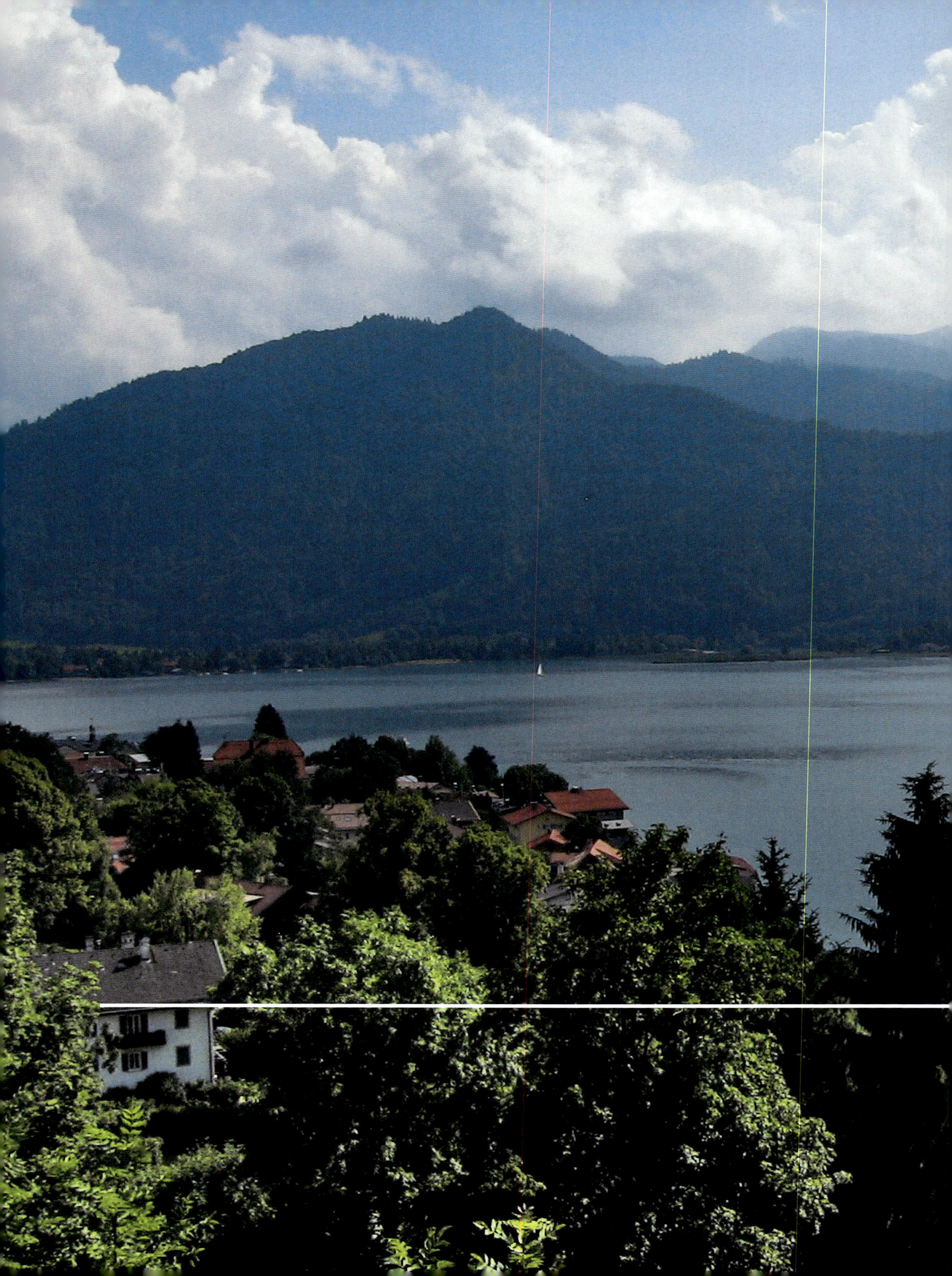

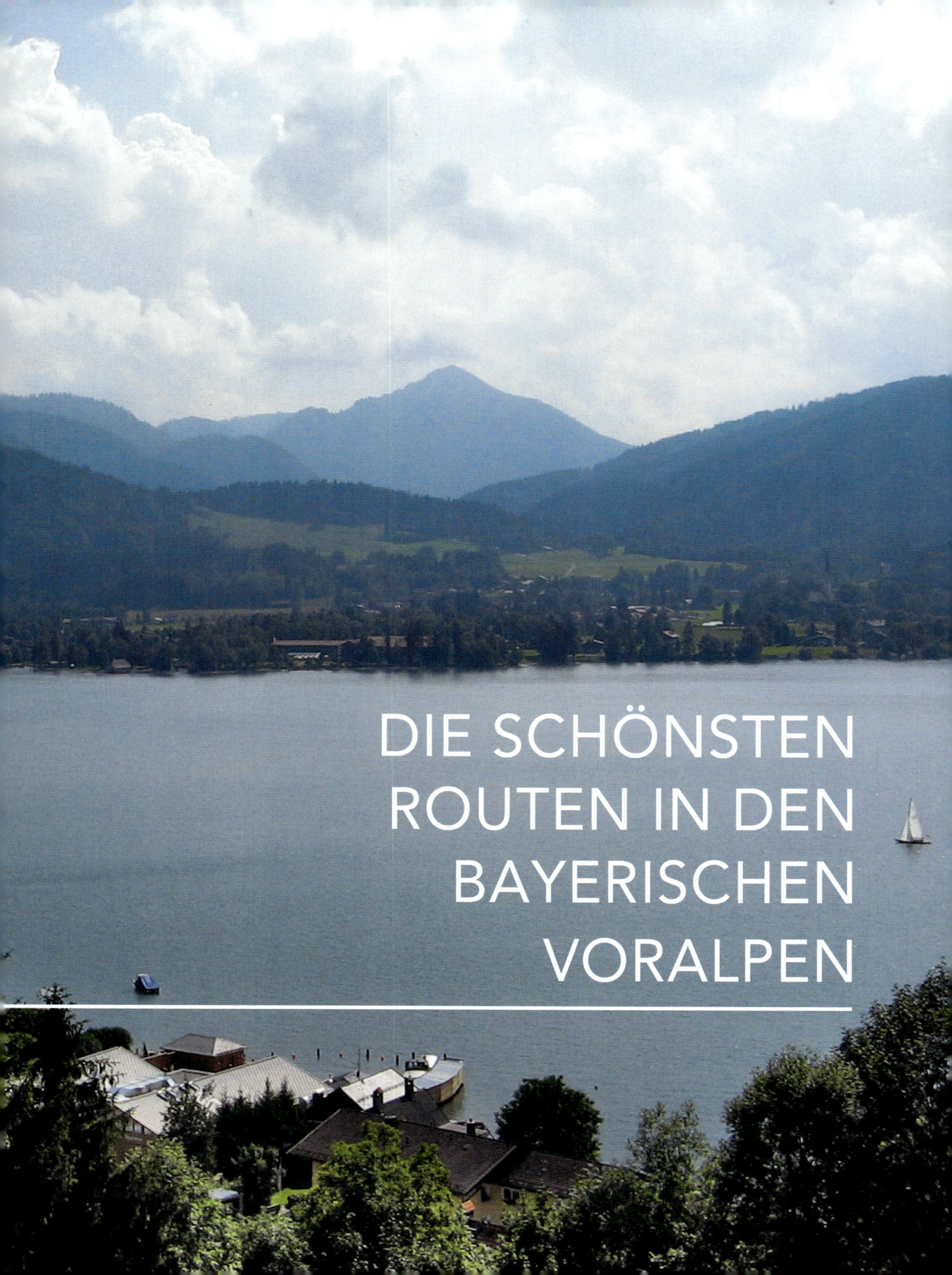

DIE SCHÖNSTEN ROUTEN IN DEN BAYERISCHEN VORALPEN

Tour 9

UM DEN SCHLIERSEE

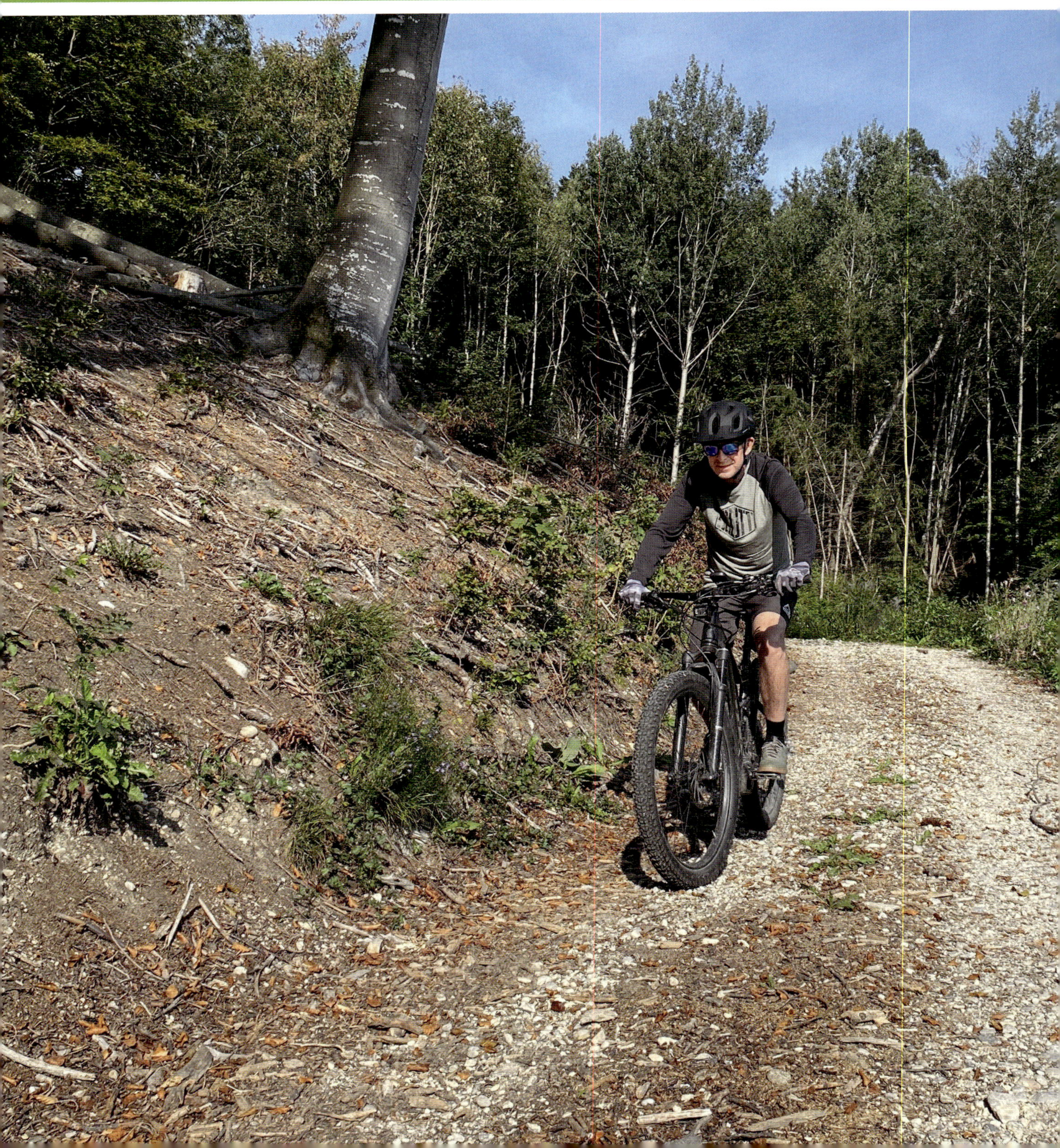

Der Schliersee und seine Umgebung bieten jede Menge Attraktionen und Freizeitangebote. Sogar eine eigene **Whiskeydestillerie** gibt es gleich in der Nähe des Startpunktes dieser Route zu besichtigen. Dementsprechend beliebt ist diese Region bei Einheimischen und Touristen gleichermaßen. Die Tour führt einen jedoch durch die eher ruhigeren Gebiete rund um den See.

Vom Bahnhof in Neuhaus geht es über die Gleise direkt am Abzweig zum **Markus Wasmeier Freilichtmuseum**, einem bayrischen Museumsdorf, vorbei. Ein Besuch lohnt sich in jedem Fall, jedoch eher am Ende der Tour mit Einkehr im Restaurant "Zum Wofen" innerhalb des Museums. Am besten man reserviert und sichert sich gleich einen Platz für später!

Weiter fährt man an den Gleisen entlang und bald links bergauf auf dem wunderschönen Breitenberg-Höhenweg. Da die Auffahrt nicht allzu steil ist, hat man genügend Muße, um den tollen Blick auf die Berge des Spitzingsees wie Brecherspitz, Jägerkamp und Aiplspitz (von rechts nach links) zu genießen. Bald darauf erreicht man den Aussichtspunkt beim Abzweig zum Auracher Köpfl (siehe Tipps zur Tour).

Die weitere Abfahrt zum Ort Schliersee verläuft ohne Hindernisse auf einer sehr gut ausgebauten Forststraße. Unten angekommen gibt es nun die Möglichkeit verschiedenster Einkehrmöglichkeiten oder man fährt weiter durch den Ort und kehrt erst nach der kaum ansteigenden Fahrt zum Hennerer Hof dort ein.

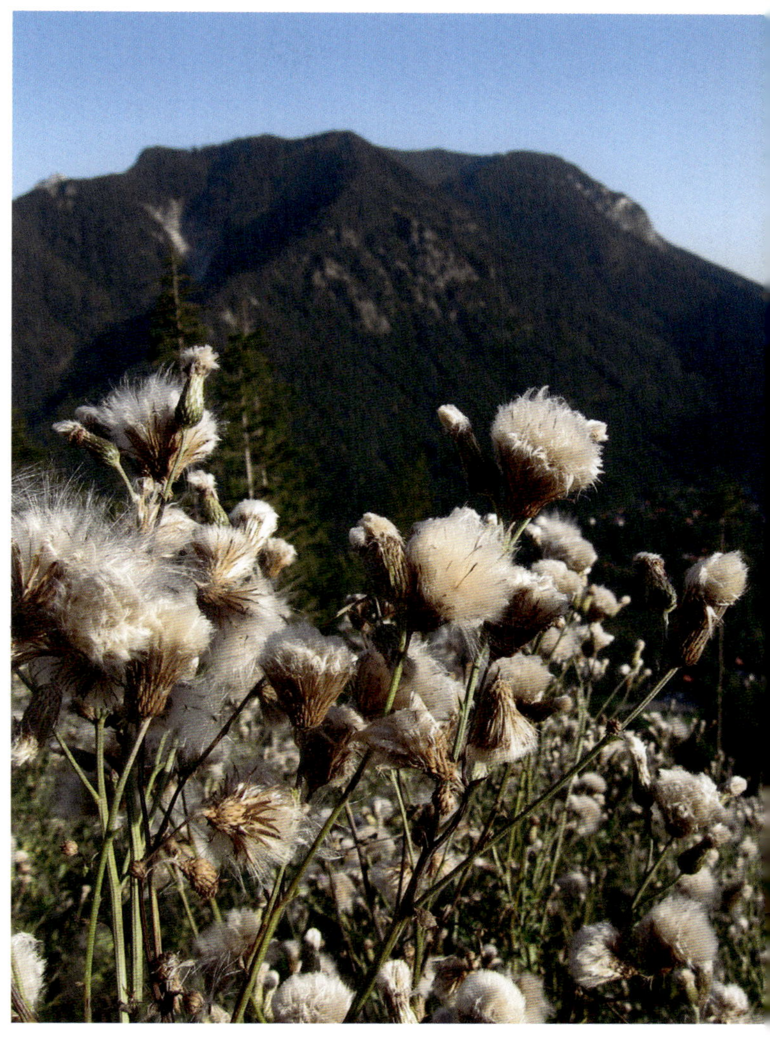

DIE TOUR KOMPAKT

Startplatz: Parkplatz direkt am Bahnhof in Neuhaus am Schliersee
Schwierigkeit: leicht
Anstieg: 630 Höhenmeter
Höchster Punkt: 1050 m
Distanz: 19 Kilometer
Zeitbedarf: ca. 2 Stunden

Jetzt fährt man durch das herrlich kühle Tufttal immer im Zickzack am Arzbach entlang. Dabei überquert man nämlich insgesamt acht Brücken über den Bach. Nachdem die Kuppe erreicht ist, geht es in die verdiente Abfahrt. Ohne größere Schwierigkeiten leitet einen der abschnittsweise etwas lose geschotterte Forstweg direkt in die Dürnbachstraße in Neuhaus. Vorbei an malerischen Bauernhäusern erreicht man schließlich wieder den Ausgangspunkt am Bahnhof in Neuhaus. Nun hat man die Wahl, eingangs erwähntes Freilichtmuseum mit Restaurantbesuch oder baden im See oder sogar beides?

TIPPS ZUR TOUR

- Das Auracher Köpfl ist zwar kein Aussichtsgipfel, aber ein mystischer und selten besuchter Ort (Der Abzweig ist im GPS-Track vermerkt).

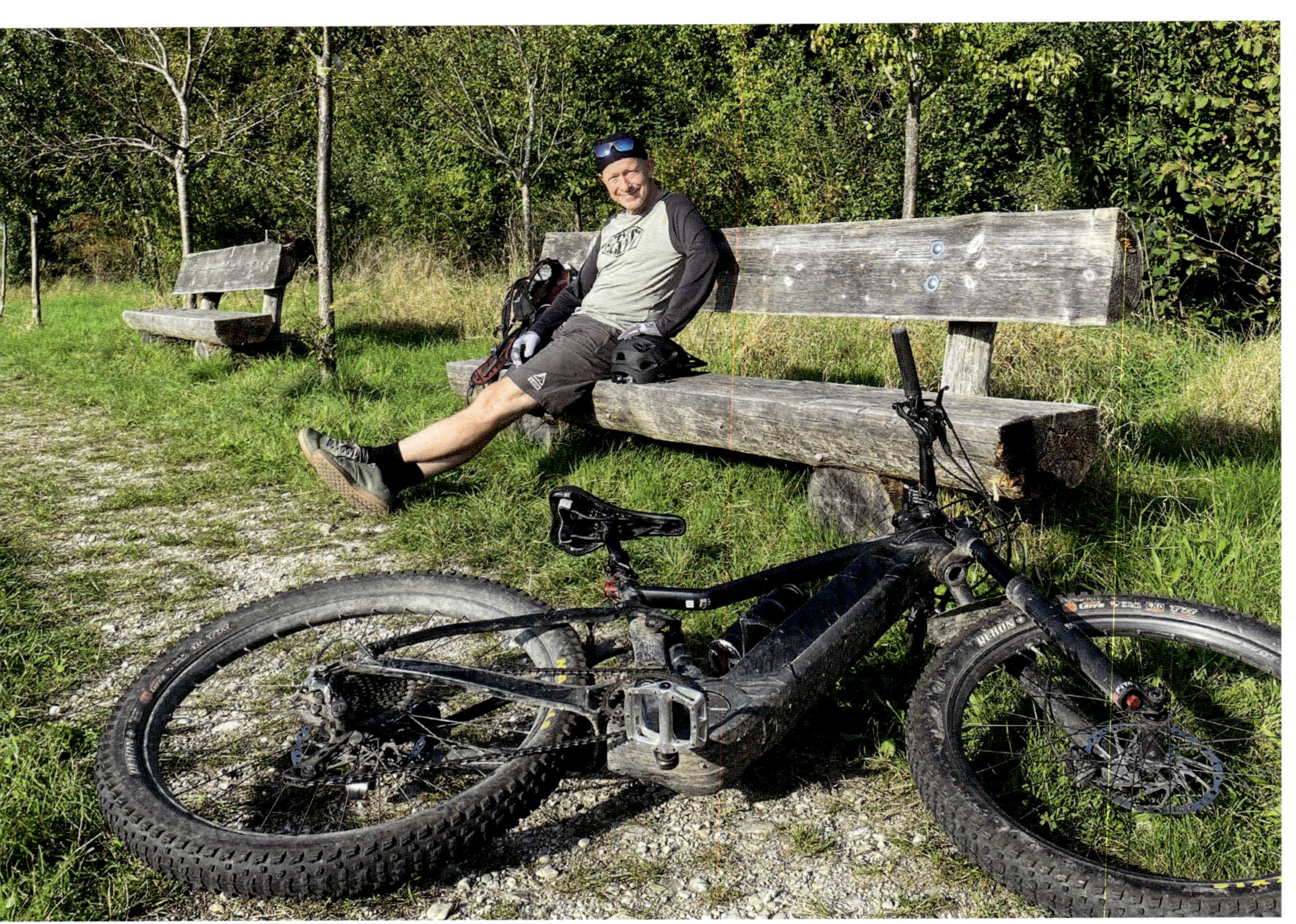

HÖHENPROFIL

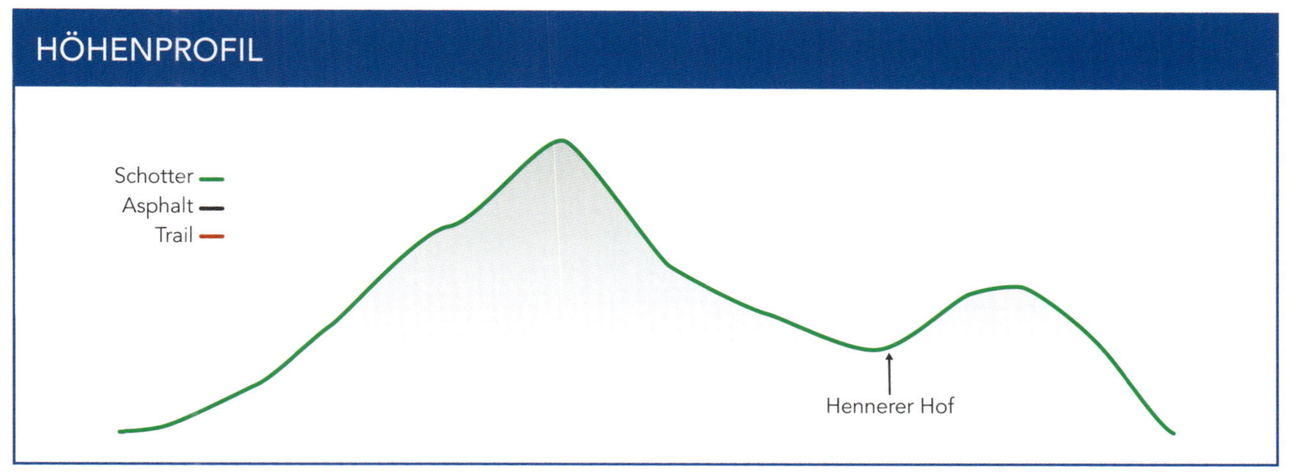

KARTENAUSSCHNITT

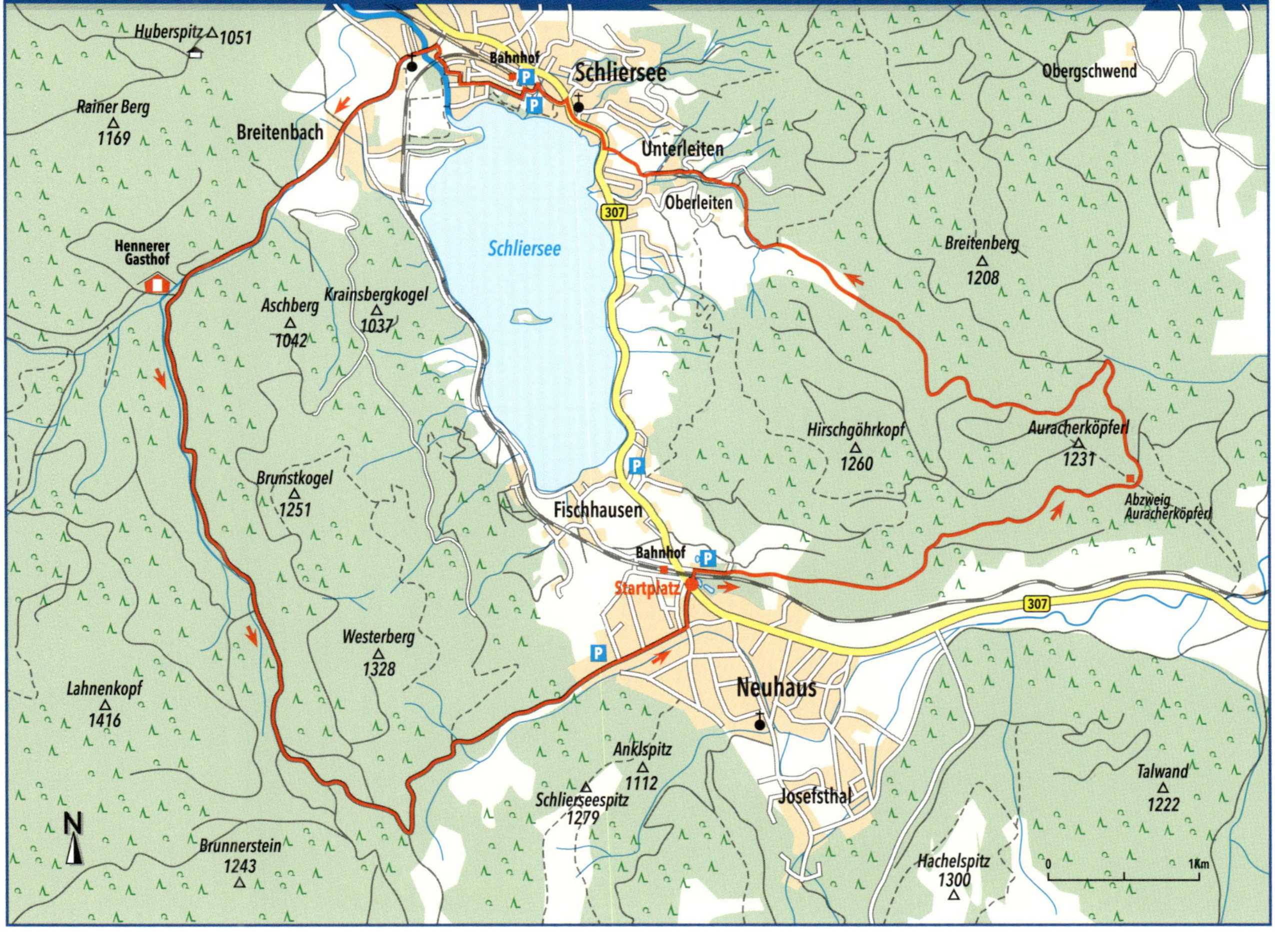

Huberspitz 1051
Rainer Berg 1169
Breitenbach
Bahnhof
Schliersee
Obergschwend
Unterleiten
307
Oberleiten
Schliersee
Hennerer Gasthof
Breitenberg 1208
Aschberg 1042
Krainsbergkogel 1037
Hirschgöhrkopf 1260
Auracherköpferl 1231
Abzweig Auracherköpferl
Brunstkogel 1251
Fischhausen
Bahnhof
Startplatz
307
Westerberg 1328
Lahnenkopf 1416
Neuhaus
Anklspitz 1112
Schlierseespitz 1279
Josefsthal
Talwand 1222
Brunnerstein 1243
Hachelspitz 1300
N
0
1Km

Tour 10

ZU DEN GINDELALMEN

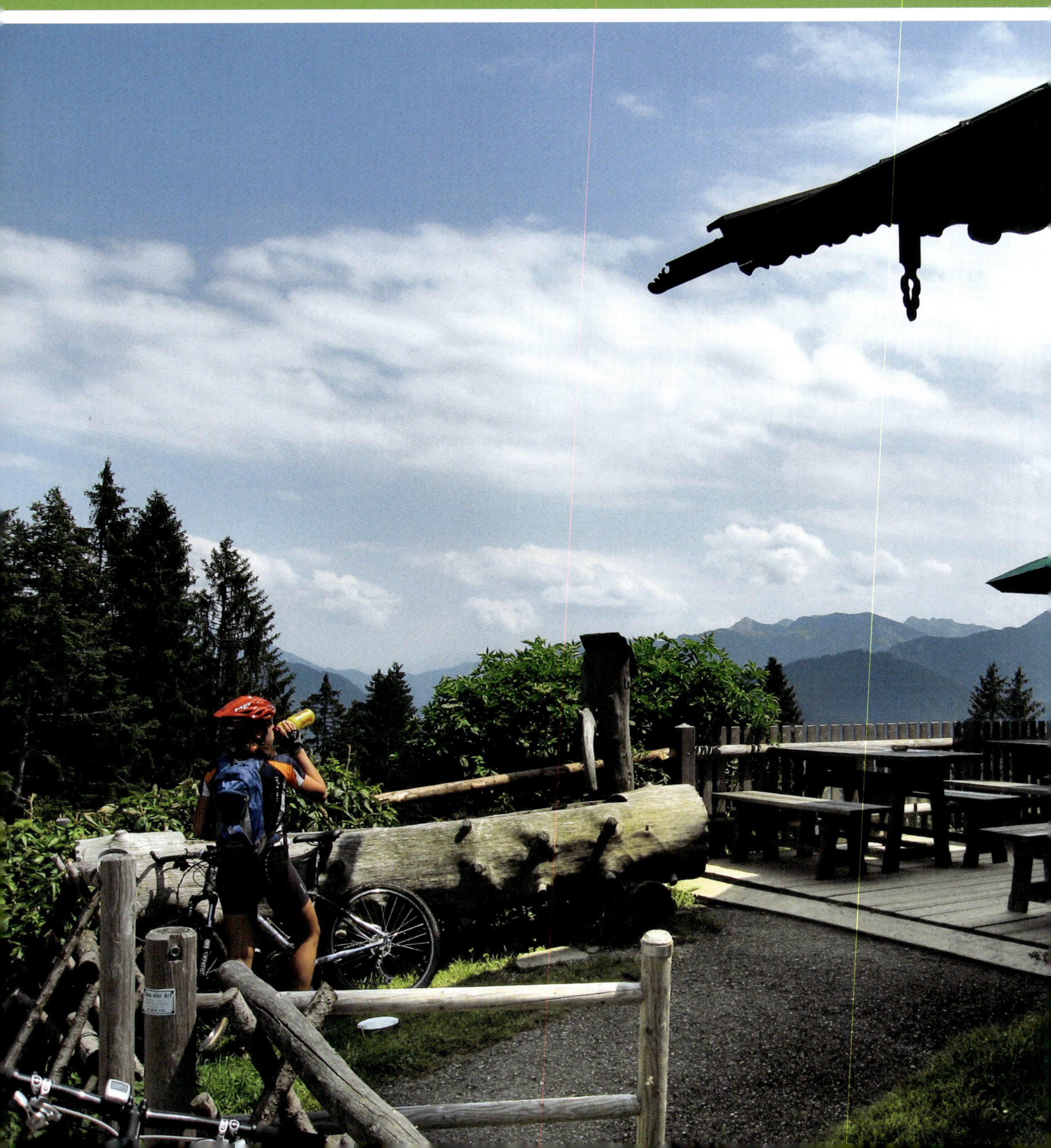

Gleich drei bewirtschaftete Almen warten unterhalb des Gindelalmschneids mit einem reichhaltigen Angebot an Speisen und Getränken auf Besucher. Diese Tour empfiehlt sich besonders für Familien. Zum einen ist die Auffahrt sehr gut mit einem Anhänger für die Kleinsten zu bewältigen. Zum anderen kann man auf der mittleren Gindelalm entspannen, während die "Kurzen" auf dem **kleinen Spielplatz** in natürlicher Umgebung und in Sichtweite herumtollen können.

Nach der kurzen Fahrt durch Hausham biegt man in die Alpenstraße zu den Gindelalmen ein, die zu Beginn ganz kurz etwas steiler ist. Bald darauf zieht einen die bestens asphaltierte Straße förmlich nach oben. Da es auf den Gindelalmen keinen offiziellen Parkplatz gibt und die Alpenstraße daher nicht befahren werden darf, hält sich der Verkehr in Grenzen.

Ein paar Serpentinen später erreicht man nach einiger Zeit das Tagesziel, die Gindelalmen. Vor oder nach der Rast kann dann noch der **Gindelalmschneid** mit seiner herrlichen Aussicht bestiegen werden. Über einen steilen Wiesenpfad ist dieser in einer guten halben Stunde zu erreichen.

Wenn man genügend gerastet und die Aussicht genossen hat und die Kleinen sich ausgetobt haben, ist es Zeit, sich an die Abfahrt zu machen. Wer mit einem Anhänger für die Kleinsten unterwegs ist, fährt am besten wieder den Anfahrtsweg über die Asphaltstraße zurück! Für alle anderen geht es in einen schmalen Forstweg, der zwar neu angelegt wurde, aber bald für ein paar hundert Meter steiler zu Tal zieht. Danach wird die Piste etwas trailmäßiger und führt durch einen schönen Hochwald, der im Herbst auch den ein oder anderen Steinpilz vor neugierigen Blicken versteckt. Hat man noch Zeit, lohnt sich die Suche in jedem Fall.

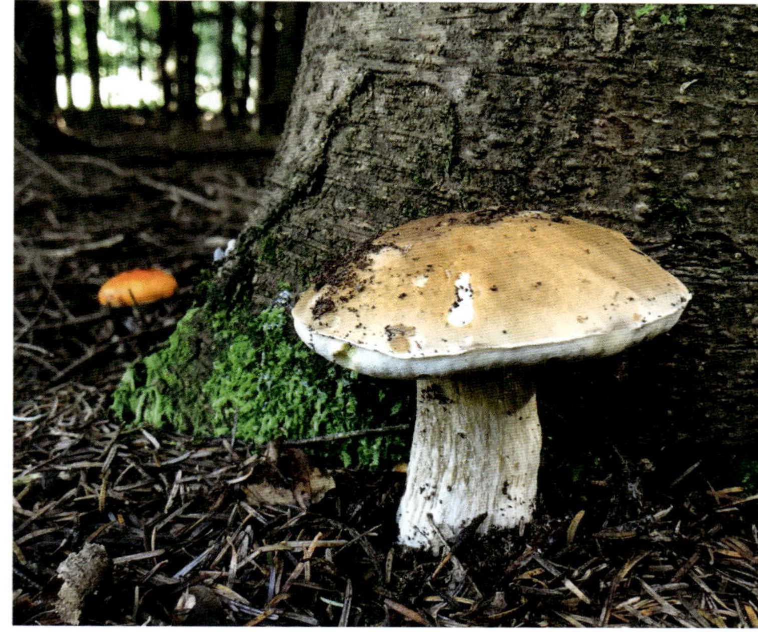

DIE TOUR KOMPAKT

Startplatz: Parkplatz am Sportplatz (Huberspitzweg) in Hausham
Schwierigkeit: leicht
Anstieg: 510 Höhenmeter
Höchster Punkt: 1240 m
Distanz: 13 Kilometer
Zeitbedarf: ca. 1,5 Stunden

Im wiesenreichen Tal angekommen gibt es noch einmal die Möglichkeit einzukehren. Der Hennerer Hof bietet eine sonnige Terrasse zum Verweilen und Genießen.

Die aussichtsreiche Talstraße lässt einem Gelegenheit, bei angenehmem Gefälle den Tag Revue passieren zu lassen und dabei entspannt zum Ausgangspunkt zurückzurollen. Wenn einem im Sommer der Sinn nach einer Abkühlung steht, kann man vorher einen der Abzweige zum Schlierseeufer nutzen und beim Campingplatz ins Wasser springen.

TIPPS ZUR TOUR

- Das Neureuthhaus bietet einen tollen Ausblick auf die Tegernseer Seite und ist um die Ecke (Abzweig im GPS-Track markiert).

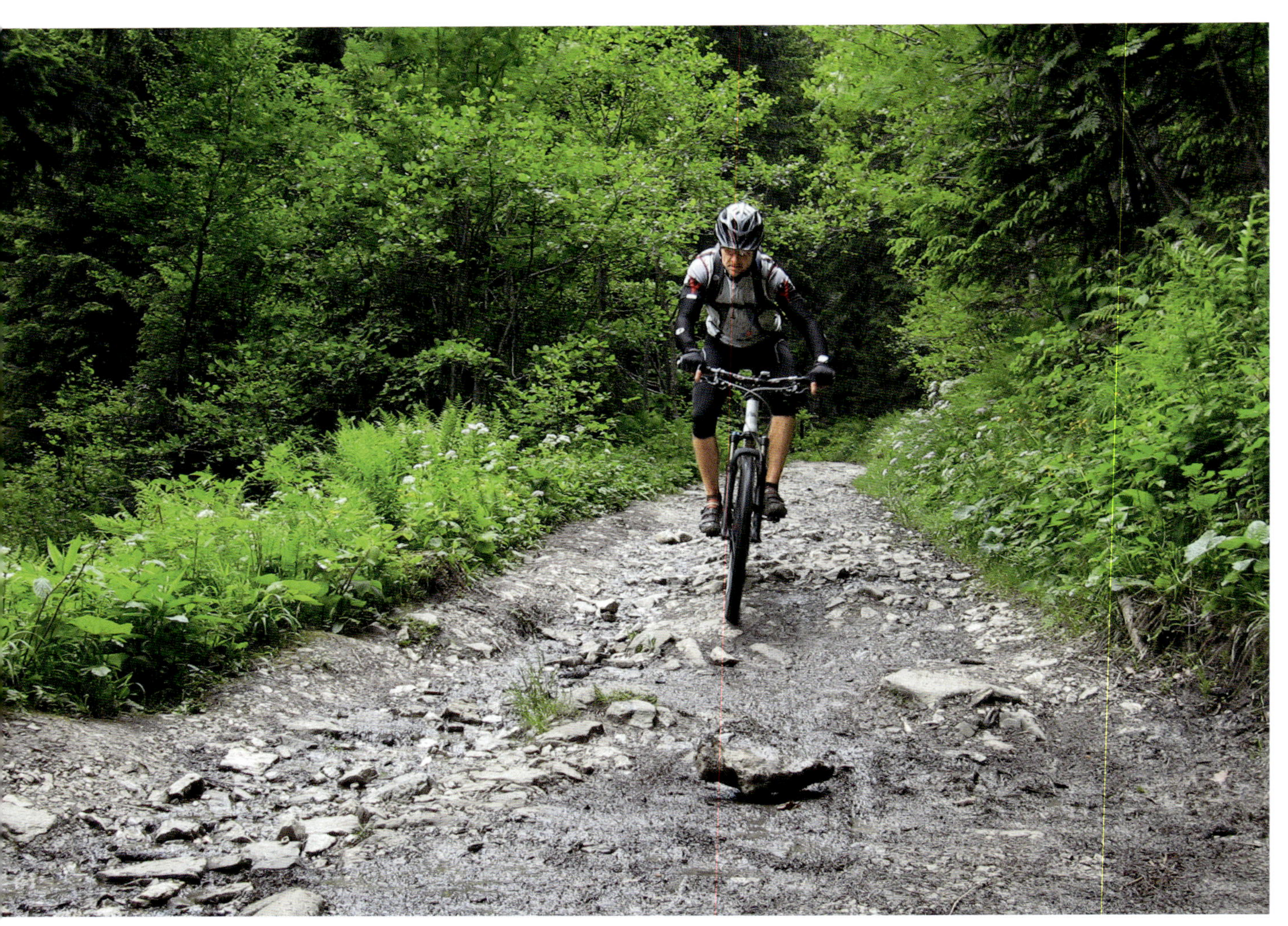

HÖHENPROFIL

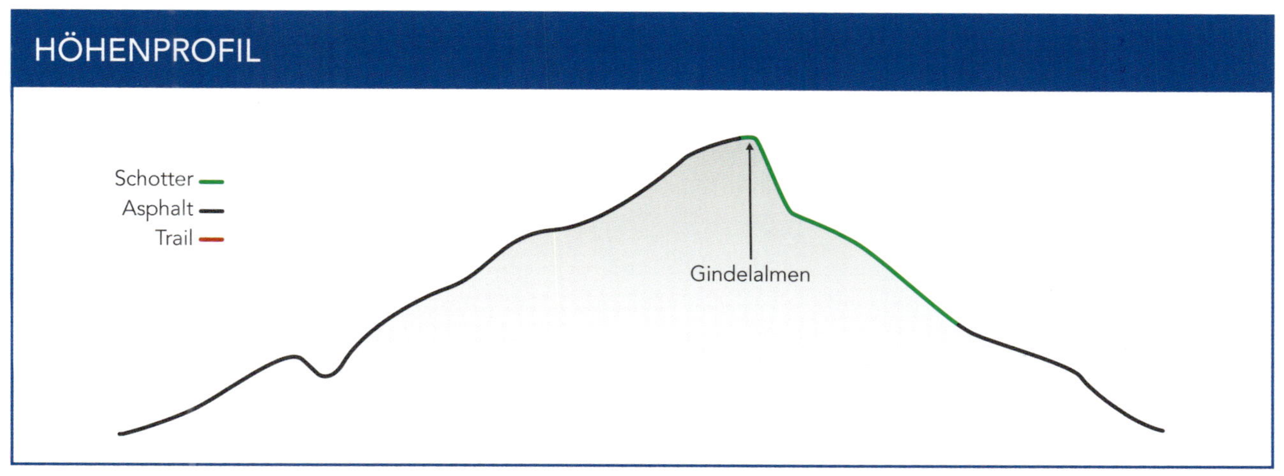

KARTENAUSSCHNITT

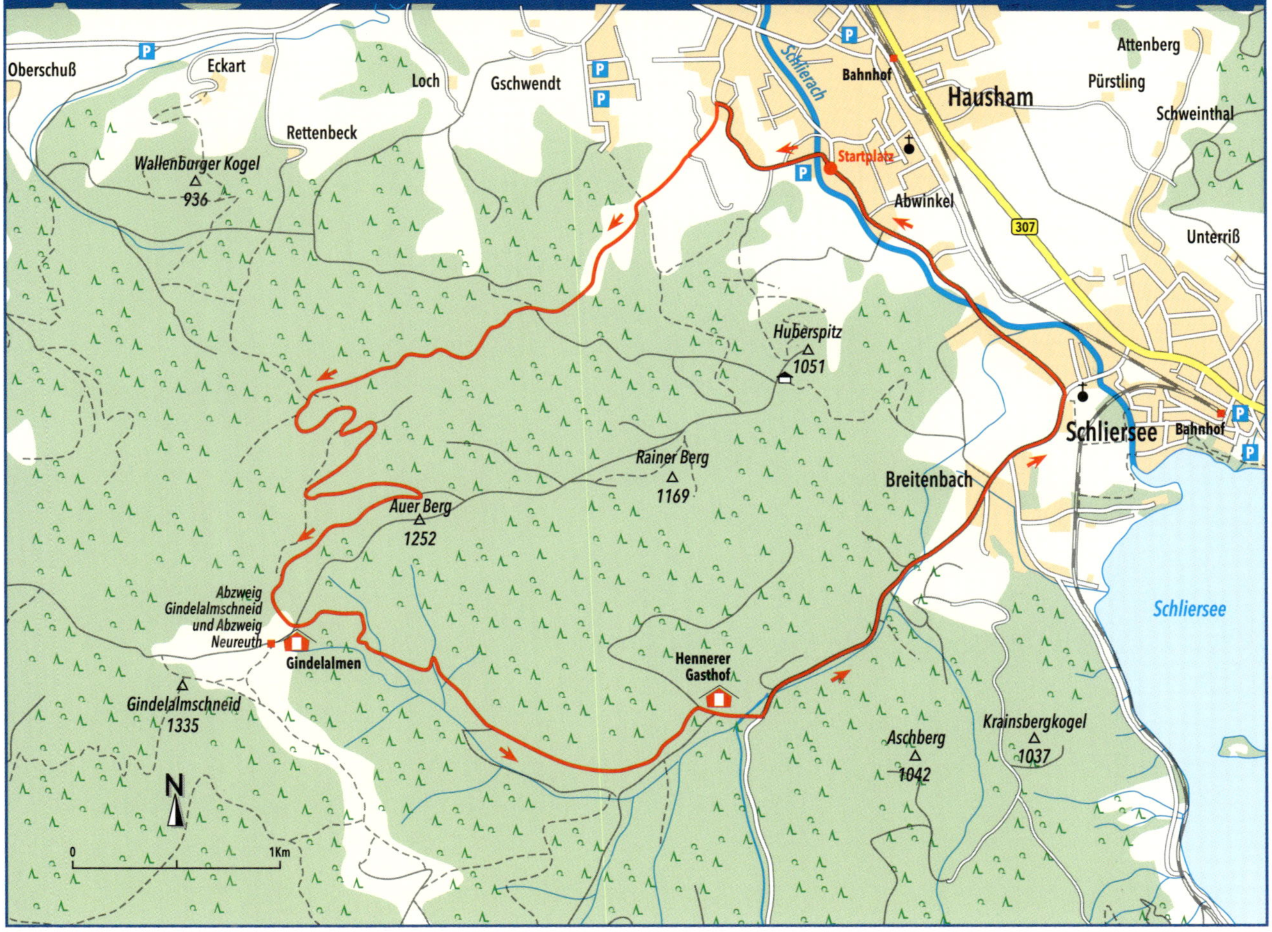

Tour 11

DURCH DAS LAINBACHTAL

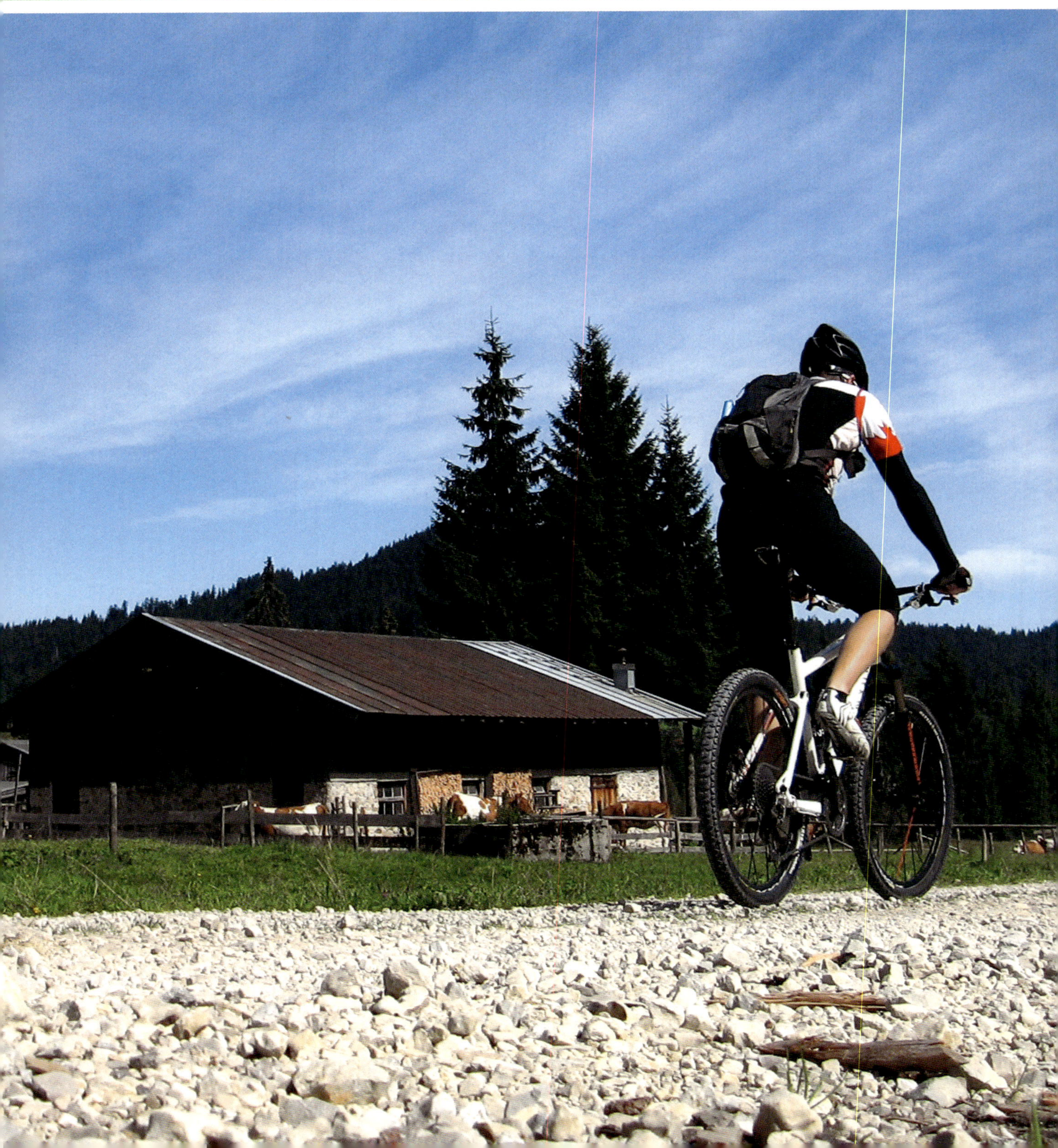

Das Lainbachtal bietet viele landschaftliche Sehenswürdigkeiten und ist teilweise sehr einsam und ursprünglich. So kann es nach ergiebigen Regenfällen vorkommen, dass man einen der seltenen Alpensalamander direkt auf dem Kies der Forststraße entdeckt.

Gestartet wird diese Tour auf einem angenehmen Forstweg mit moderater Steigung und später mit einem tollen Blick auf die Nordseite der Benediktenwand. Nach einiger Zeit hat man die Möglichkeit, sich einen **Waldlehrpfad** genauer anzusehen (Abzweig im GPS-Track markiert). Hierbei kann man sein Mountainbike ruhig mitnehmen, denn der Pfad kreuzt immer wieder den Anfahrtsweg.

Bald darauf erreicht man den Wegabzweig "zum großen Stoa" (Abzweig ist im GPS-Track markiert). Hier gibt es nach kurzer Fahrt einen 135 Tonnen schweren und 40 Kubikmeter großen **Findling** zu sehen, der aus Eklogit, einem der härtesten Gesteinsarten weltweit, besteht. Ein Stückchen weiter befinden sich noch die **Lainbachwasserfälle,** die zu einer kleinen Pause einladen.

Zurück auf dem Anfahrtsweg geht es weiter flach dahin und man gelangt schließlich zu einem schönen Picknickplatz bei der Eibelsfleck Alm. Da es **auf dieser Tour keine Einkehrmöglichkeiten** gibt, bietet sich dieser Platz für eine Pause und den Verzehr der mitgebrachten Snacks an. Zudem wurde der größte Teil der Höhenmeter bereits gefahren und auch gut die Hälfte der Stecke ist absolviert.

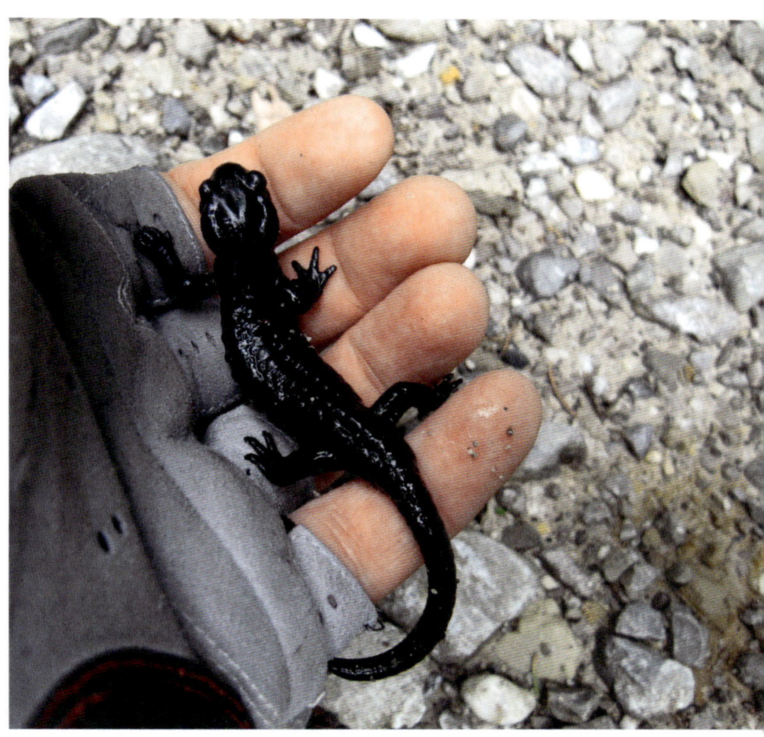

Sollte man an heißen Sommertagen nicht genügend zum Trinken dabei haben, so ist das bei dieser Durchquerung kein Problem, denn es gibt auf der Strecke jede Menge Brunnen und Quellen mit Trinkwasser.

DIE TOUR KOMPAKT

Startplatz: Parkplatz Alpenwarmbad in Benediktbeuern
Schwierigkeit: leicht
Anstieg: 640 Höhenmeter
Höchster Punkt: 1085 m
Distanz: 20 Kilometer
Zeitbedarf: ca. 2 Stunden

Die Weiterfahrt hält dann noch ein paar kleine Gegenanstiege und Abfahrten bereit. Hinter der Sattelalm wird der Untergrund auch zeitweise etwas ruppiger, er bleibt aber immer sehr gut fahrbar und schon öffnet sich das Tal zu weiten Almflächen.

Bald erreicht man nun eine Mariengrotte, wie sie auch im Ortsteil Gschwendt (Beschilderung: Maria Brunn) zu sehen ist, und folgt der Schotterpiste bergab. Schließlich erreicht man den Ortsteil Benediktbeuern-Gschwendt, durch den man zurück zum Ausgangspunkt fährt.

TIPPS ZUR TOUR

- Da ein erheblicher Teil der Strecke durch einen Bergwald verläuft, bietet sich diese Tour besonders für heiße Sommertage an.

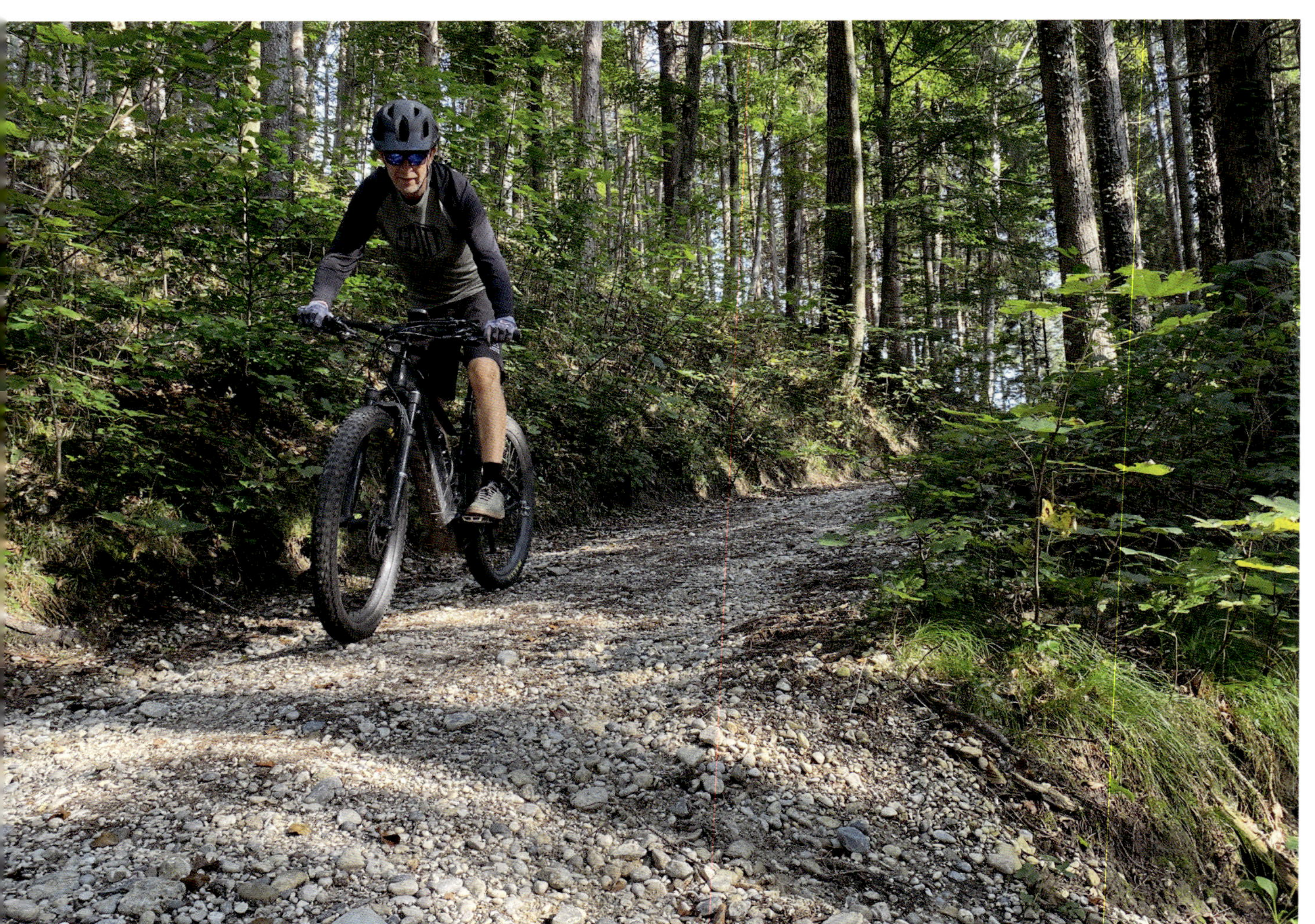

HÖHENPROFIL

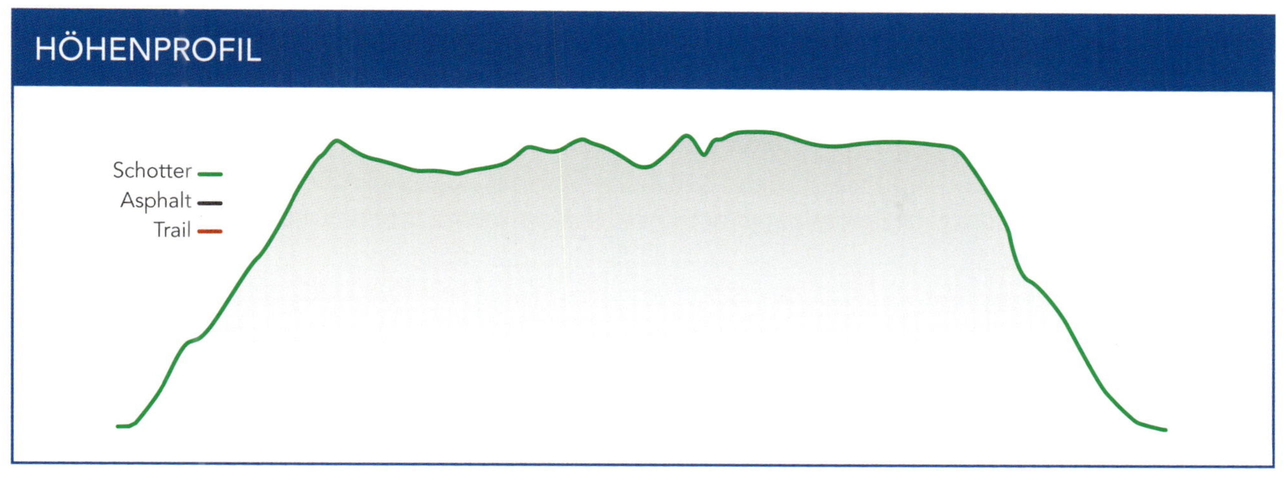

KARTENAUSSCHNITT

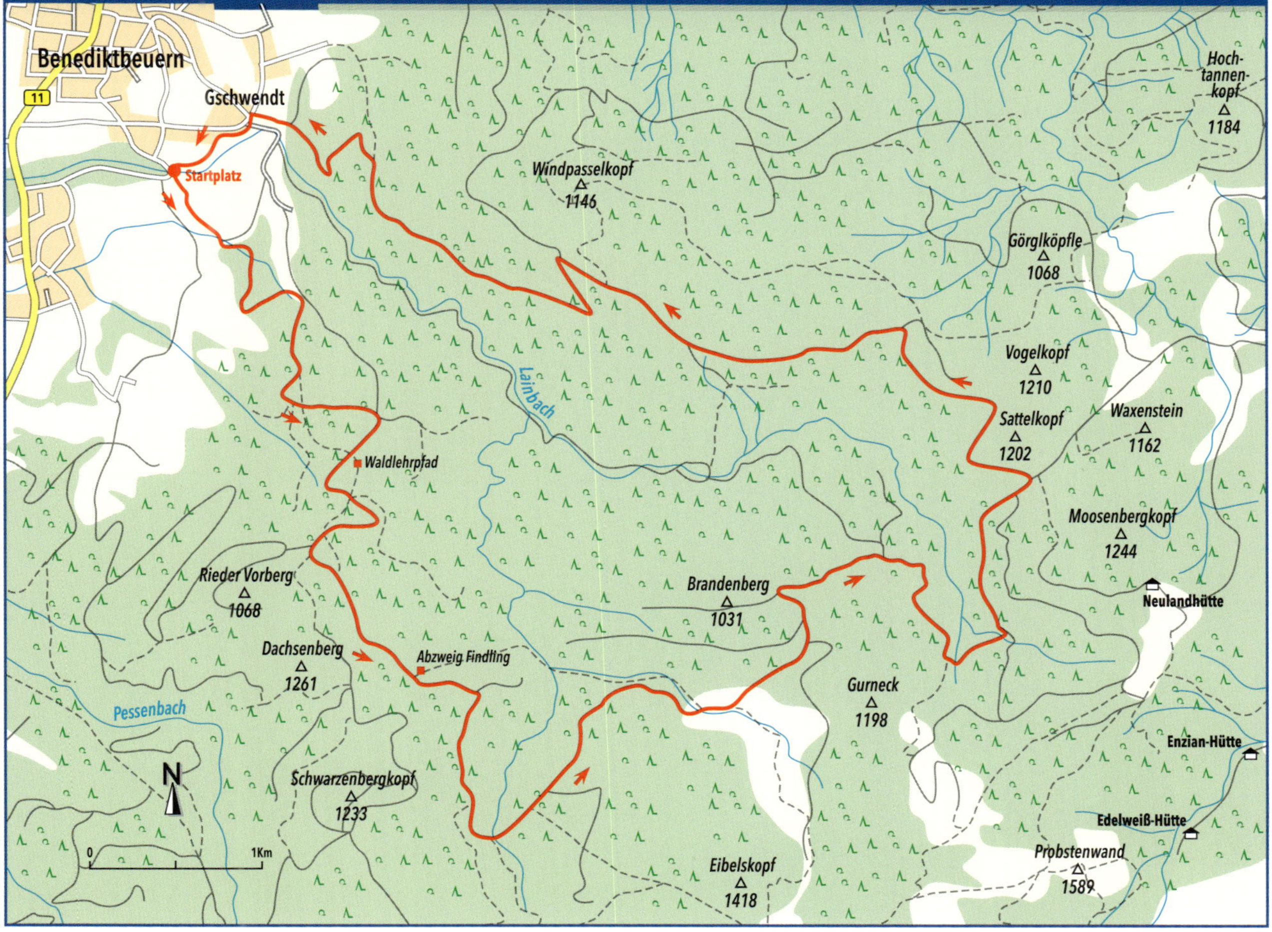

Benediktbeuern
11
Gschwendt
Startplatz
Windpasselkopf
1146
Hoch-
tannen-
kopf
1184
Görglköpfle
1068
Vogelkopf
1210
Sattelkopf
1202
Waxenstein
1162
Lainbach
Waldlehrpfad
Moosenbergkopf
1244
Neulandhütte
Rieder Vorberg
1068
Brandenberg
1031
Dachsenberg
1261
Abzweig Findling
Gurneck
1198
Pessenbach
Enzian-Hütte
N
Schwarzenbergkopf
1233
Edelweiß-Hütte
0
1Km
Probstenwand
1589
Eibelskopf
1418

Tour 12

AUF DEN BLOMBERG

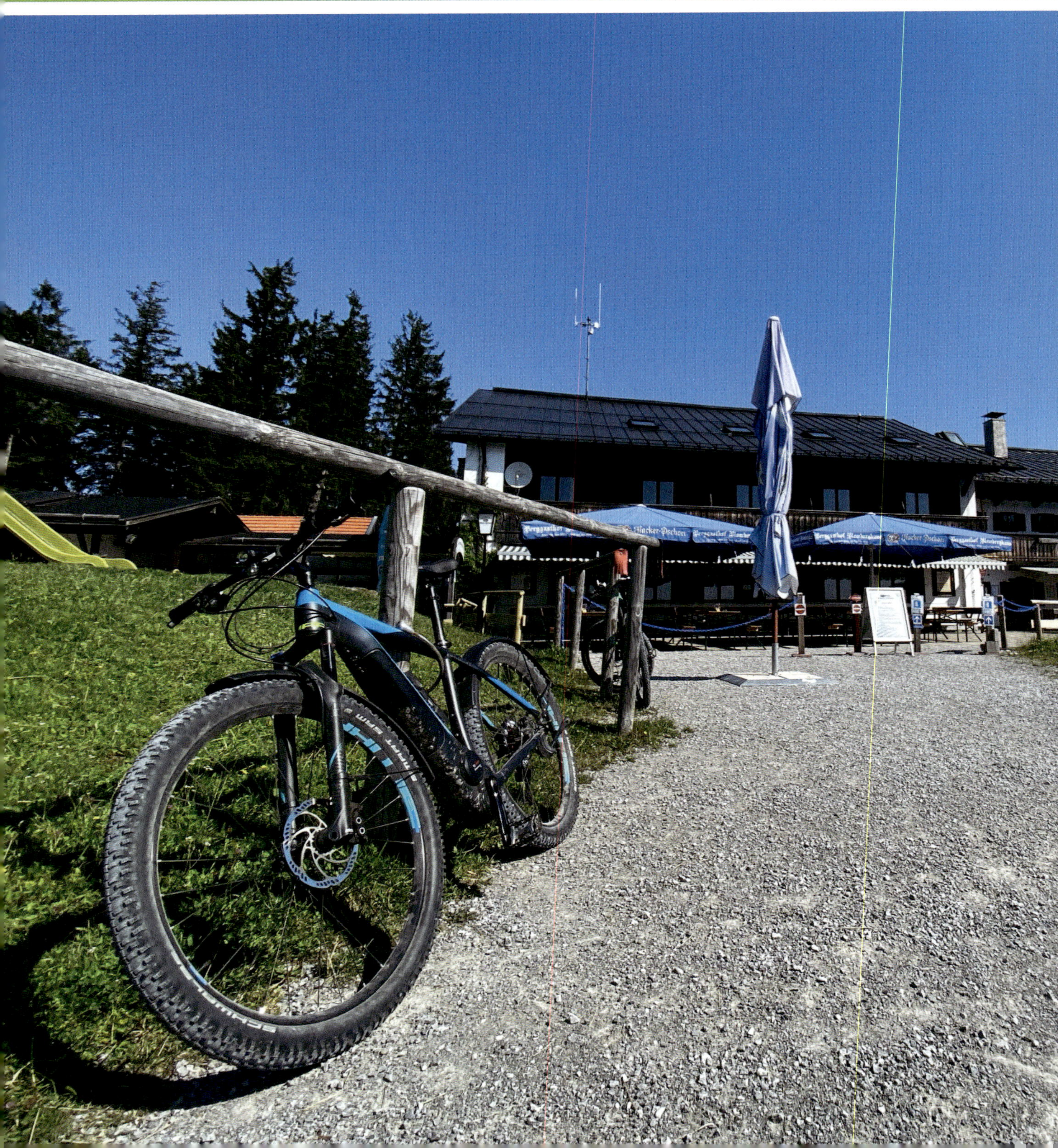

Das Blomberghaus ist ein tolles Ziel für Alt und Jung. Die Aussicht vom Zwiesel auf die gegenüberliegende Benediktenwand und die umliegenden Berge bis hin zur Zugspitze ist traumhaft. Und einen ausgezeichneten Kaiserschmarrn gibt´s obendrein.

Für zusätzlichen Nervenkitzel sorgt auch die **Sommerrodelbahn** am Blomberg. Sollte ein Teil der Familie nicht so sehr auf Mountainbiken stehen, können hier die Freizeitaktivitäten für alle zufriedenstellend aufgeteilt werden. Weitere Informationen findet man auf der Homepage der Blombergbahn.

Die Tour beginnt auf der gut ausgebauten Forststraße nach Westen. Nach einem steileren Beginn wird es flacher und im Hochsommer ist die Auffahrt durch den Wald schön schattig und kühl. Es folgt eine kurze Abfahrt, bevor es noch einmal etwas steiler wird. Obwohl man es kaum sieht, benötigt man doch etwas mehr Kraft oder schaltet die elektronische Unterstützung eventuell eine Stufe höher.

Nun kommt man an eine Kreuzung mit einem Holzplatz. Hier zweigt der Weg zu einer möglichen Gipfelbesteigung ab. Geradeaus geht es flach zum Blomberghaus, wo sich eine Einkehr anbietet. Auf gleichem Weg geht es zurück zur Kreuzung und nach links Richtung Zwieselgipfel. Eine kurze steile Rampe will nun bewältigt werden, bevor der Weg flach zu einem kleinen Wiesen-Trail hinter dem Almgebäude leitet. Nun folgt man diesem Trail zuletzt über kleine Wurzelstufen parallel zu einem Karrenweg

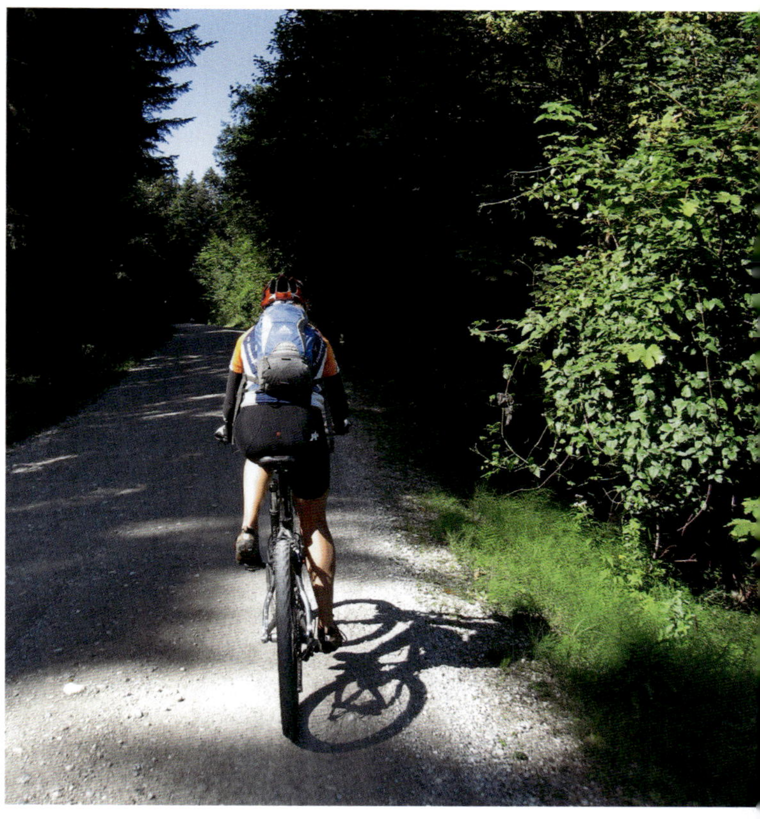

bergab. Nach einigen Regentagen kann dieser Pfad schon einmal recht schlammig und unangenehm zu fahren sein.

DIE TOUR KOMPAKT

Startplatz: Parkplatz der Blombergbahn bei Bad Tölz
Schwierigkeit: mittel
Anstieg: 700 Höhenmeter
Höchster Punkt: 1243 m
Distanz: 18 Kilometer
Zeitbedarf: ca. 2,5 Stunden

Am Ende des Trails gelangt man nahe der Moaralm an einen Forstweg und folgt diesem bergab durch den Wald nach Lehen.

Hier angekommen geht es nach Norden zur **Pestkapelle Lehenkirchl**, die wirklich sehenswert in der Wiese vor einer traumhaften Voralpenkulisse steht. Hier wurde der vielen Opfer der in Europa im 14. Jahrhundert wütenden Pest gedacht. Eine Bank am Wegesrand lädt hier zu einer weiteren kleinen Pause ein.

Nun geht es gemütlich und meist flach durch einige idyllische Dörfer auf ruhigen Asphaltsträßchen und kleinen Pfaden zurück zum Ausgangspunkt an der Blombergbahn.

Dabei kommt man an dem ein oder anderen Obstbaum vorbei und im Spätsommer kann man sich mit Erlaubnis des Bauern auch noch einen leckeren Snack mitnehmen oder ihn an Ort und Stelle verspeisen.

TIPPS ZUR TOUR

- Vom Blomberghaus ist es nicht weit zum Blomberggipfel. Man kommt direkt am Abzweig zum Gipfel vorbei (Markierung GPS-Track). Entweder vor oder nach einer Rast im Blomberghaus. Direkt an der Kreuzung vor dem Blomberghaus geht es links lediglich 80 Höhenmeter bergauf.
- Auf den Blomberg führt auch eine Seilbahn, so dass man die Familie auch aufteilen kann, um sich dann im Blomberghaus zur gemütlichen Einkehr zu treffen.
- Diese Tour bietet auch die Möglichkeit einer zweiten Gipfelbesteigung auf den Zwiesel. Nach der kurzen Rampe weiter rechts steil bergauf schieben (Markierung GPS-Track). Der Aufstieg hat auch nur 80 Höhenmeter.

HÖHENPROFIL

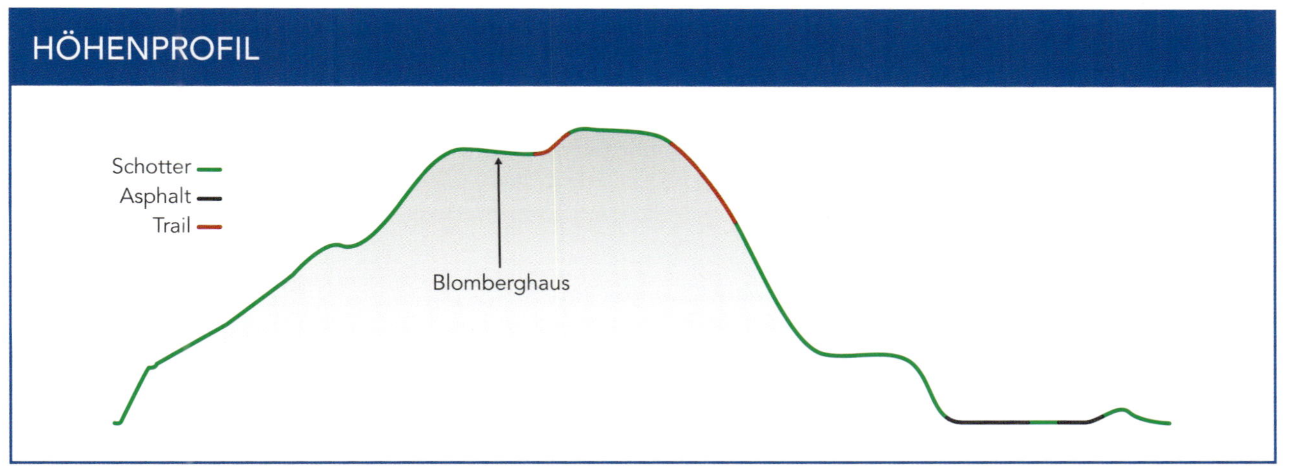

KARTENAUSSCHNITT

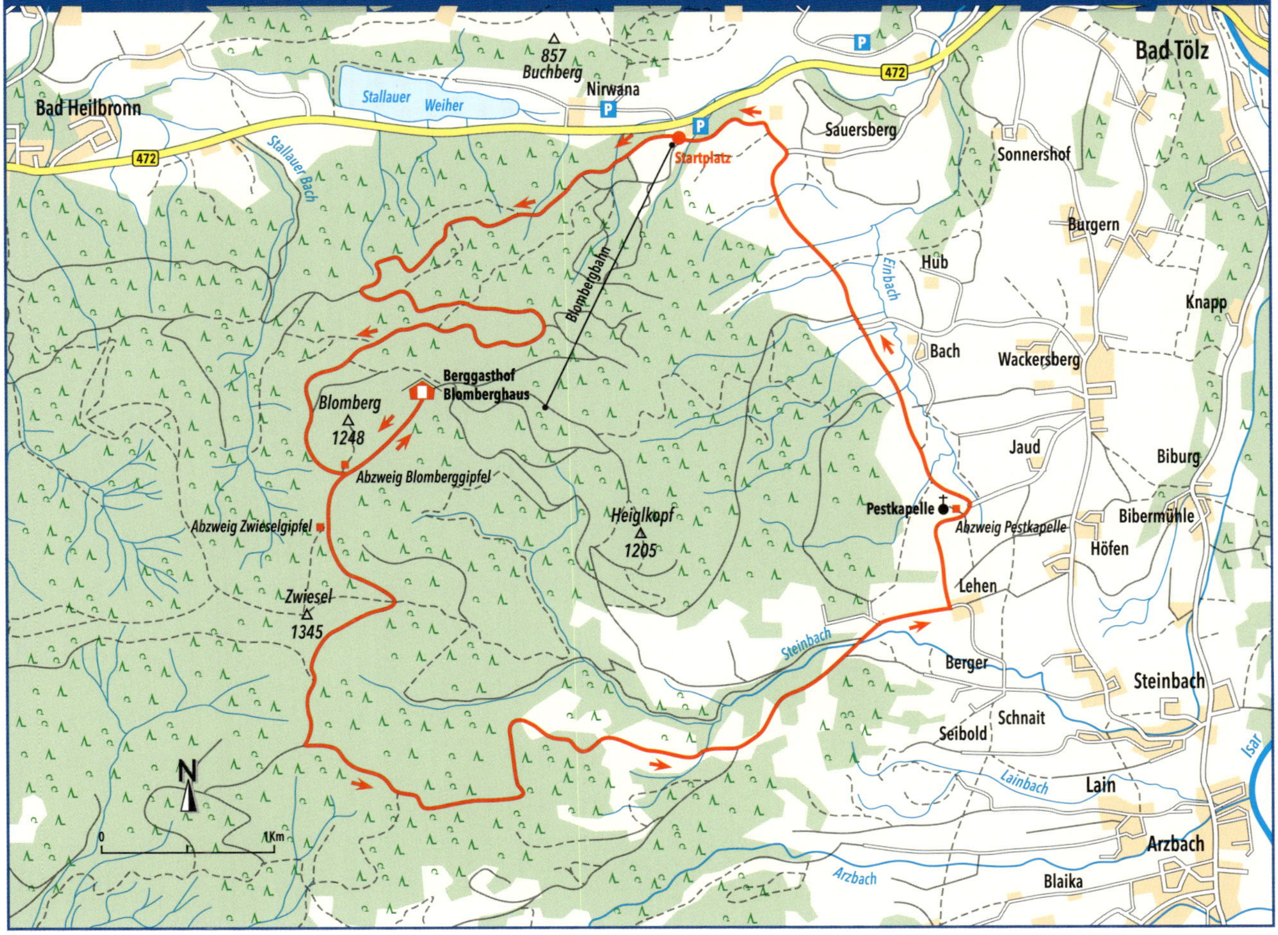

Tour 13

ZUM JENBACHFALL

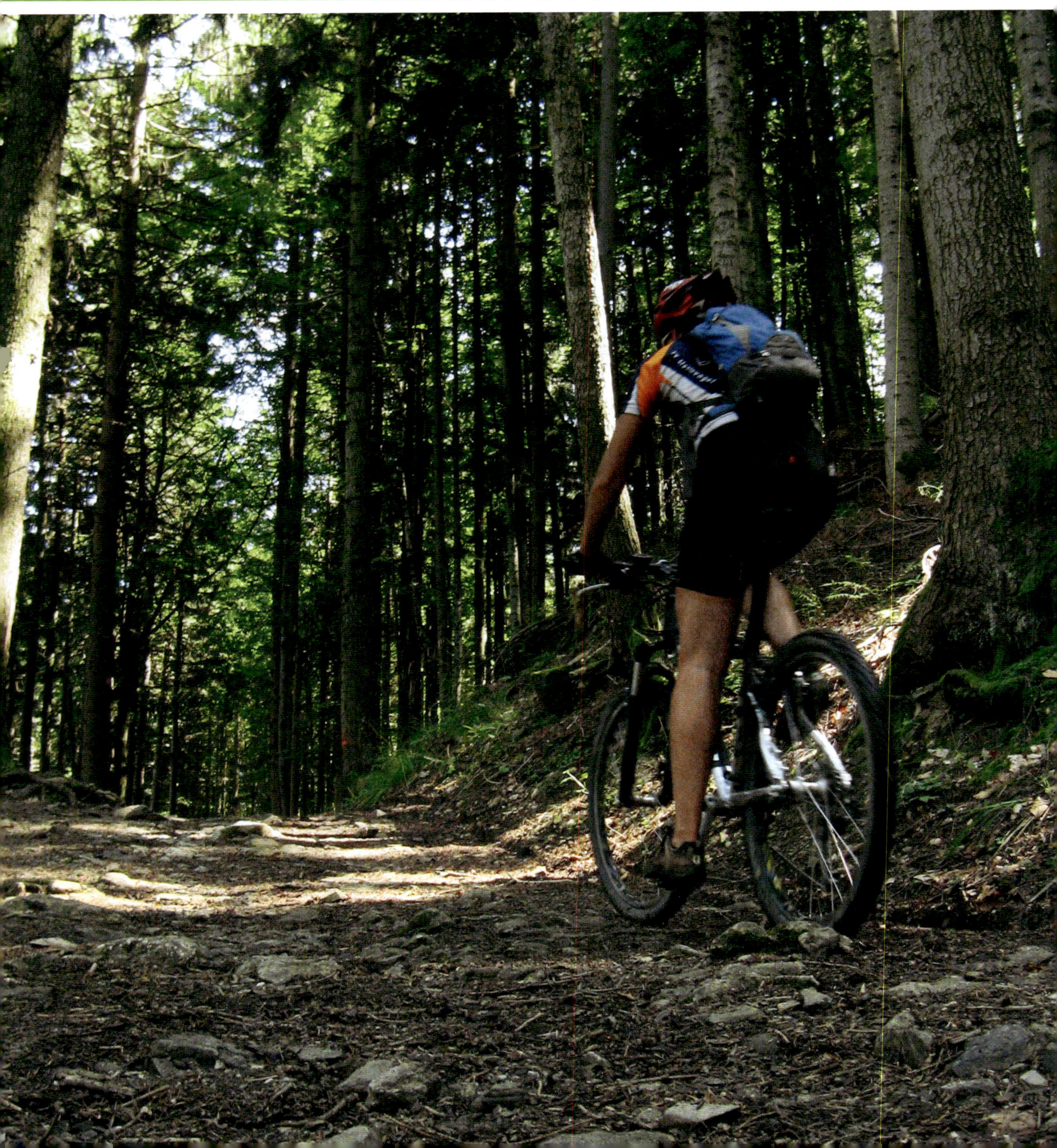

Das wasserreiche Jenbachtal mit seinen zahllosen Quellen besticht durch seine Ursprünglichkeit und bietet als Highlight den gut zehn Meter hohen **Jenbachfall**. Aber auch von der Strecke her wird es ganz bestimmt nicht langweilig, da viele der alten Forstwege ein gewisses Maß an Radkontrolle verlangen. Zwei herrlich gelegene und bestens bewirtschaftete Almen laden dabei zur verdienten Rast ein.

Als Erstes folgt man der Talstraße nach Osten und biegt bald darauf nach Süden auf die Asphaltstraße zum idyllischen Dörfchen Weißenbach ab.

Danach wechselt der Untergrund, man fährt nun auf Schotter und der Forstweg wird schließlich immer gröber. Die Fahrt ist aber auch später bergab immer gut zu kontrollieren. Zum Schluss kommt man an einen leicht zu befahrenden flachen Singletrail.

Nun folgt man der Asphaltstraße in Richtung Wirtsalm bis zu einem Parkplatz, der auch den Abzweig zum Jenbachfall markiert. Wenn man sich diesen **beeindruckenden Wasserfall** (vor allem im Frühjahr mit der Schneeschmelze) ansehen möchte, sollte man in jedem Fall trittsicher sein. Der Pfad kann vor allem bei Nässe sehr rutschig und unwegsam sein!

Nach diesem Abenteuer weitet sich das Tal und man gelangt schließlich zur Wirtsalm, die mit ihren leckeren Brotzeitplatten zu einer Pause animiert. Der Blick schweift dabei in die Ferne zum Wendelstein und zum Breitenstein.

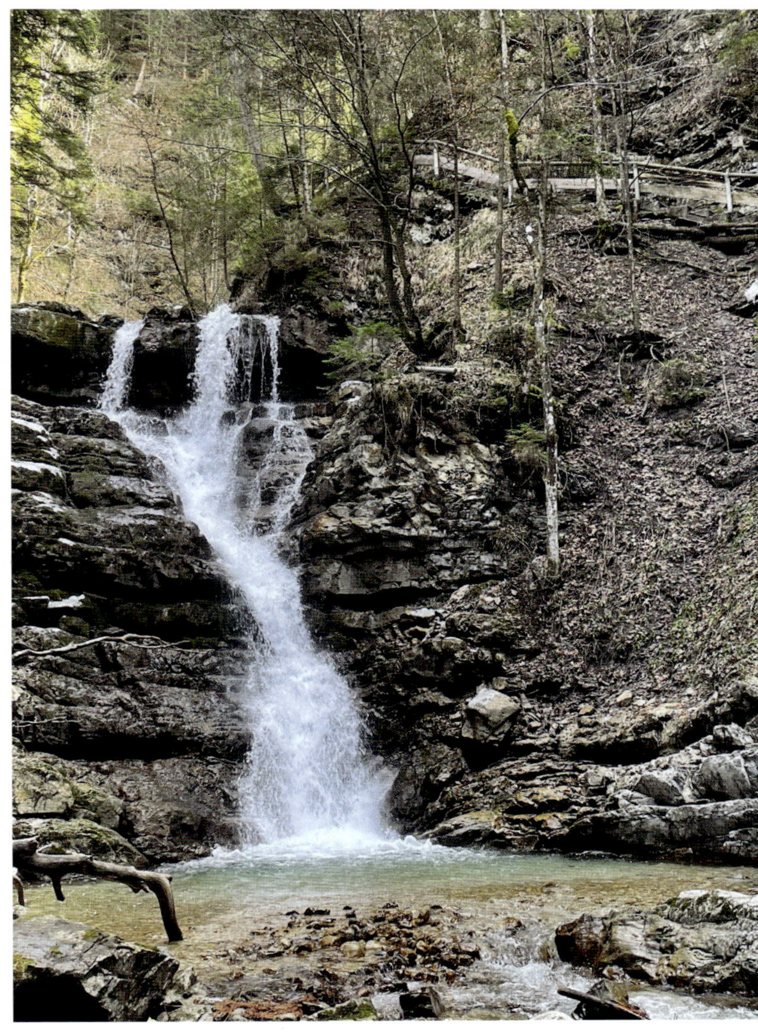

DIE TOUR KOMPAKT

Startplatz: Wanderparkplatz an der Feilnbacher Straße bei Deisenried
Schwierigkeit: mittel
Anstieg: 980 Höhenmeter
Höchster Punkt: 1180 m
Distanz: 26 Kilometer
Zeitbedarf: ca. 2,5 Stunden

Nach der Wirtsalm stellt einen der mäßig steile Schlussanstieg des Forstweges auch mit vollem Bauch nicht vor allzu große Herausforderungen. Schnell erreicht man den höchsten Punkt der Tour, von dem aus man auch noch den eben bestaunten Breitenstein besteigen könnte (siehe Tipps zur Tour).

Jetzt folgt nur noch ein kaum erwähnenswerter Gegenanstieg und man rollt entspannt mit den Eindrücken des Tages im Gepäck bergab zur Tregleralm. Hier kann man dann den Tag bei einem kühlen Getränk und einem schönen Talblick ausklingen lassen. Wer darauf verzichten möchte, lässt den Abzweig einfach links liegen und fährt gleich geradeaus bergab zum Ausgangspunkt zurück.

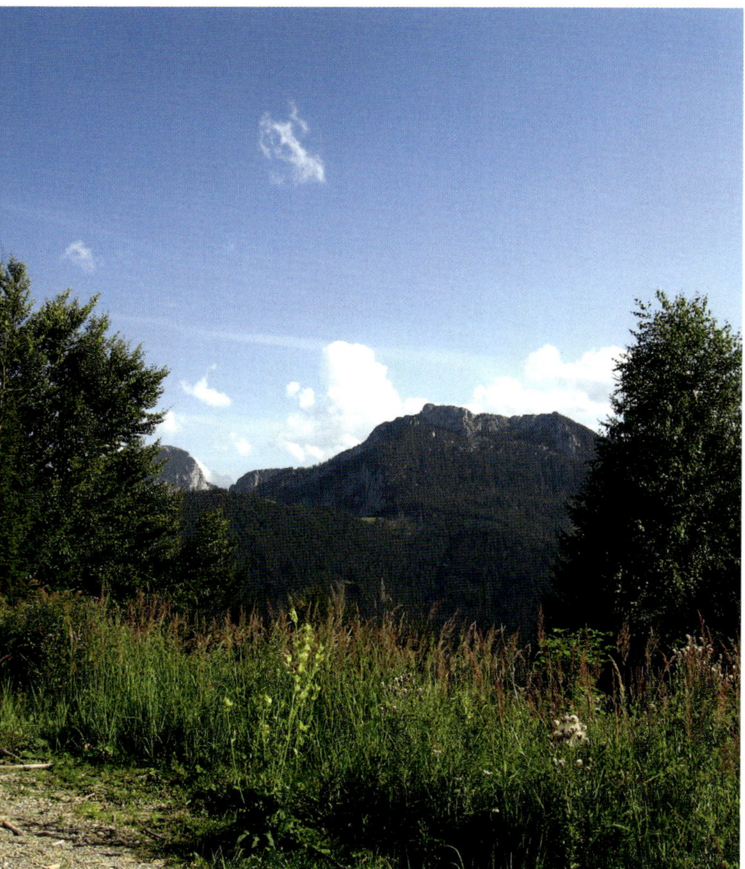

TIPPS ZUR TOUR

- Eventuell hat man mit dem E-Bike genügend Kräfte für den Aufstieg auf den Breitenstein gespart. Diese zusätzlichen 700 Höhenmeter verlangen Trittsicherheit und auch eine Portion Ausdauer (ca. zwei Stunden Aufstieg). Ein kleiner Teil bis zur Steingrabner Alm ist auch noch mit den Fahrrad zu bewältigen (Abzweig im GPS Track markiert).
- Wer an schönen Wochenenden keine Lust auf die rege Betriebsamkeit der bewirtschafteten Almen hat, der sucht sich für seine Pause eines der vielen schönen Plätzchen am Bach. Es gibt auch einen schönen Picknickplatz für die ganze Familie kurz vor dem höchsten Punkt der Tour.
- Ein zweites Frühstück in traumhafter Umgebung könnte man bei der Durchfahrt von Bindham einnehmen. Kurz bevor es rechts abgeht, ist geradeaus die Hoferalm, ein nettes Café mit allem, was man sich wünscht.

HÖHENPROFIL

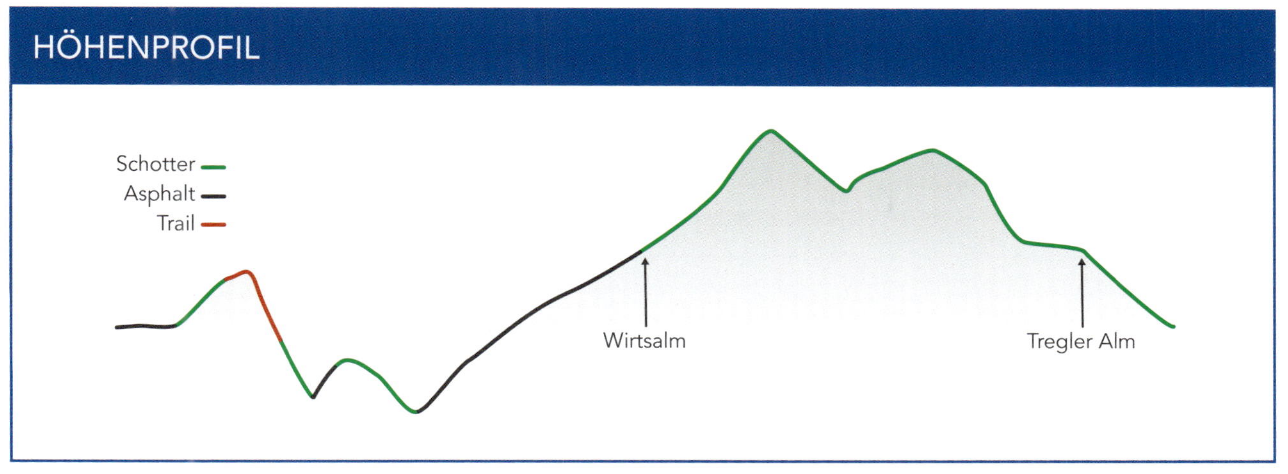

KARTENAUSSCHNITT

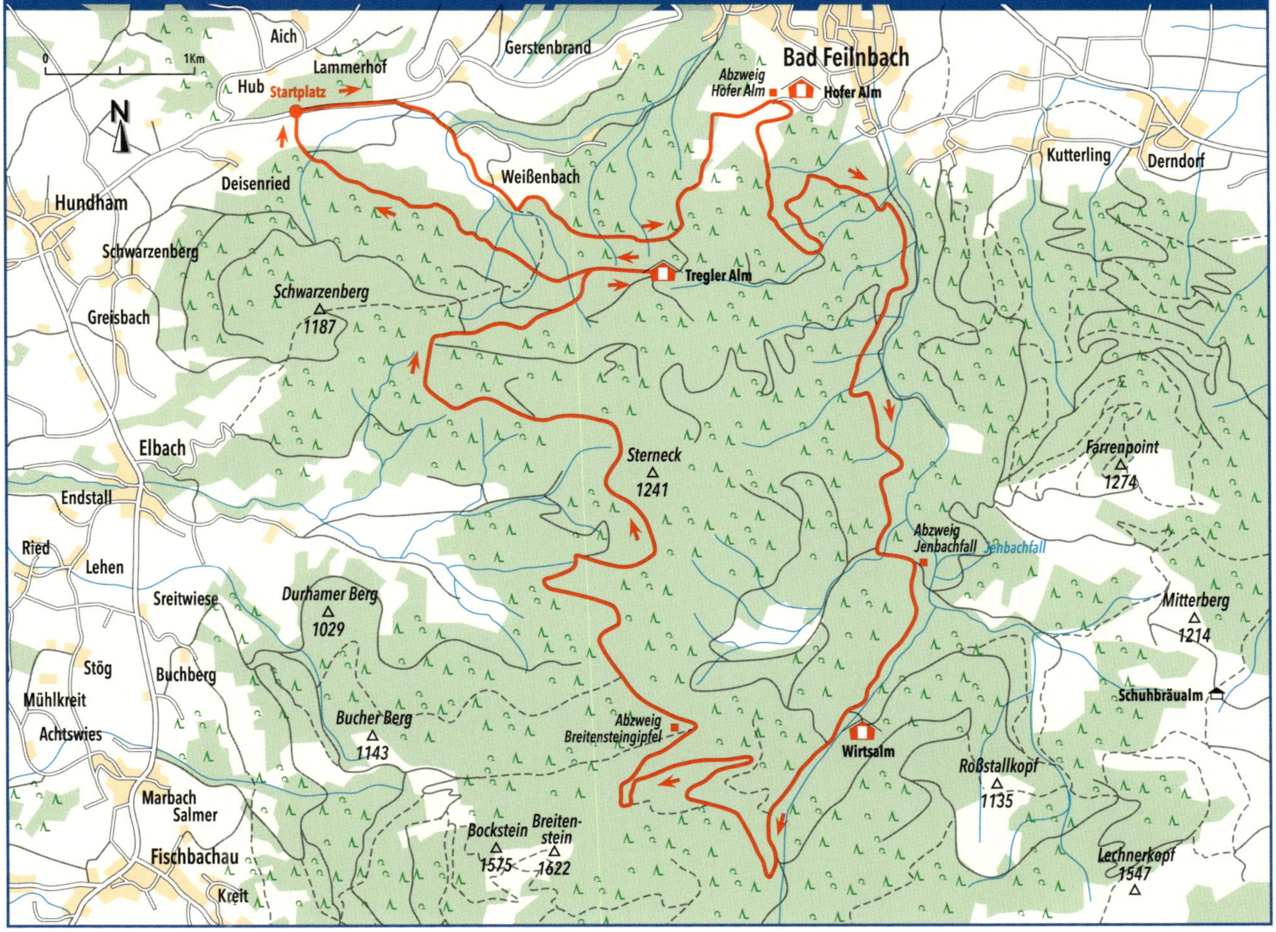

Aich
Gerstenbrand
Bad Feilnbach
Lammerhof
Hub
Startplatz
Abzweig Hofer Alm
Hofer Alm
Deisenried
Weißenbach
Kutterling
Derndorf
Hundham
Schwarzenberg
Tregler Alm
Schwarzenberg 1187
Greisbach
Elbach
Sterneck 1241
Farrenpoint 1274
Endstall
Ried
Lehen
Abzweig Jenbachfall
Jenbachfall
Streitwiese
Durhamer Berg 1029
Mitterberg 1214
Stög
Buchberg
Mühlkreit
Schuhbräualm
Achtswies
Bucher Berg 1143
Abzweig Breitensteingipfel
Wirtsalm
Roßstallkopf 1135
Marbach
Salmer
Bockstein 1575
Breitenstein 1622
Fischbachau
Lechnerkopf 1547
Kreit

Tour 14

ZUR ERZHERZOG-JOHANN-KLAUSE

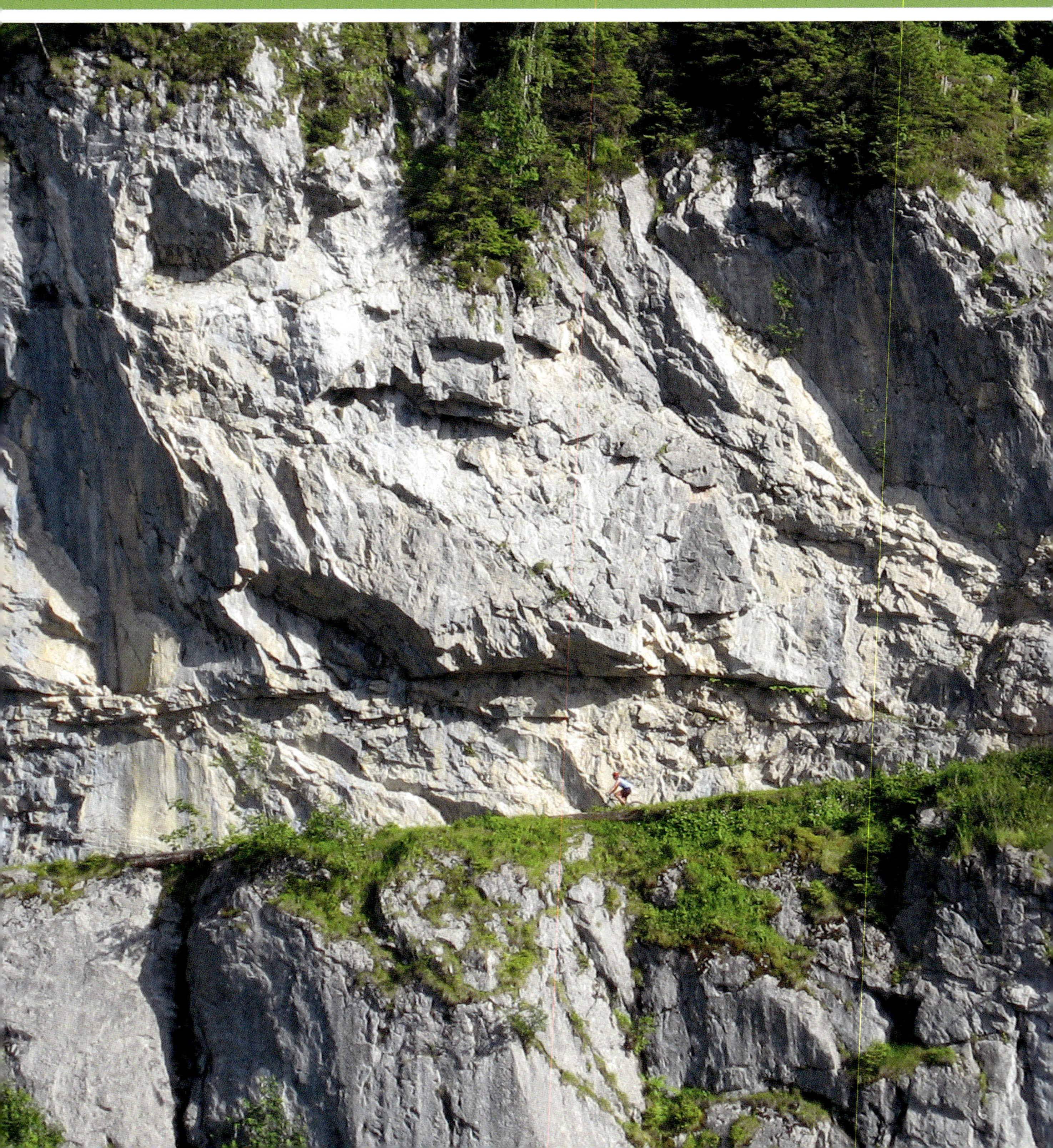

Diese Route führt zu **dem Klassiker** der Einkehrmöglichkeiten für Mountainbiker, der Erzherzog-Johann-Klause. Jedoch verbindet diese Tour einige landschaftlich sehr reizvolle Abschnitte, die so in der klassischen Runde nicht vorkommen! Nicht minder schön ist die Ackernalm mit ihrem traumhaften Ausblick über das Thierseetal bis zu den Gipfeln des Wilden Kaisers.

Von Landl folgt man in mittlerer, gleichmäßiger Steigung dem Forstweg zur Ackernalm. Zum Abschluss der Auffahrt will noch ein kleiner Wiesenpfad bewältigt werden, bevor eine ausgebaute Asphaltstraße zur Alm führt. Da nun der Löwenanteil der Höhenmeter geschafft ist, hat man sich eine ausgiebige Pause verdient. Obwohl die Wahl der Einkehr nicht leicht fällt, ist doch die Erzherzog-Johann-Klause nur eine Abfahrt entfernt. Vielleicht ist die Entscheidung schon im Vorfeld gefallen? Da die Klause lange Zeit geschlossen war, sollte man sich über deren Betrieb unbedingt im Vorfeld informieren!

Wie auch immer man sich entschließt, es lohnt sich, die nähere Umgebung der Erzherzog-Johann-Klause zu erkunden, bevor man entlang der beeindruckenden Felswände der Brandenberger Ache zu einem tollen Aussichtspunkt gelangt. Von hier hat man einen direkten Blick auf die beiden Schindergipfel.

Die meisten Touren führen nun zum Forsthaus Valepp, doch diese Route führt einen scharf rechts auf einer einsamen Piste in leicht welliger Fahrt zum Elendsattel.

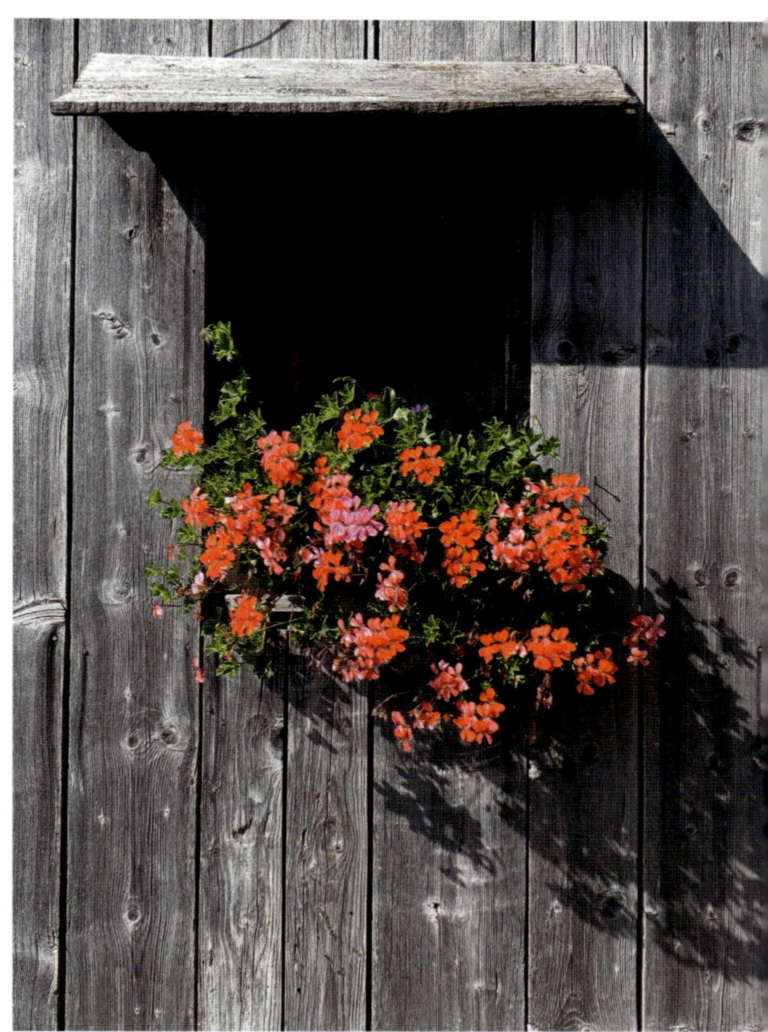

DIE TOUR KOMPAKT

Startplatz: Parkplatz nach den ersten Gebäuden in Landl (Forsthausstraße)
Schwierigkeit: mittel
Anstieg: 1030 Höhenmeter
Höchster Punkt: 1350 m
Distanz: 41 Kilometer
Zeitbedarf: ca. 3,5 Stunden

Schließlich fährt man durch eine Furt bei der Elendalm und dann immer bergab talauswärts auf einem schönen Schotterweg.

Das Tal öffnet sich nun und man radelt durch die weiten Wiesen des Ursprungtals.

Bald darauf trifft man, kurz vor dem Gasthof Zipfelwirt, auf einen Wiesenpfad direkt neben der Tiroler Straße. Dieser endet jedoch bald und man rollt weiter bergab auf der Straße. Es gibt zwar die Möglichkeit immer mal wieder auf einen Schotterweg auszuweichen, aber diese Wege sind nie durchgehend, und so ist es besser, bis nach Landl auf der Straße zu bleiben.

TIPPS ZUR TOUR

- Wer auf den Rummel der bewirtschafteten Almen keine Lust hat, der nimmt sich einfach eine Brotzeit mit. Nahe der Erzherzog-Johann-Klause finden sich sehr schöne und ruhige Plätze direkt am Wasser.

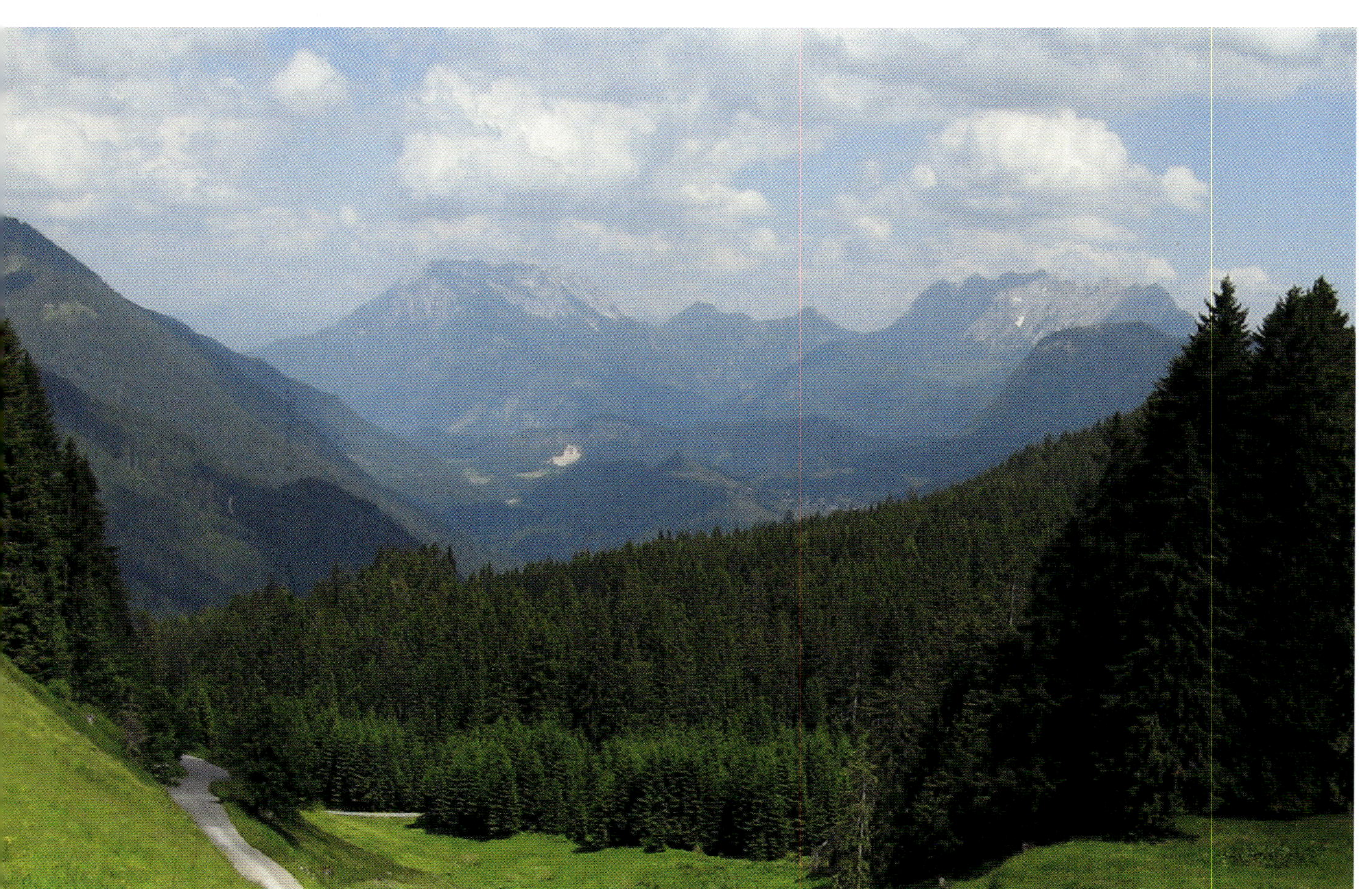

HÖHENPROFIL

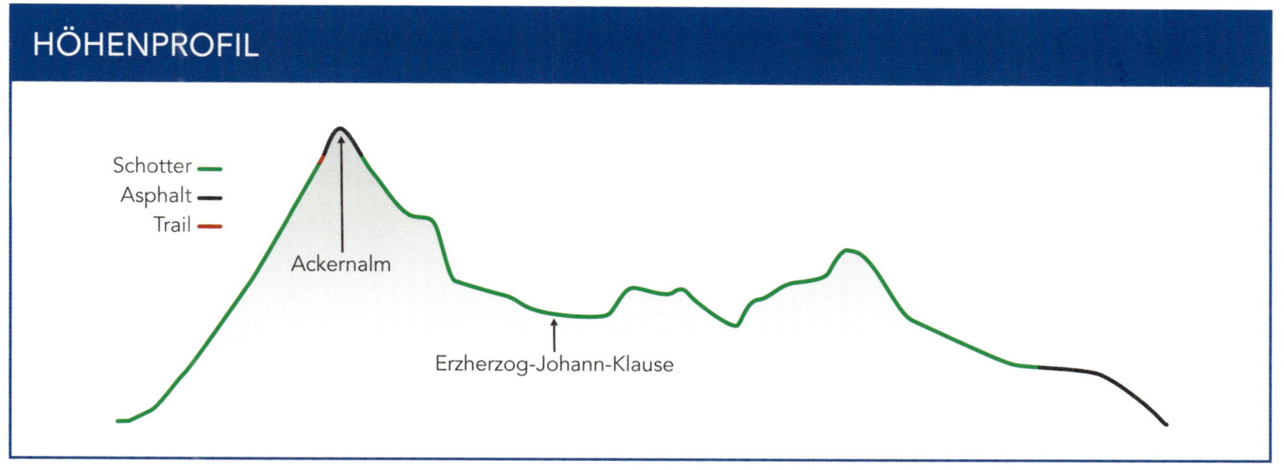

KARTENAUSSCHNITT

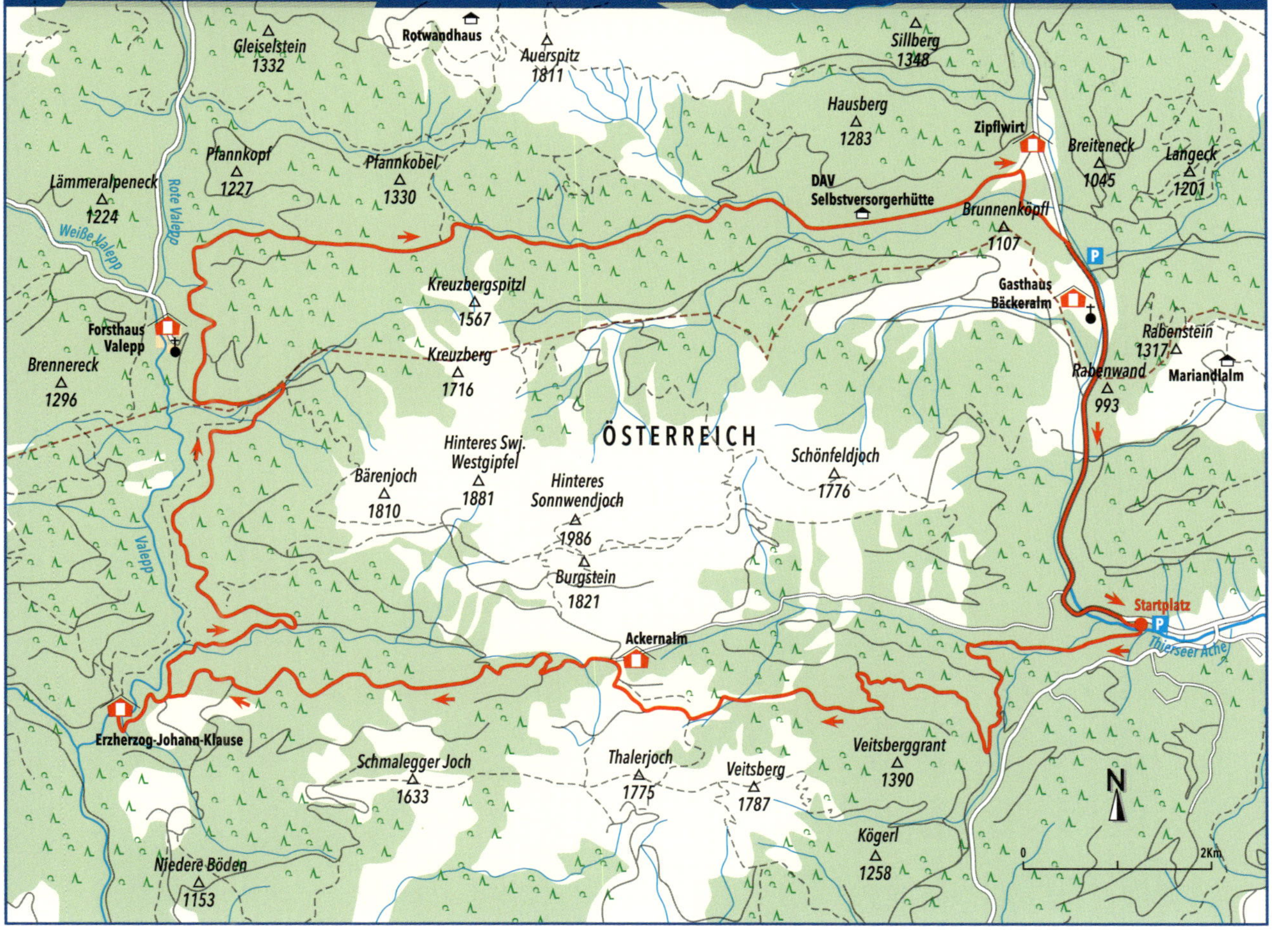

Tour 15

UM DEN FOCKENSTEIN

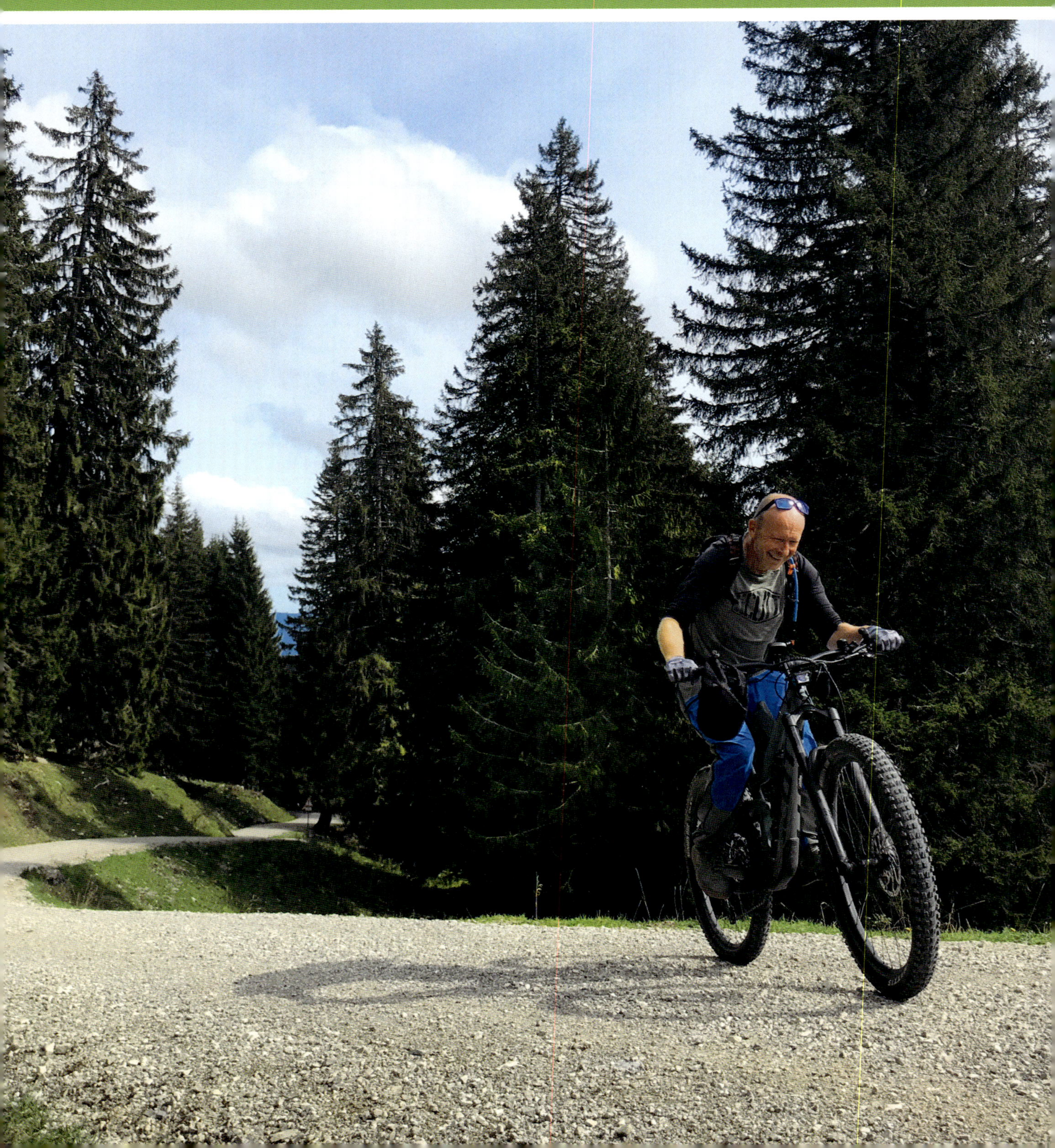

Der Fockenstein und die Aueralm gehören wohl zu den beliebtesten Ziele in den bayerischen Voralpen. Deshalb darf die Aueralm in dieser Auswahl der schönsten Touren auch nicht fehlen, denn die Beliebtheit hat ja schließlich einen Grund. Die urige Hütte bietet einen tollen Ausblick, **frische Buttermilch** und tolle Brotzeitteller. Die Auffahrt dieser Tour ist dann schon weniger bekannt und teilweise dementsprechend einsam.

Aber zunächst beginnt die Route mit einer abwechslungsreichen Fahrt über kleine Dörfer von Lenggries bis nach Lehen. Hier zweigt man auf einen schönen Radweg ab und schlängelt sich langsam zum Waldrand, wo der erste Anstieg des Tages beginnt. In mäßiger Steigung verläuft der Forstweg durch den kühlen Bergwald bis zur Hochalmfläche der unbewirtschafteten Schwaiger Alm. Vorbei an der netten **Holzkapelle** geht es flach und teilweise etwas holperig zur bewirtschafteten Sigrizalm hinüber. Hier bietet sich eine Rast an. Wenn man möchte, kann man von hier über einen leichten Wiesenpfad in 15 Minuten auf den Gipfel des Rechelkopf steigen.

Nach der Rast wird es nun einsamer und in wechselndem Auf und Ab folgt man bald der Bad Wiesseer Höhenstraße. Früher gab es am Ende dieses Weges einen schönen Singletrail, der aber dem Komplettausbau des Forstweges weichen musste. Kurz wird es nun noch einmal etwas steiler, bevor man die Wiesen der Aueralm erreicht. Eine Pause zählt hier schon fast zum Pflichtprogramm! Danach führt der Weg vorbei am Abzweig zum Fockenstein (Gipfelbesteigung in gut 45 Minuten möglich) noch einmal bergauf und schließlich bergab zu den Neuhüttenalmen, die zwar nicht bewirtschaftet sind, aber dennoch eine Art Getränkeservice haben (siehe Tipps zur Tour).

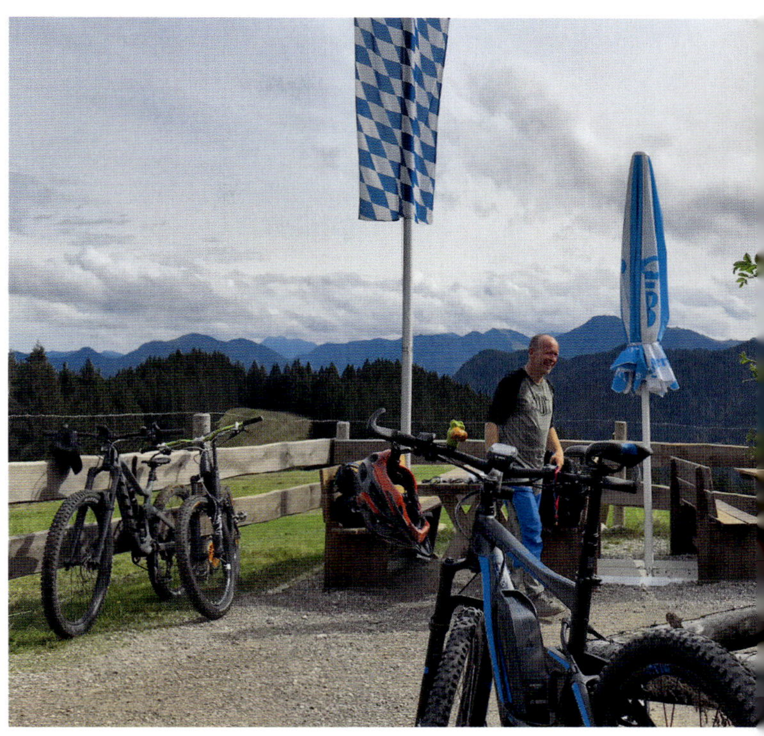

DIE TOUR KOMPAKT

Startplatz: Parkplatz Sportanlage direkt an der B13 in Lenggries
Schwierigkeit: mittel
Anstieg: 970 Höhenmeter
Höchster Punkt: 1340 m
Distanz: 42 Kilometer
Zeitbedarf: ca. 3,5 Stunden

Von den Neuhüttenalmen führt ein einfacher Karrenweg am Hang entlang und bald darauf hinunter zum Hirschtalsattel. Hier hat man jetzt die Möglichkeit, einen alten Trail zu nutzen, der über Wurzeln und nicht allzu hohe Stufen führt, oder einfach auf dem Forstweg zu bleiben. Der Abzweig ist im GPS-Track vermerkt. Auf den Wiesen des Hirschtalsattels angekommen bietet sich bei schönem Wetter eine weitere Pause an – der Platz ist einfach magisch.

Zum Abschluss rollt man immer am Hirschbach entlang talauswärts und erreicht schließlich kurz vor Lenggries den Abzweig zum Hohenburger Weiher, der im Sommer in jedem Fall einen Besuch wert ist. Nicht nur, weil eine Erfrischung nach dieser Tour sicherlich gut tut, sondern auch, weil er so schön gelegen ist.

Durch die Gassen von Lenggries geht es am Ende der Tour zurück zum Ausgangspunkt.

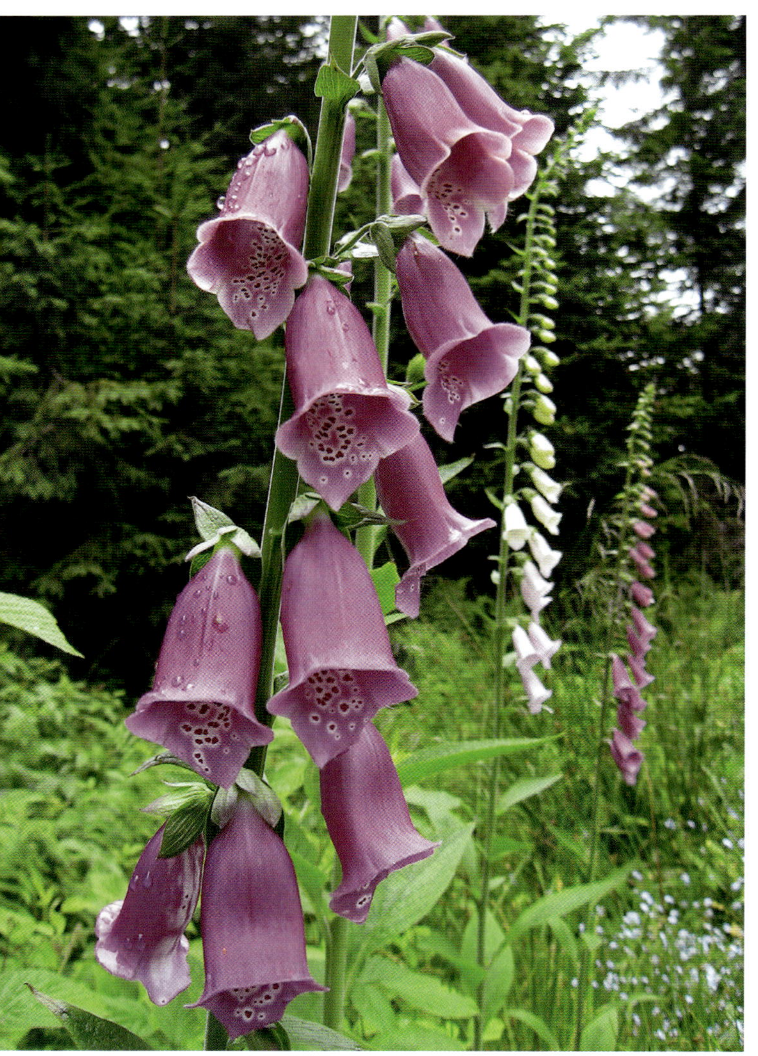

TIPPS ZUR TOUR

- Die Neuhüttenalmen bieten im Sommer einen besonderen Service. Man kann sich ein gekühltes Bier oder eine Limo hinter dem Haus holen und durch Einwurf in die "Vertrauenskasse" bezahlen. Wo gibt es so etwas heute noch? – Einfach toll!
- Einige Bäckereien in Lenggries sind etwas Besonderes. Hier wird noch zeitig aufgestanden und selbst gebacken – das schmeckt man auch!
- Vom Parkplatz gelangt man über die Brücke in wenigen Minuten direkt an die Isar.
- Für eine Besteigung des Fockenstein sei erwähnt, dass im oberen Teil Trittsicherheit gefordert ist.

HÖHENPROFIL

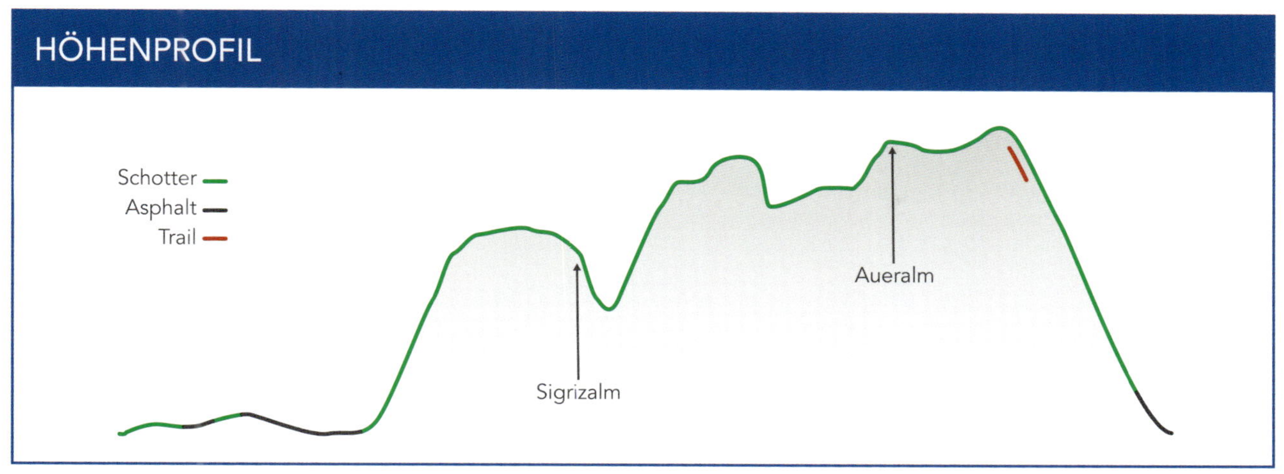

KARTENAUSSCHNITT

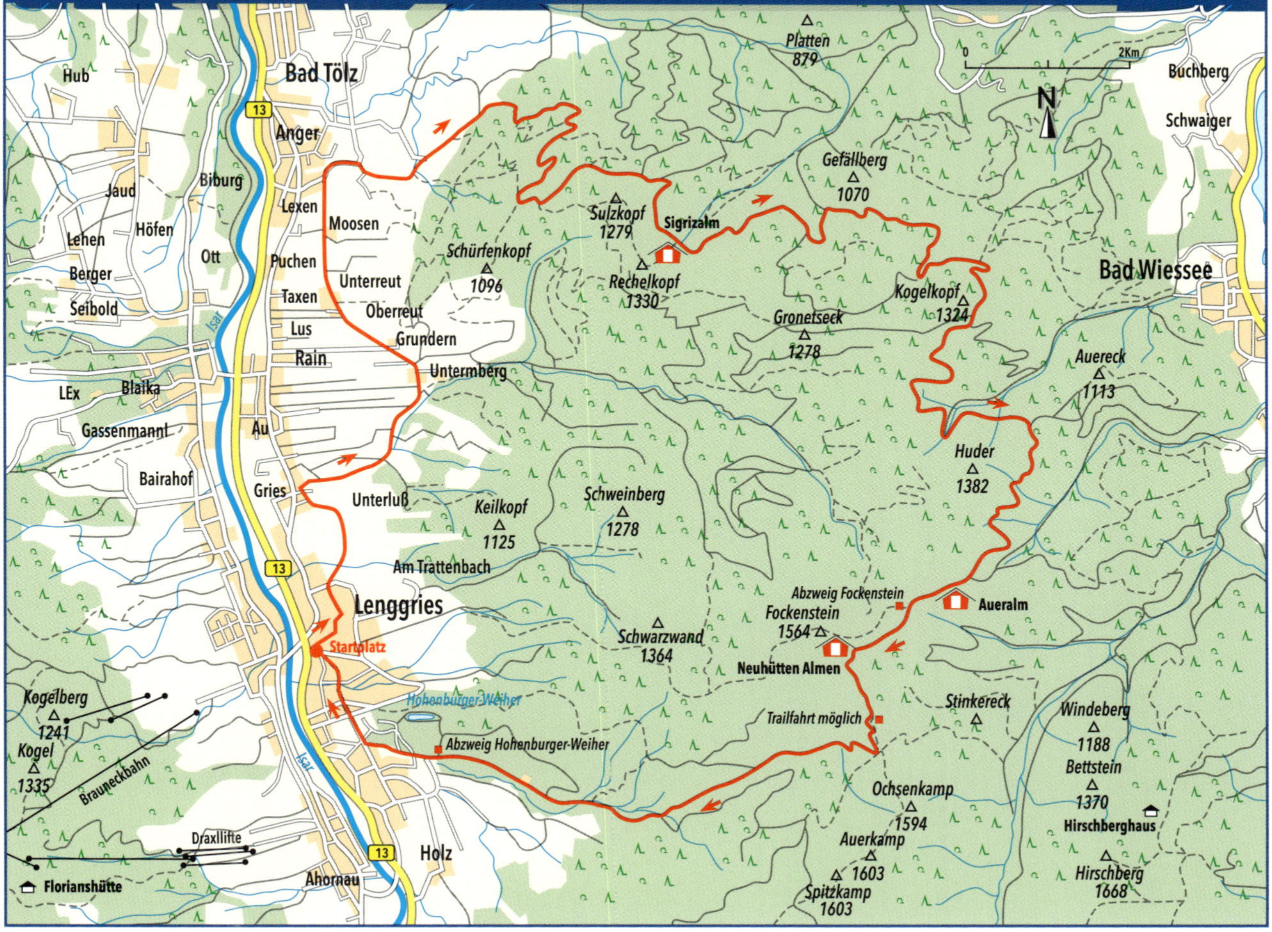

Tour 16

DURCH DEN STINKERGRABEN

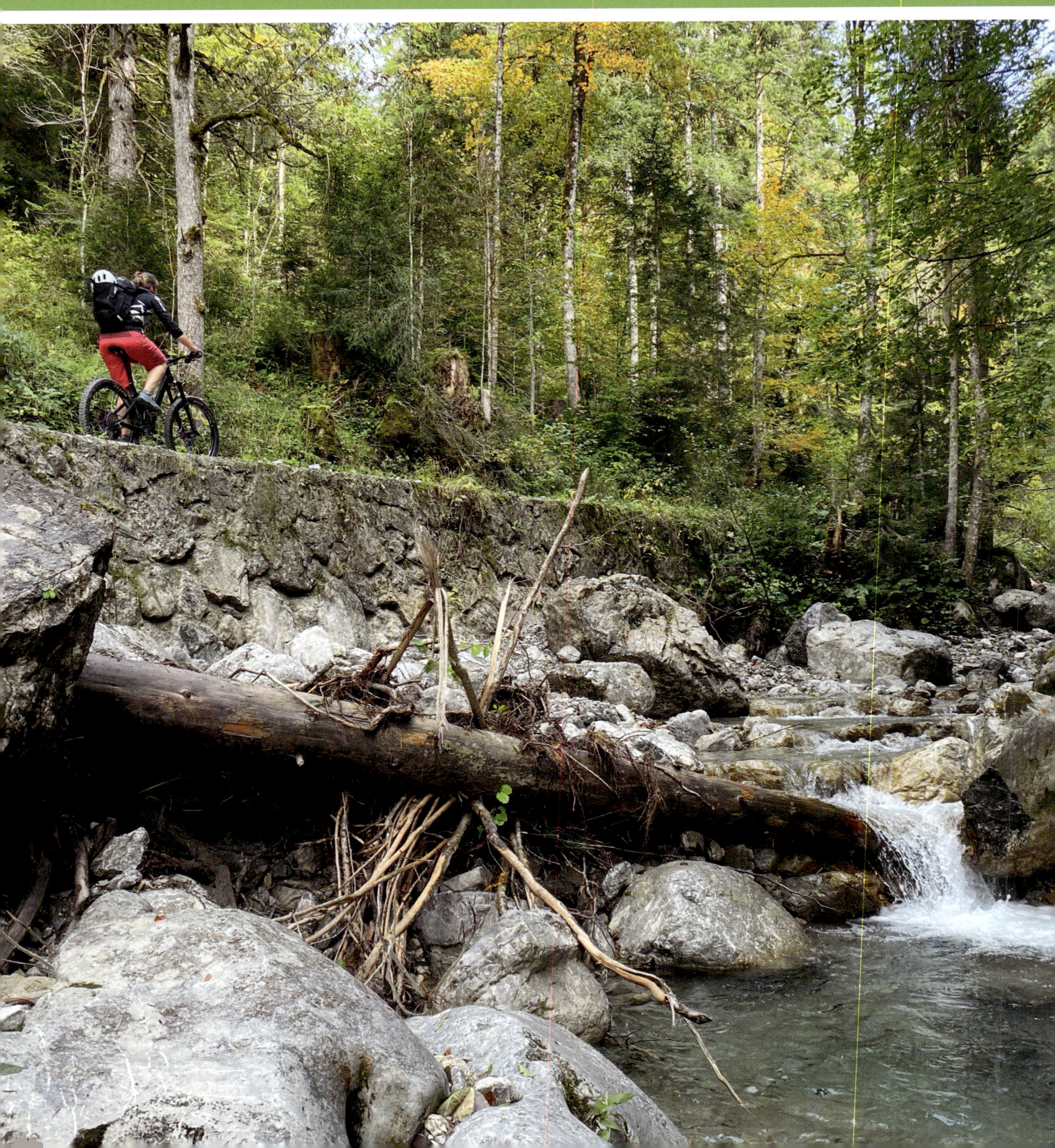

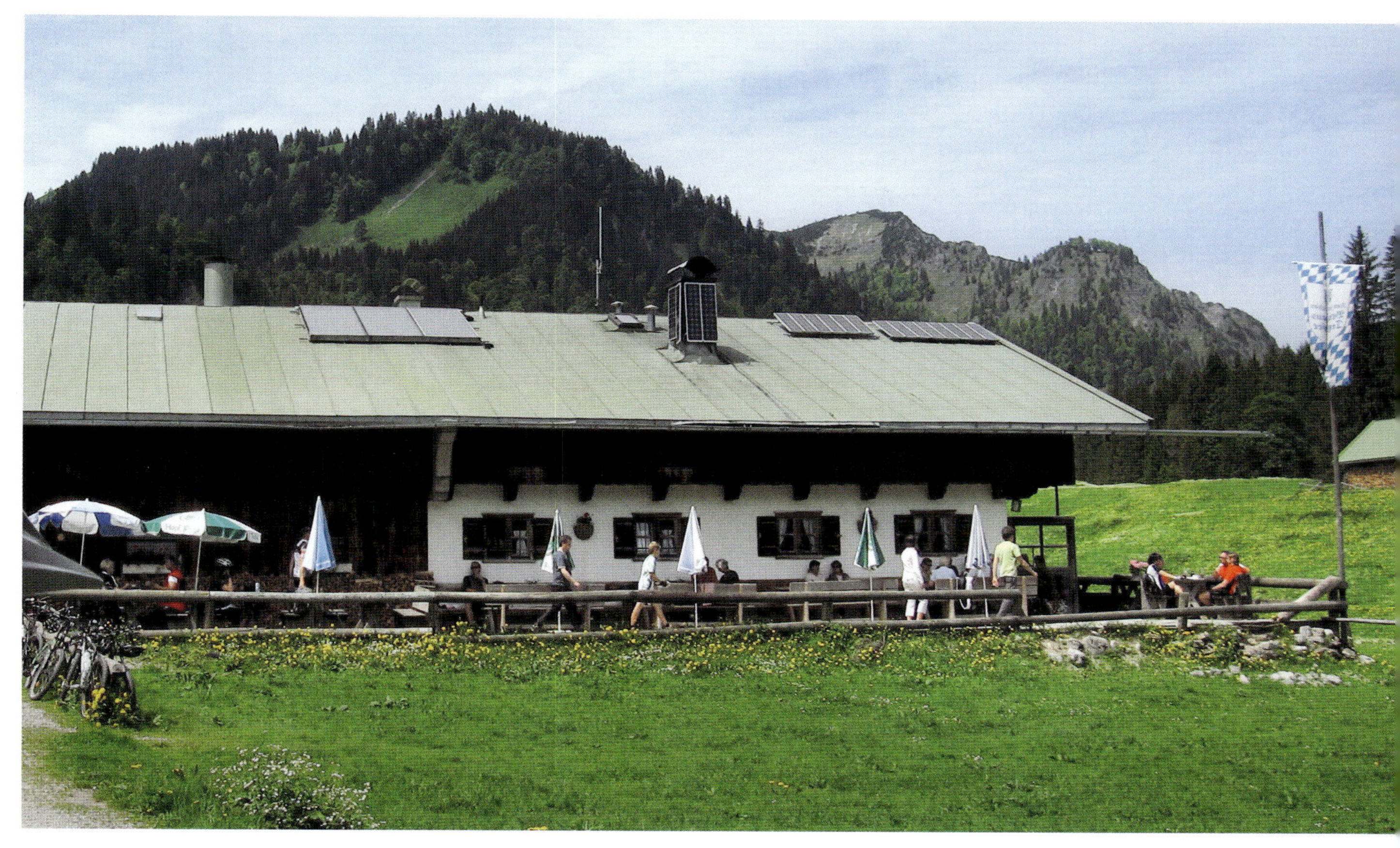

Eine **Schwefelquelle** aus grauer Vorzeit ist verantwortlich für den Namen dieses Grabenverlaufs hinter dem Hirschtalsattel. Meistens ist der Geruch von verfaulten Eiern auch gut wahrnehmbar und man weiß spätestens dann, dass man sich im Trail des Stinkergrabens befindet.

Zunächst führt die Route aber durch Lenggries und wenn man noch einen Kaffee trinken möchte, gibt es entlang der Strecke mehrere Gelegenheiten dazu. Die Fahrt leitet bald an einer Pferdekoppel in den Wald. Immer am Hirschbach entlang ist es im Sommer angenehm kühl.

Der Anstieg bis zum Hirschtalsattel zieht sich etwas in die Länge, ist aber nie wirklich steil.

DIE TOUR KOMPAKT

Startplatz: Parkplatz Sportanlage direkt an der B13 in Lenggries
Schwierigkeit: schwer
Anstieg: 890 Höhenmeter
Höchster Punkt: 1225 m
Distanz: 38 Kilometer
Zeitbedarf: ca. 3,5 Stunden

Der nun folgende Trail ist bei nassen Verhältnissen mit Vorsicht zu genießen, da die vielen Wurzeln, vor allem zu Beginn, dann sehr rutschig sind. So oder so ist dieser Trail nur für Geübte zu empfehlen. Er kann aber gut geschoben werden und hält im unteren Abschnitt auch viele leichter zu fahrende Passagen bereit.

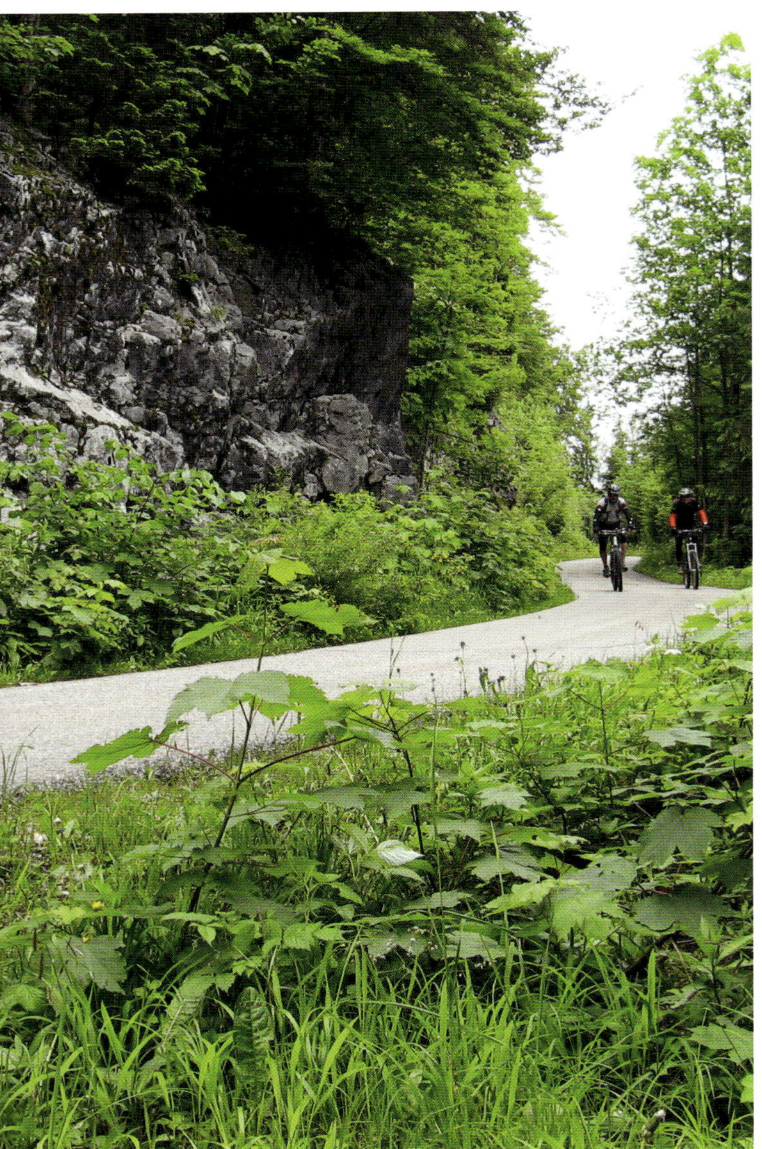

Nach dem Trail hat man sich auf jeden Fall eine Pause verdient und rollt dazu entspannt zur Schwarzentenn Alm. Mitten in den Almwiesen gelegen genießt man hier den Ausblick auf die umliegenden Voralpengipfel bei tollem Essen, Snacks und kühlen Getränken.

Kurz nach der Rast fällt die Entscheidung für einen weiteren Single-Trail (Markierung GPS-Track) oder eine Rollfahrt auf dem Forstweg ins Tal. Bitte den Trail nicht am Wochenende fahren, um Problemen mit den Wanderern aus dem Weg zu gehen!

Über kleine Pfade führt jetzt der Weg entlang der B307 zum zweiten Anstieg des Tages. Vorbei an einem alten Steinbruch wird der Untergrund immer gröber und mündet schließlich in einen Trail, dem man zunächst kurz bergauf und dann bergab folgt. Der Singletrail mündet in einen Forstweg, den man bergab zurück nach Lenggries befährt. Über kleine Straßen und Plätze geht es nun zum Parkplatz zurück.

TIPPS ZUR TOUR

- Vom Parkplatz gelangt man über die Brücke in wenigen Minuten direkt an die Isar.
- Der nächste Ort Richtung Bad Tölz ist Gaißach. Hier sind an Wochenenden und zu Ferienzeiten die Biergärten nicht ganz so überfüllt.

HÖHENPROFIL

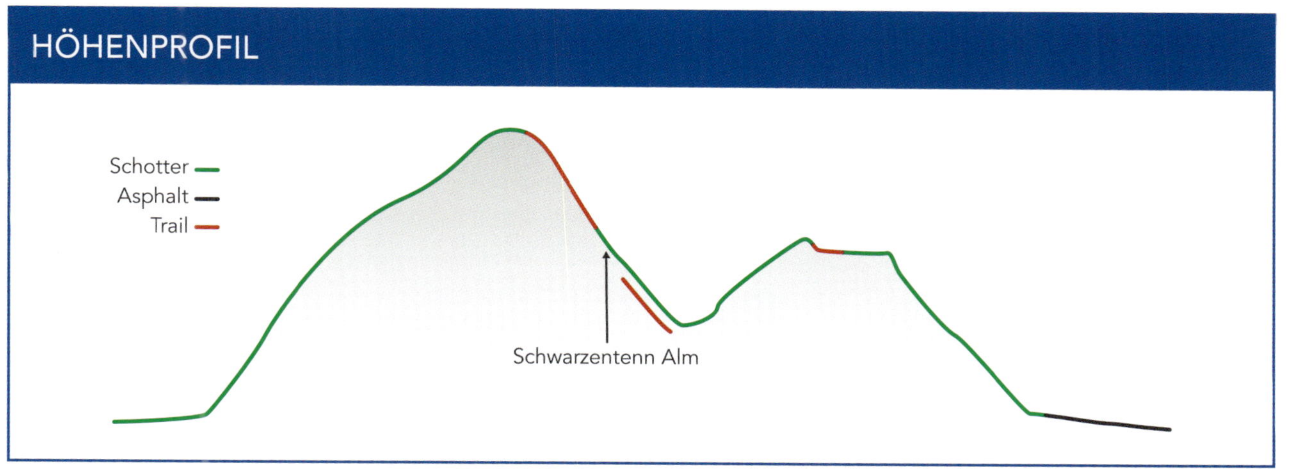

KARTENAUSSCHNITT

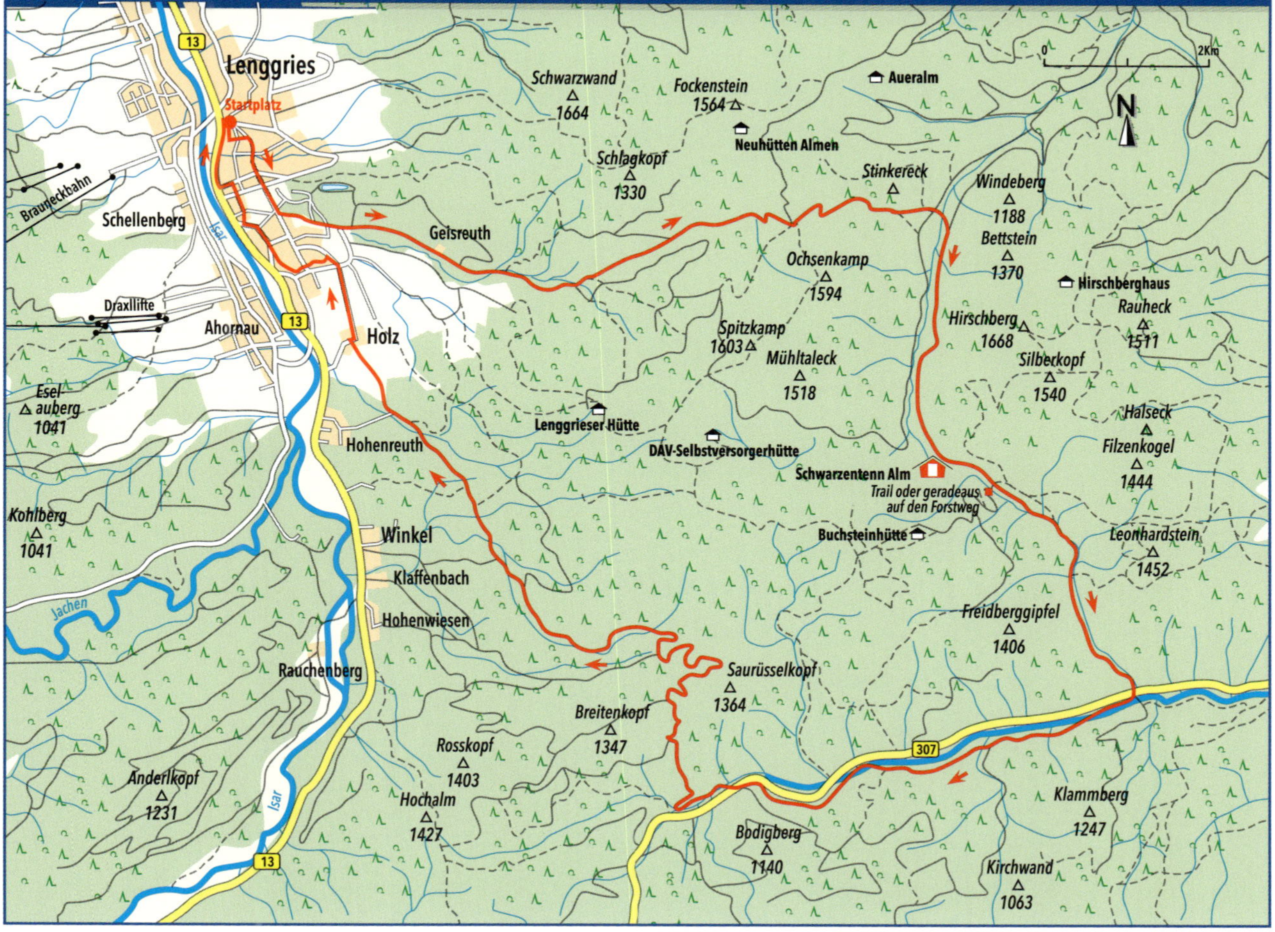

Lenggries
Startplatz
Braunecklbahn
Schellenberg
Isar
Geisreuth
Draxllifte
Ahornau
Holz
Esel-auberg 1041
Hohenreuth
Kohlberg 1041
Winkel
Klaffenbach
Jachen
Hohenwiesen
Rauchenberg
Anderlkopf 1231
Schwarzwand 1664
Fockenstein 1564
Auerålm
Neuhütten Almen
Schlagkopf 1330
Stinkereck
Windeberg 1188
Bettstein 1370
Ochsenkamp 1594
Hirschberghaus
Rauheck 1511
Spitzkamp 1603
Mühltaleck 1518
Hirschberg 1668
Silberkopf 1540
Lenggrieser Hütte
DAV-Selbstversorgerhütte
Halseck
Filzenkogel 1444
Schwarzentenn Alm
Trail oder geradeaus auf den Forstweg
Buchsteinhütte
Leonhardstein 1452
Freidberggipfel 1406
Saurüsselkopf 1364
Breitenkopf 1347
Rosskopf 1403
Hochalm 1427
Bodigberg 1140
Klammberg 1247
Kirchwand 1063
0 2Km
N
13
307

Tour 17

ZUM ROTWANDHAUS

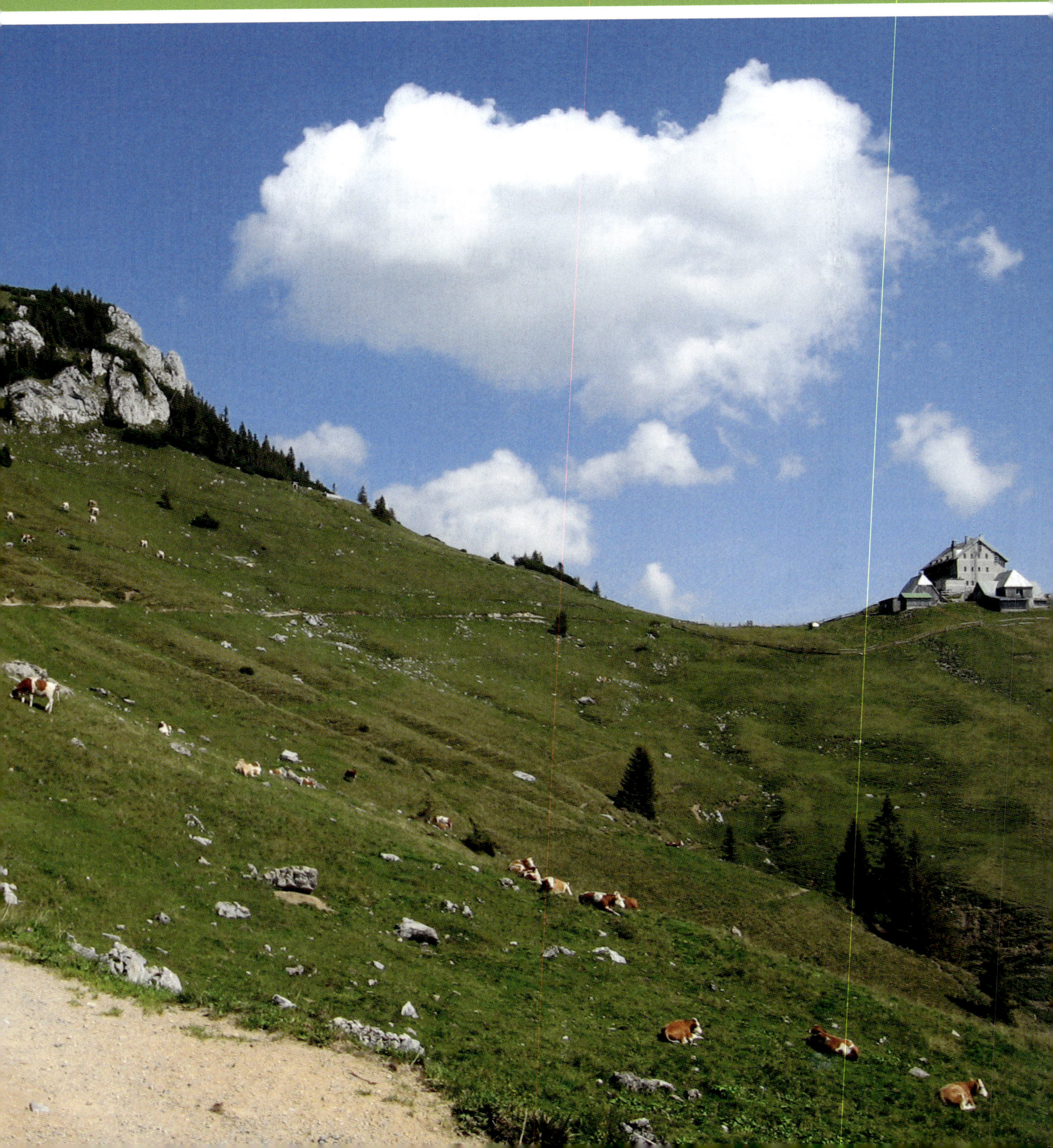

Das Rotwandhaus ist Ausgangspunkt einer Vielzahl von Bergwanderungen, hat eine sehr gute Auswahl an Speisen und Getränken und ist deshalb meist gut besucht. Eine Wanderung zu den eindrucksvollen **Kalkzacken der Ruchenköpfe** oder zum **malerischen Soinsee** würde sich bei dieser Tour geradezu aufdrängen. Eine Übernachtung auf dem Rotwandhaus ist daher auf jeden Fall eine Überlegung wert!

Die Tour beginnt mit einer genüsslichen Fahrt durch Neuhaus, und wer noch schnell einen Snack benötigt, kann an nächsten Bäckerei kurz anhalten. Nun fährt man über die alte Spitzingseestraße zu eben diesem und am Seeufer ließe sich eine erste Pause einbauen, bevor der anstrengende Teil der Route beginnt.

Auf einem kleinen Asphaltsträßchen mit tollen Ausblicken zum Roßkopf (Spitzingsee Skigebiet) beginnt der lange Anstieg zum Rotwandhaus. Die Auffahrt wird dabei immer steiler, und wer nicht schon ein E-Bike hat, wird sich vielleicht eines wünschen. Aber auch Schieben ist hier keine Schande! Hat man schließlich die Hochalmflächen erreicht, ist das Tagesziel bereits in Sichtweite. Der Forstweg wird nun auch deutlich flacher. Doch der Weg ist weiter, als es den Anschein hat. Auf dem Rotwandhaus angekommen hat man sich den **hausgemachten Käsekuchen** dann auch verdient. Wer noch Energie übrig hat, sollte eine Gipfelbesteigung der Rotwand vielleicht noch vorher in Angriff nehmen. Der leichte Steig hinter dem Haus führt in nur 15 Minuten auf den Gipfel, von dem man einen grandiosen Rundumblick genießen kann.

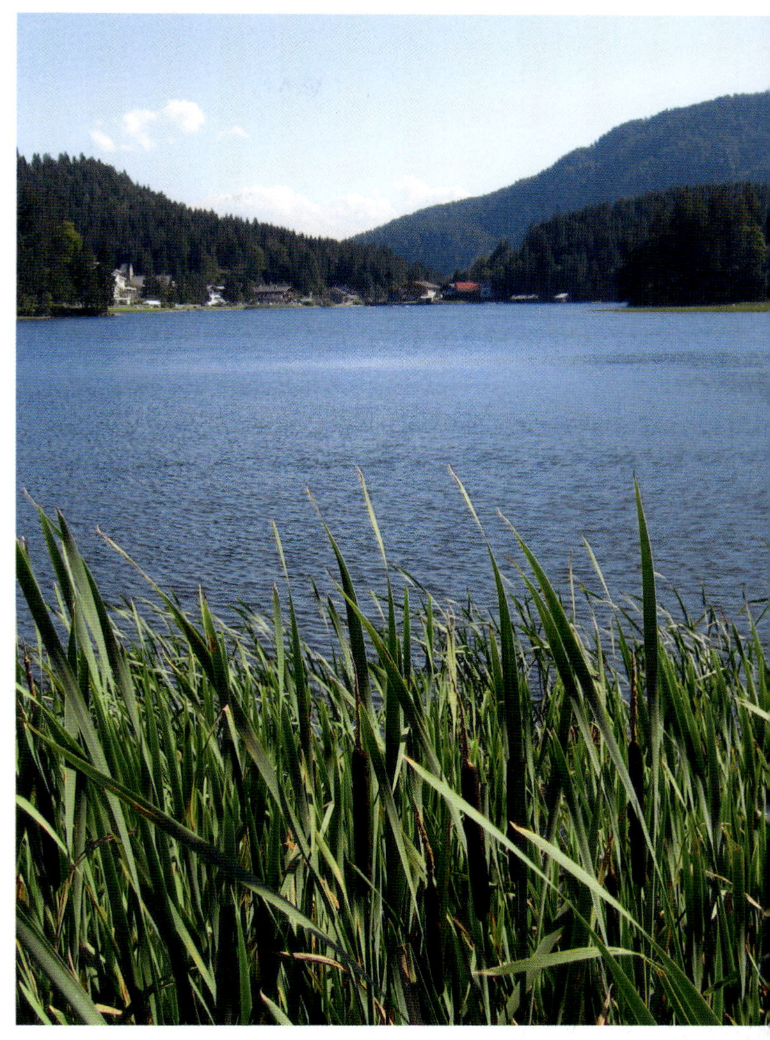

DIE TOUR KOMPAKT

Startplatz: Parkplatz direkt am Bahnhof in Neuhaus am Schliersee
Schwierigkeit: schwer
Anstieg: 1090 Höhenmeter
Höchster Punkt: 1740 m
Distanz: 28 Kilometer
Zeitbedarf: ca. 3 Stunden

Nach der verdienten Pause oder einer Übernachtung rollt man auf dem Anfahrtsweg zurück bis zum Spitzingsee und weiter zum Spitzingsattel. Von hier folgt man nun, um dem Verkehr der Spitzingstraße zu entgehen, einem Wiesenpfad in den Wald, der bald in einen Schottertrail übergeht. Die Passage ist auch für Traileinsteiger bestens fahrbar und bietet nur kleine Stufen, die auch bei Nässe gut zu kontrollieren sind. Wenig später trifft man wieder auf die alte Spitzingstraße, die man bereits vom Beginn der Tour kennt. Oder man bleibt weiter auf dem Trail, der dann doch ein bisschen anspruchsvoller wird. Diese Möglichkeit ist im GPS-Track markiert. Man folgt dann immer bergab und talauswärts dem Pfad und gelangt so zurück nach Neuhaus und zum Parkplatz am Bahnhof.

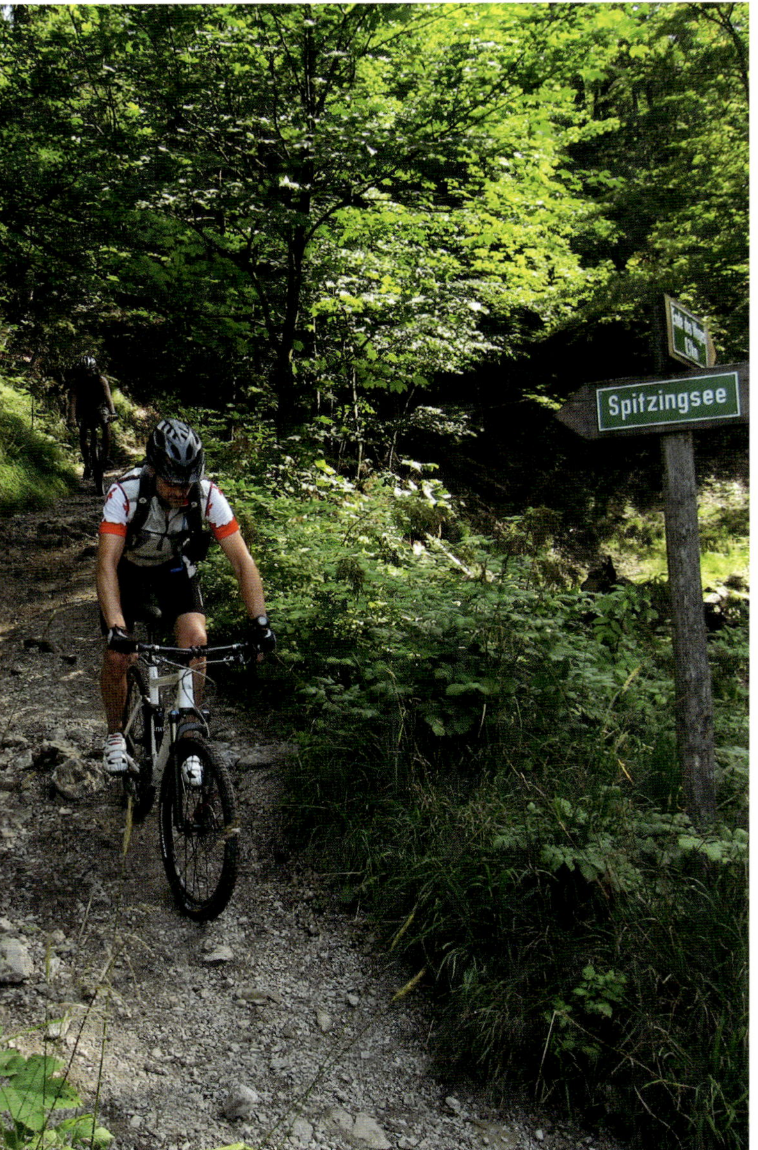

TIPPS ZUR TOUR

- Kurz vor dem Ende der Tour gibt es die Möglichkeit eines Abstechers zu den sehenswerten Josefstaler Wasserfällen (Abzweig im GPS-Track markiert). Besonders im Hochsommer kann man sich hier herrlich erfrischen und den Tag ausklingen lassen.
- Die Region um den Spitzingsee ist im Sommer sehr angenehm, da man seine Touren bereits auf gut 1000 Meter startet und meist ein Lüftchen über den See weht.
- Man kann die Tour auch etwas abkürzen bzw. leichter gestalten und direkt am Spitzingsee starten. Parkplätze sind ausreichend vorhanden oder man nimmt einfach den Busshuttle zum See.

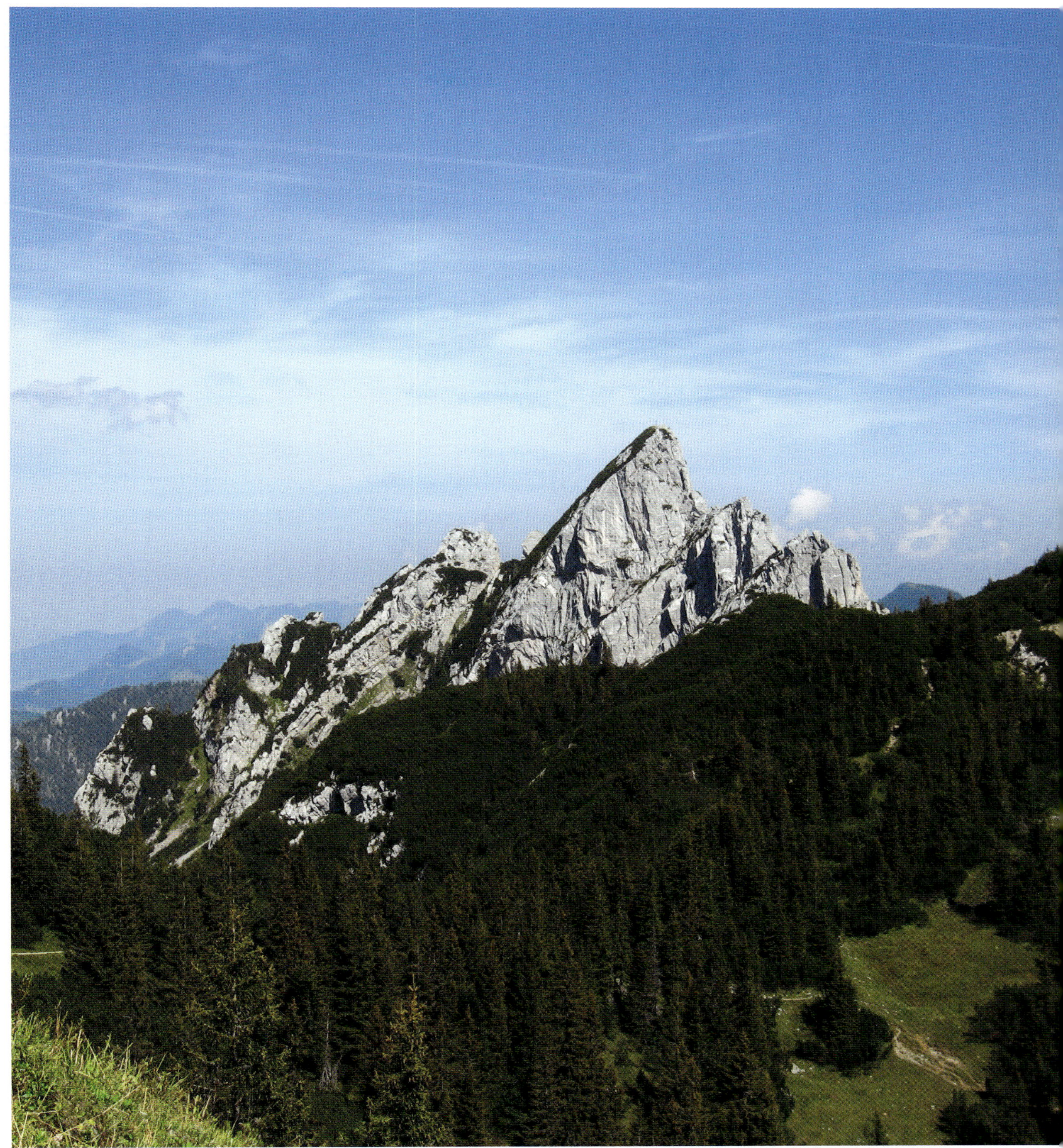

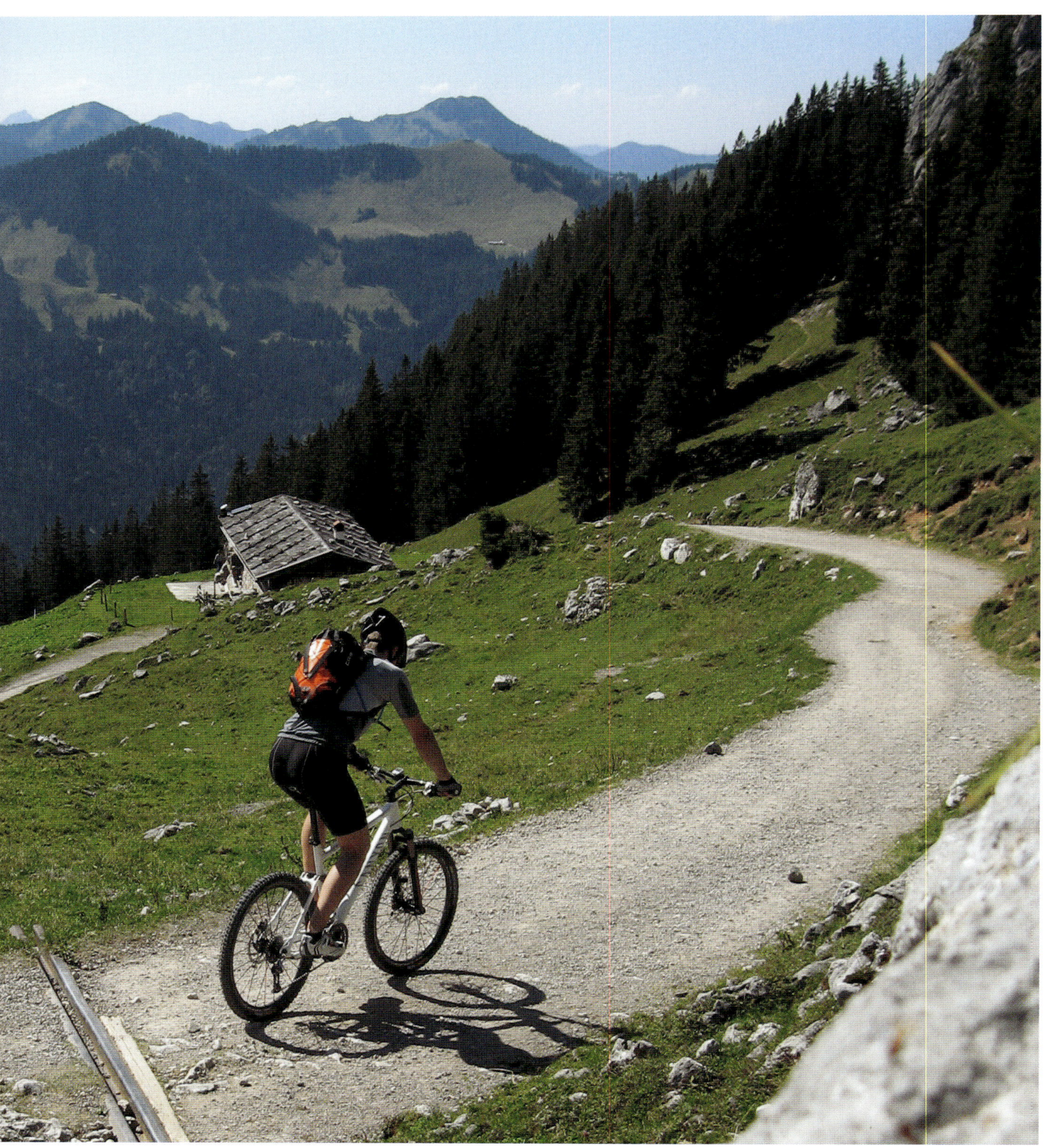

HÖHENPROFIL

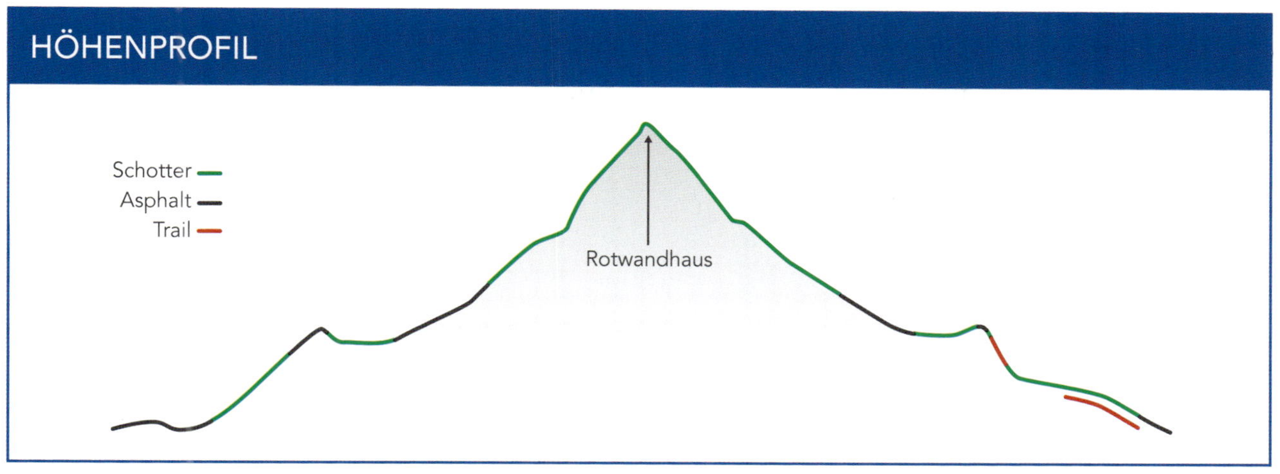

KARTENAUSSCHNITT

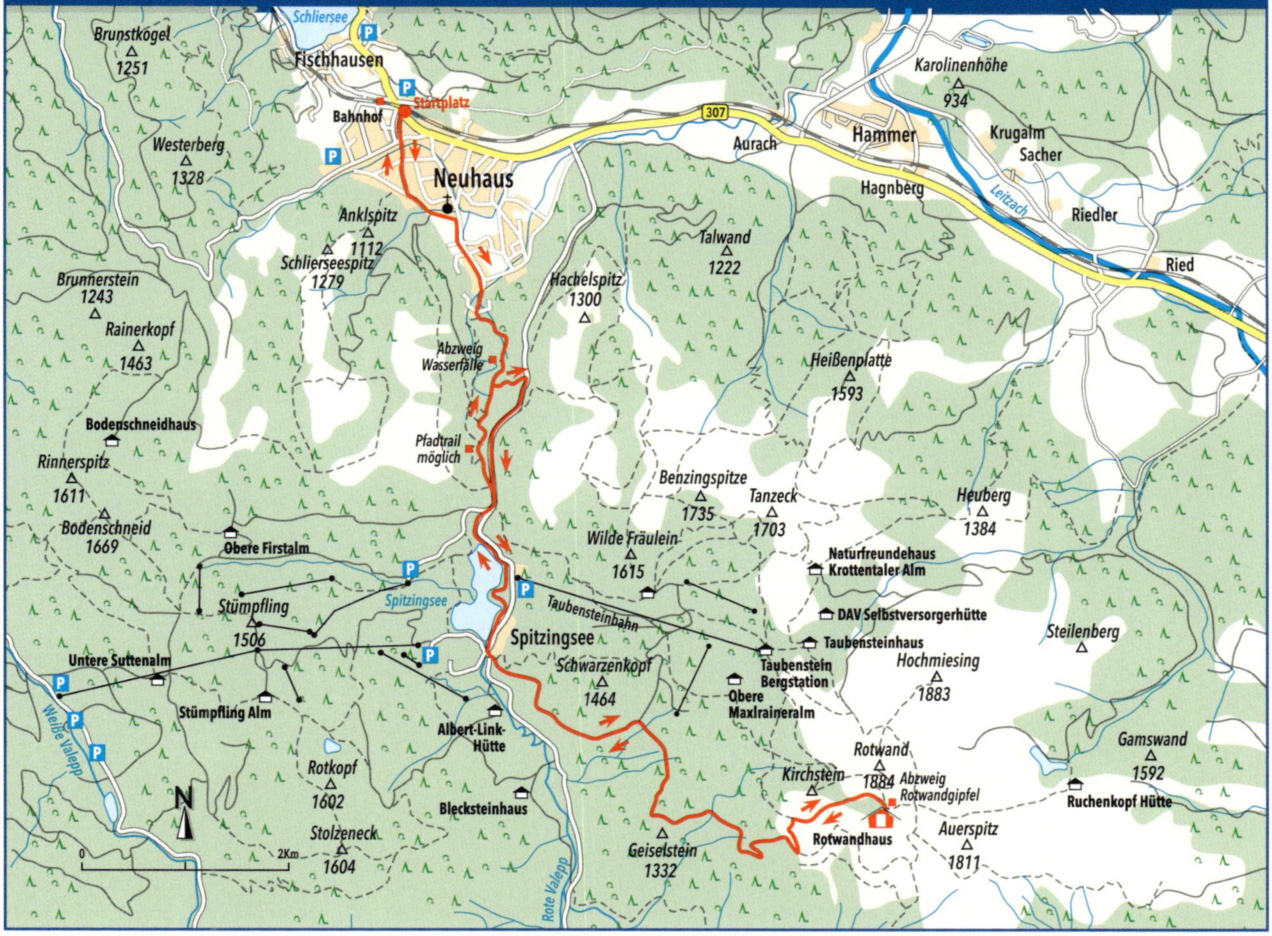

Schliersee
Fischhausen
Bahnhof
Startplatz
307
Neuhaus
Aurach
Hammer
Hagnberg
Karolinenhöhe 934
Krugalm
Sacher
Riedler
Ried
Leitzach
Brunstkogel 1251
Westerberg 1328
Anklspitz 1112
Schlierseespitz 1279
Brunnerstein 1243
Rainerkopf 1463
Hachelspitz 1300
Talwand 1222
Heißenplatte 1593
Abzweig Wasserfälle
Pfadtrail möglich
Bodenschneidhaus
Rinnerspitz 1611
Bodenschneid 1669
Obere Firstalm
Benzingspitze 1735
Tanzeck 1703
Heuberg 1384
Wilde Fräulein 1615
Naturfreundehaus Krottentaler Alm
DAV Selbstversorgerhütte
Taubensteinhaus
Taubensteinbahn
Taubenstein Bergstation
Hochmiesing 1883
Steilenberg
Stümpfling 1506
Spitzingsee
Untere Suttenalm
Stümpfling Alm
Schwarzenkopf 1464
Obere Maxlraineralm
Albert-Link-Hütte
Rotwand 1884
Abzweig Rotwandgipfel
Kirchstein
Rotwandhaus
Gamswand 1592
Ruchenkopf Hütte
Auerspitz 1811
Rotkopf 1602
Stolzeneck 1604
Blecksteinhaus
Geiselstein 1332
Weiße Valepp
Rote Valepp
0 2Km

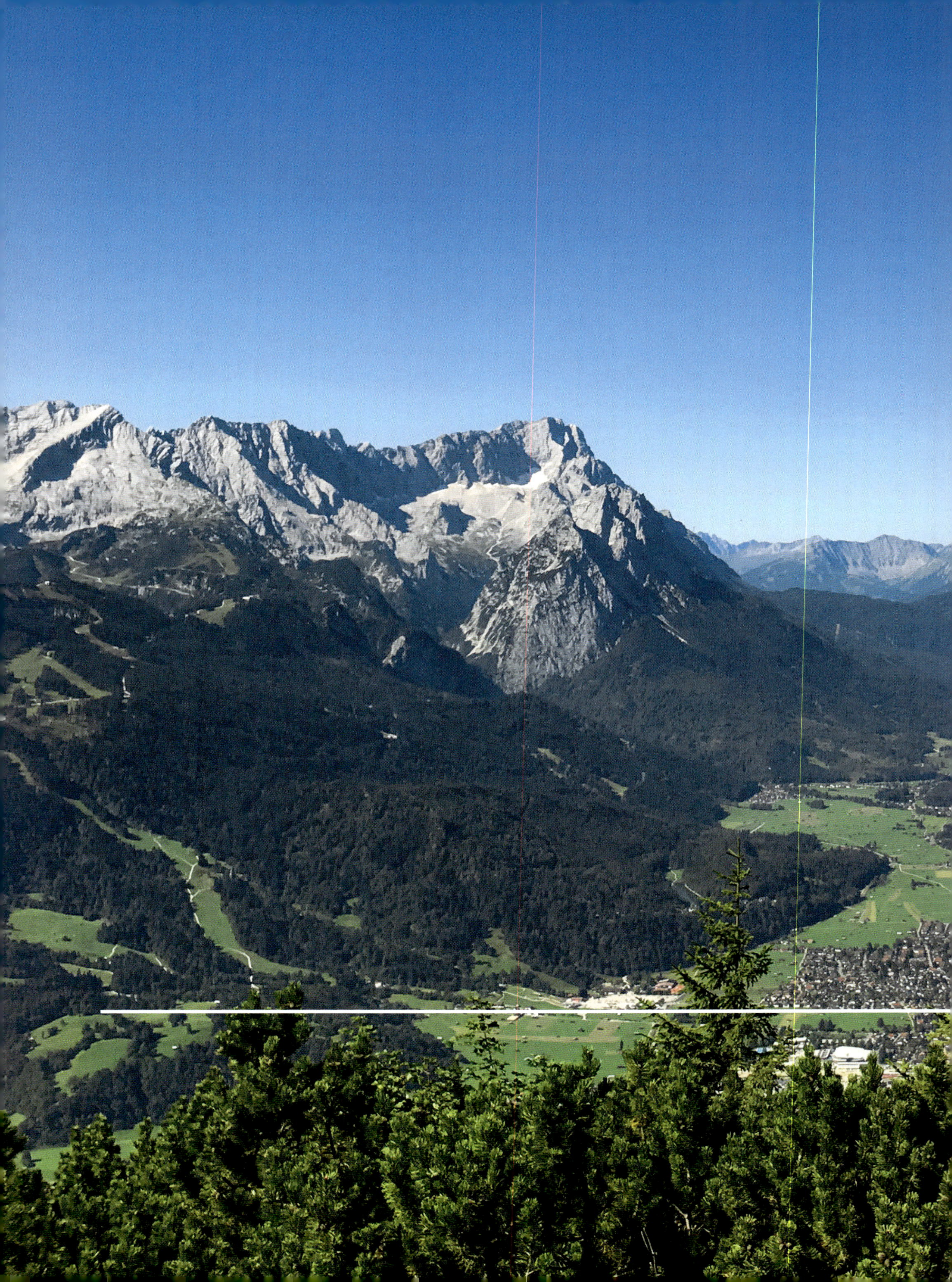

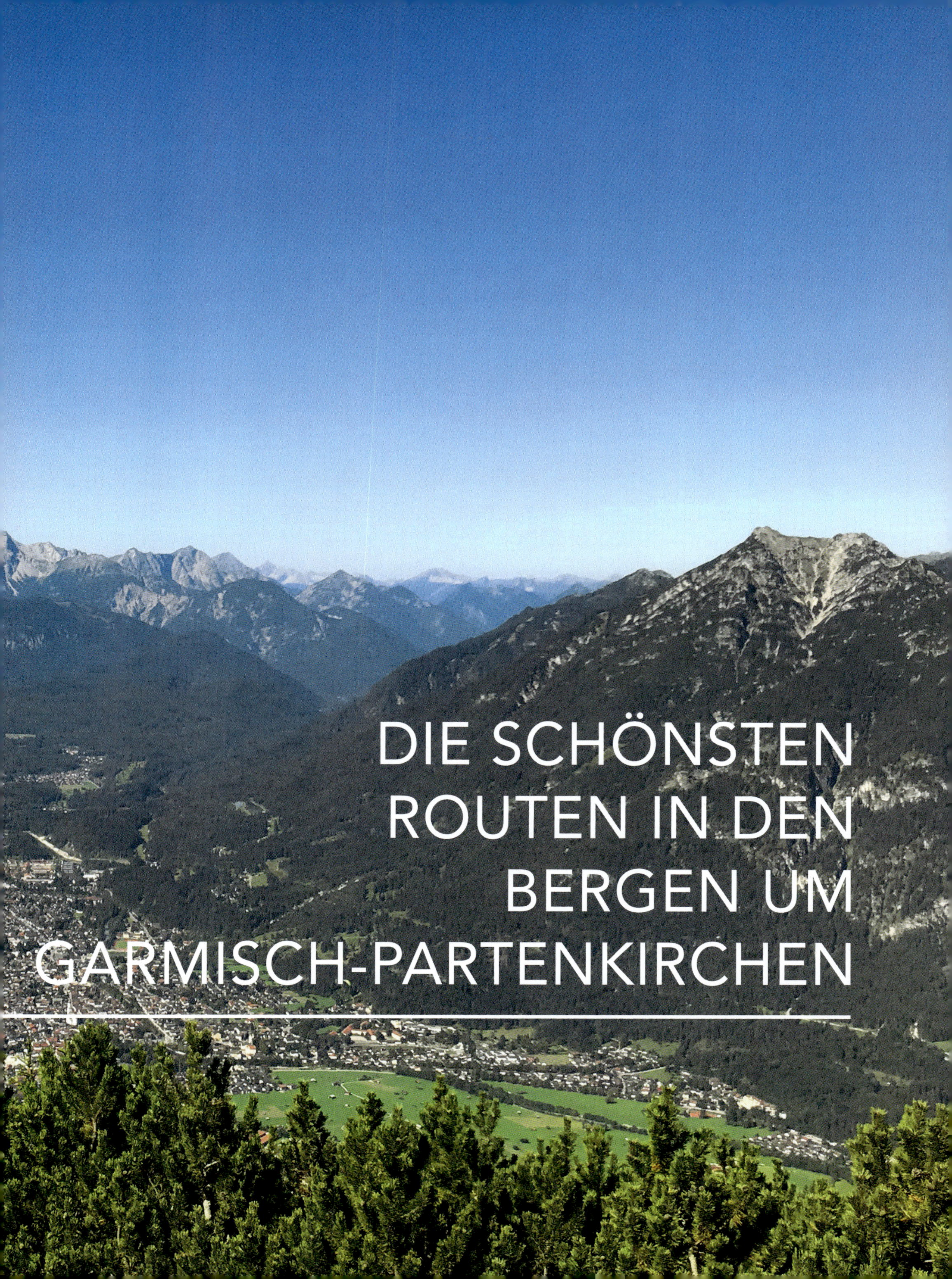

DIE SCHÖNSTEN ROUTEN IN DEN BERGEN UM GARMISCH-PARTENKIRCHEN

Tour 18

AUF DEN HOHEN KRANZBERG

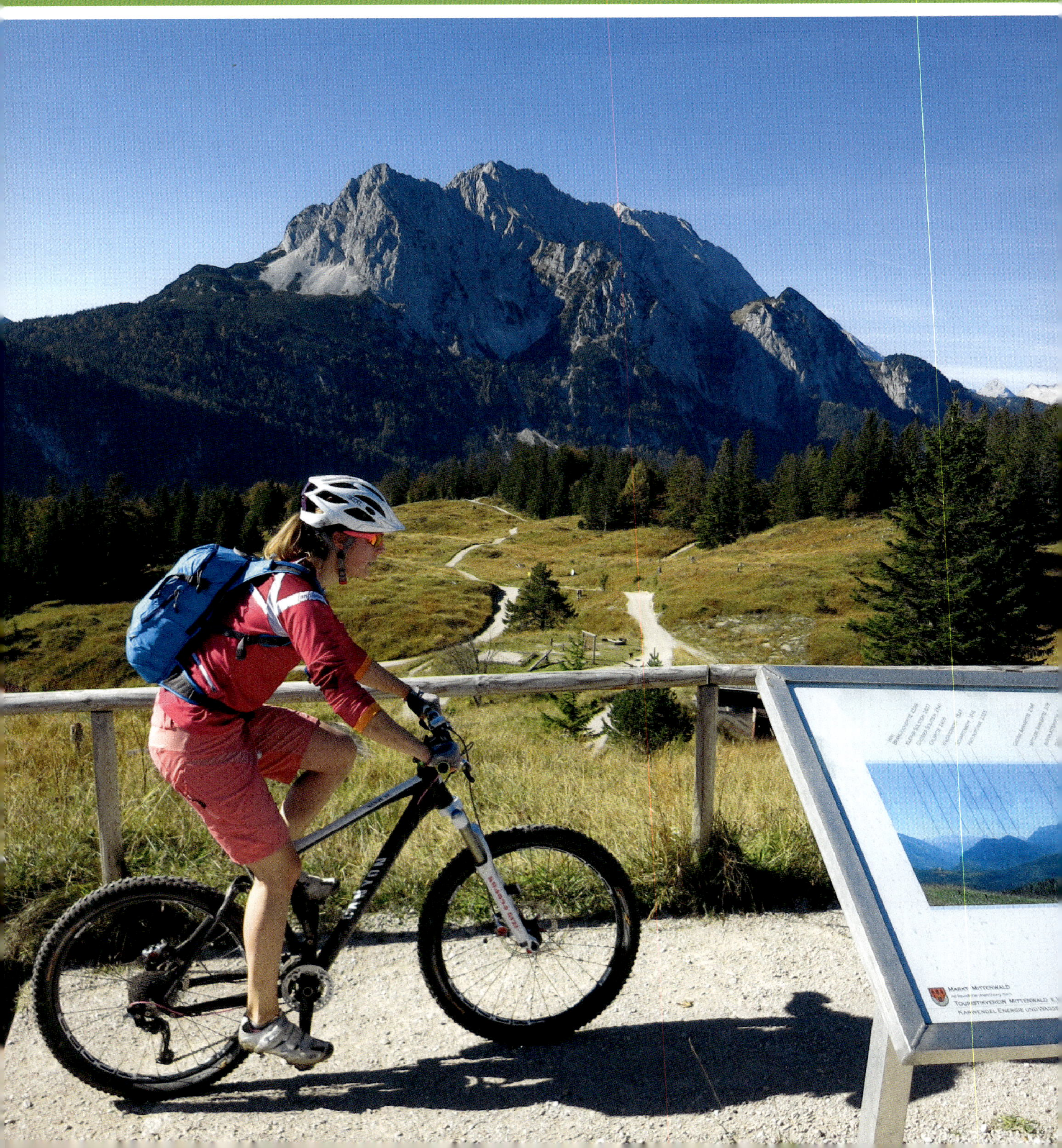

Mittenwald ist alleine schon durch seine Geigenbauvergangenheit und Gegenwart einen Besuch wert. Die beeindruckende Lage zwischen den mächtigen Gipfeln des Wetterstein- und Karwendelgebirges machen es zudem attraktiv für Mountainbiker und Wanderer. Der Hohe Kranzberg bietet eine ideale Aussichtsplattform und hält dafür, direkt am Gipfel, jede Menge **bequem geschwungener Holzliegen** bereit.

Die Fahrt beginnt am südlichen Ende von Mittenwald und folgt bald der Fahrstraße nach Leutasch zwischendurch auch steiler bergauf. Etwas später ergeben sich die ersten Blicke auf den Lautersee, einen der drei Gebirgsseen des Hohen Kranzbergs. Schließlich wird der nun geschotterte Weg flacher und man erreicht nach einem guten Drittel des Anfahrtsweges den Ferchensee, der zu einer ersten Rast im gleichnamigen Gasthof einlädt.

Immer mit einem tollen Blick auf die obere und untere Wettersteinspitze fährt man danach auf die Rückseite des Hohen Kranzbergs. Hier wird es deutlich ruhiger und der Forstweg schlängelt sich in sanfter Steigung bergauf. Nach einiger Zeit kommt man einen schönen Aussichtspunkt, der sich auch bestens als alternativer Rastplatz eignet.

Für das letzte Drittel der Auffahrt wird der Weg etwas schmaler und leicht trailmäßig. Nach einer kurzen Rampe erreicht man das weitläufige Hochplateau des Hohen Kranzbergs und steuert direkt auf den schon sichtbaren Gipfel zu.

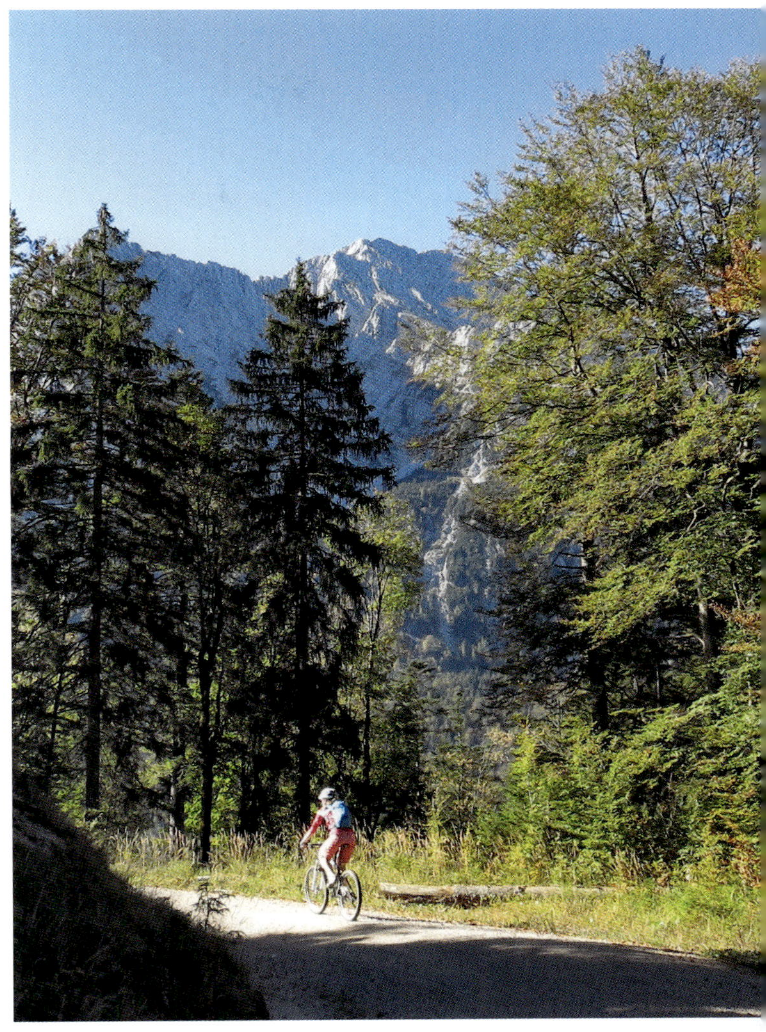

DIE TOUR KOMPAKT

Startplatz: Parkplatz am Riedboden in Mittenwald
Schwierigkeit: leicht
Anstieg: 590 Höhenmeter
Höchster Punkt: 1390 m
Distanz: 17 Kilometer
Zeitbedarf: ca. 1,5 Stunden

Hat man sich an der beeindruckenden Aussicht satt gesehen und am leckeren selbst gemachten Kuchen des Kranzberghauses satt gegessen, geht es in die teils steilere Abfahrt. Die steilsten Abschnitte sind asphaltiert, so dass man gut bremsen kann, ohne das Hinterrad zu blockieren. Der Weg gibt immer wieder tolle Tiefblicke nach Mittenwald frei und am Ende kann man noch einen kleinen Wurzeltrail (Abzweig im GPS-Track markiert) in die Abfahrt einbauen.

Unten angekommen folgt man einfach der Fahrstraße in einer weiten Rechtsschleife durch Mittenwald zurück zum Parkplatz und passiert dabei auch die berühmte große Holzgeige nicht weit des Zentrums.

TIPPS ZUR TOUR

- Wer länger in Mittenwald ist, sollte unbedingt das Geigenbaumuseum im Ortszentrum besuchen. Hier kann man über 200 Geigen und vieles mehr erleben.

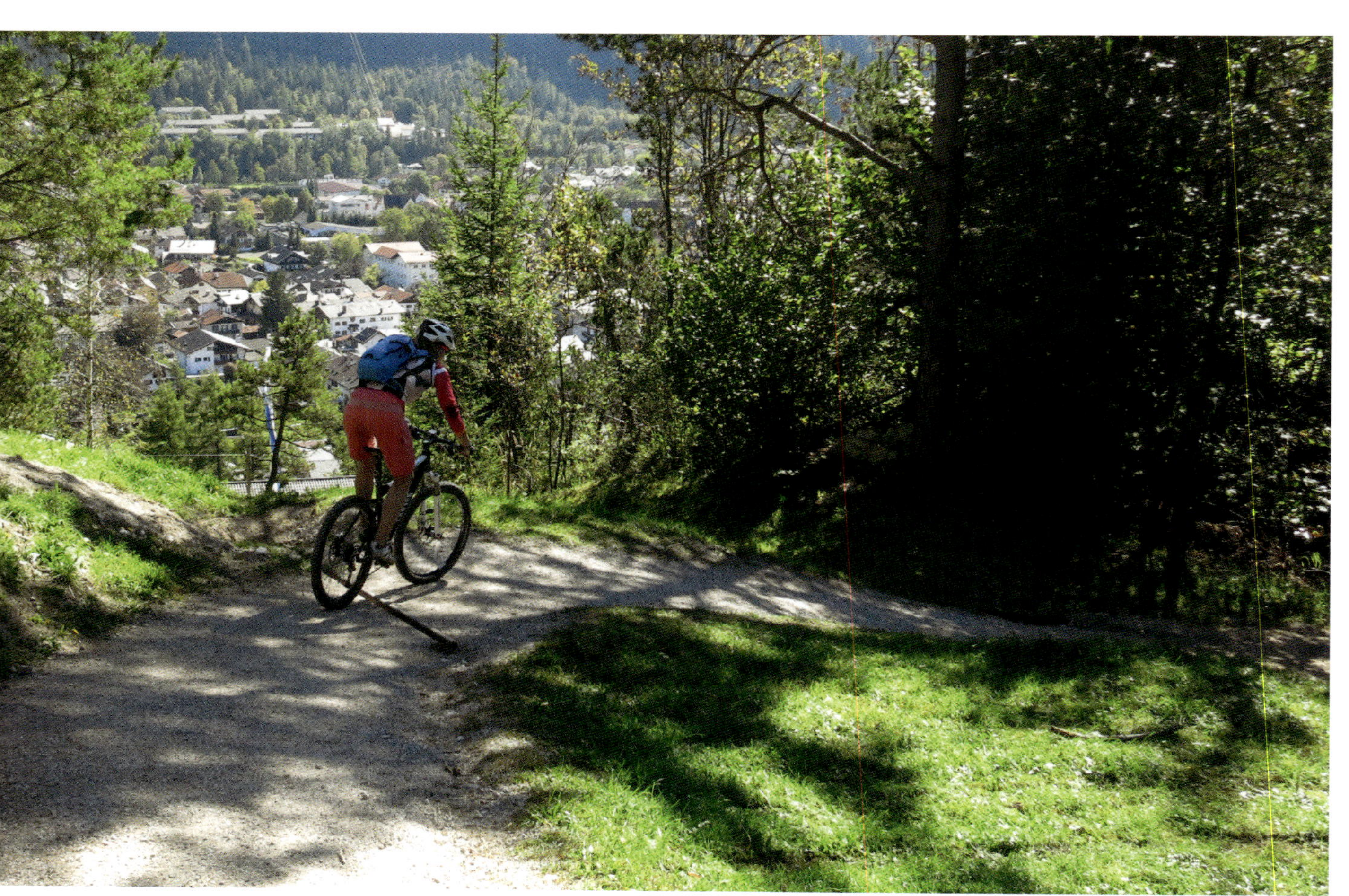

HÖHENPROFIL

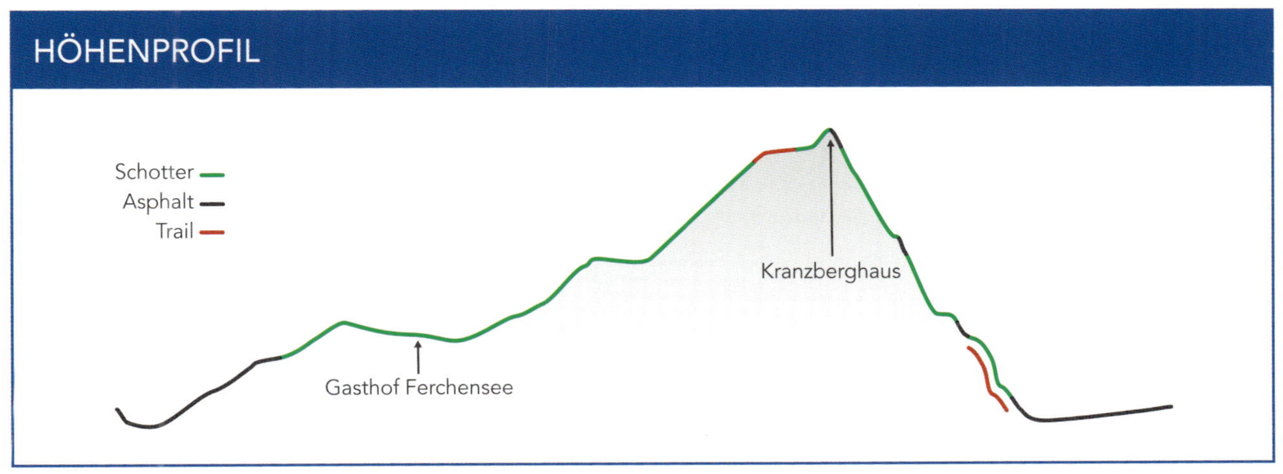

KARTENAUSSCHNITT

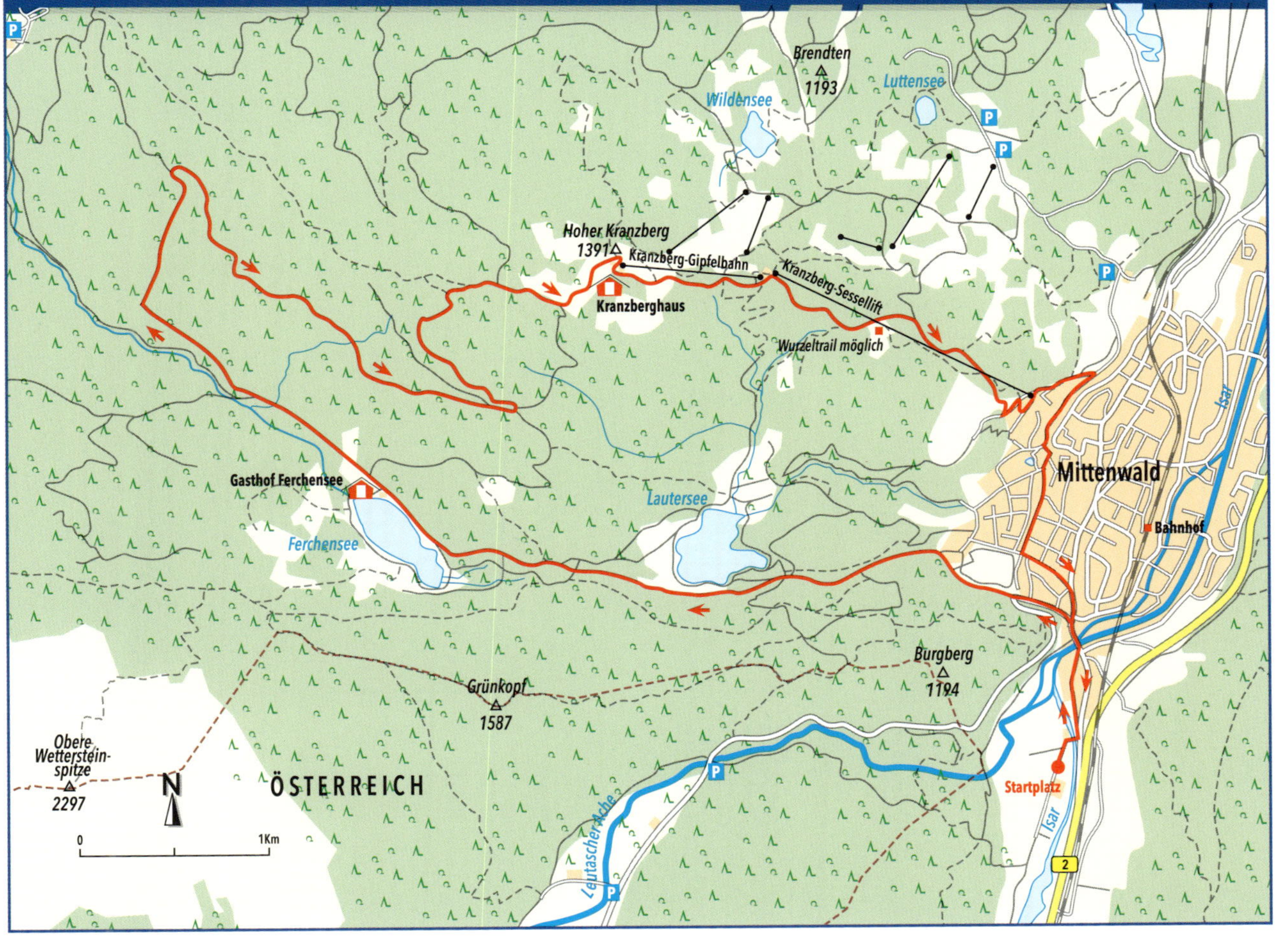

Tour 19

RUND UM OBERAMMERGAU

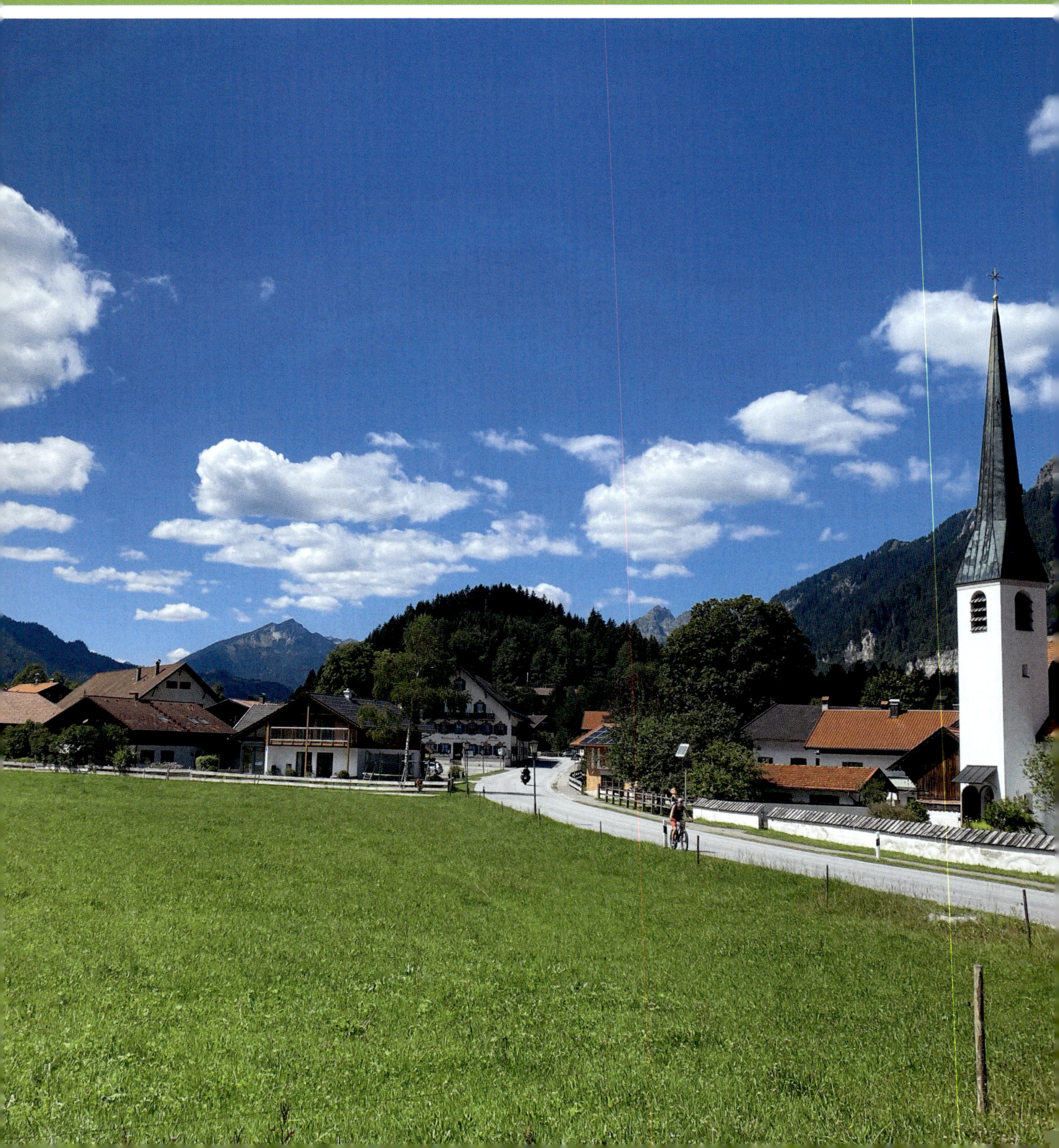

Oberammergau ist durch seine alle 10 Jahre stattfindenden Passionsspiele hinlänglich bekannt. Auch das von König Ludwig II. von Bayern erbaute Schloss Linderhof ist weltberühmt. Dabei sind es oft auch die kleinen Dinge, die einen so faszinieren können. Ein Geheimtipp ist da zum Beispiel die **Bärenhöhle** (siehe Tipps zur Tour), deren Eingang von einer Christusstatue geschmückt wird.

Oder die **Schaukäserei** in Ettal, bei der man von einer Galerie aus miterleben kann, wie sein Käse entsteht. Kurzum, die Region um Oberammergau hat viel zu bieten.

Die Tour startet an der Ettaler Mühle und führt zunächst immer flach an der Ammer entlang. Bald hat man einen freien Blick auf das weite Tal der Linder, die sanft durch die umliegenden Wiesen fließt.

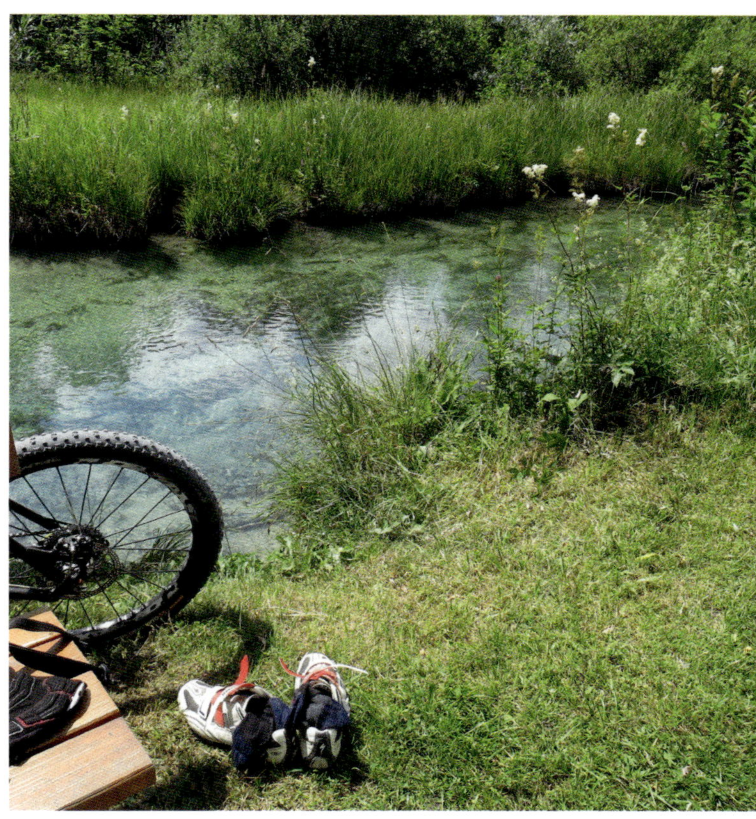

In Graswang angekommen kann man im schönen Biergarten des Gasthofs Fischerwirt regionale Köstlichkeiten genießen und sich dabei überlegen, einen Abstecher zum Schloss Linderhof zu machen (Abzweig im GPS-Track markiert). Ohne eine Besichtigung führt einen die Schleife zurück zur Ammer, die an heißen Sommertagen jede Menge Möglichkeiten für eine Erfrischung direkt am Wegesrand bietet.

Nach der Ortsdurchfahrt von Oberammergau durchquert man das Naturschutzgebiet des Pulvermoos auf einem herrlichen Radweg, der eine völlig neue Aussichten auf die Ammergauer Bergwelt bereithält. In Unterammergau biegt man schließlich nach Osten ab, um mit Hilfe einer kurzen Auffahrt zum Höhenzug unterhalb des Kleinen Aufacker zu gelangen.

DIE TOUR KOMPAKT

Startplatz: Parkplatz an der Ettaler Mühle (kurz nach dem Abzweig B23)
Schwierigkeit: leicht
Anstieg: 380 Höhenmeter
Höchster Punkt: 1088 m
Distanz: 33 Kilometer
Zeitbedarf: ca. 3 Stunden

Der leicht geschotterte Forstweg schlängelt sich in leichtem Auf und Ab durch die kühlen Bergwälder und gibt immer wieder den Blick frei auf die gegenüberliegenden Gipfel des Kolben und Pürschling. Anschließend biegt man in die Abfahrt entlang der großen Laine ab und gelangt so wieder zurück nach Oberammergau. Hier kann man dann noch den erhabenen Ausblick vom Restaurant Lärchenhügel bei Kaffee und Kuchen genießen.

Weiter bergab geht es auf der Asphaltstraße durch Oberammergau bergab. Bei der Ortsausfahrt trifft man auf den Radweg an der B23. Diesem gut ausgebauten Weg folgt man bis zum Parkplatz direkt gegenüber der Bärenhöhle.

Nach einem eventuellen Aufstieg zur Höhle fährt man den Radweg weiter talauswärts bis zum Abzweig der Straße nach Schloss Linderhof, die einen zurück zum Ausgangspunkt führt.

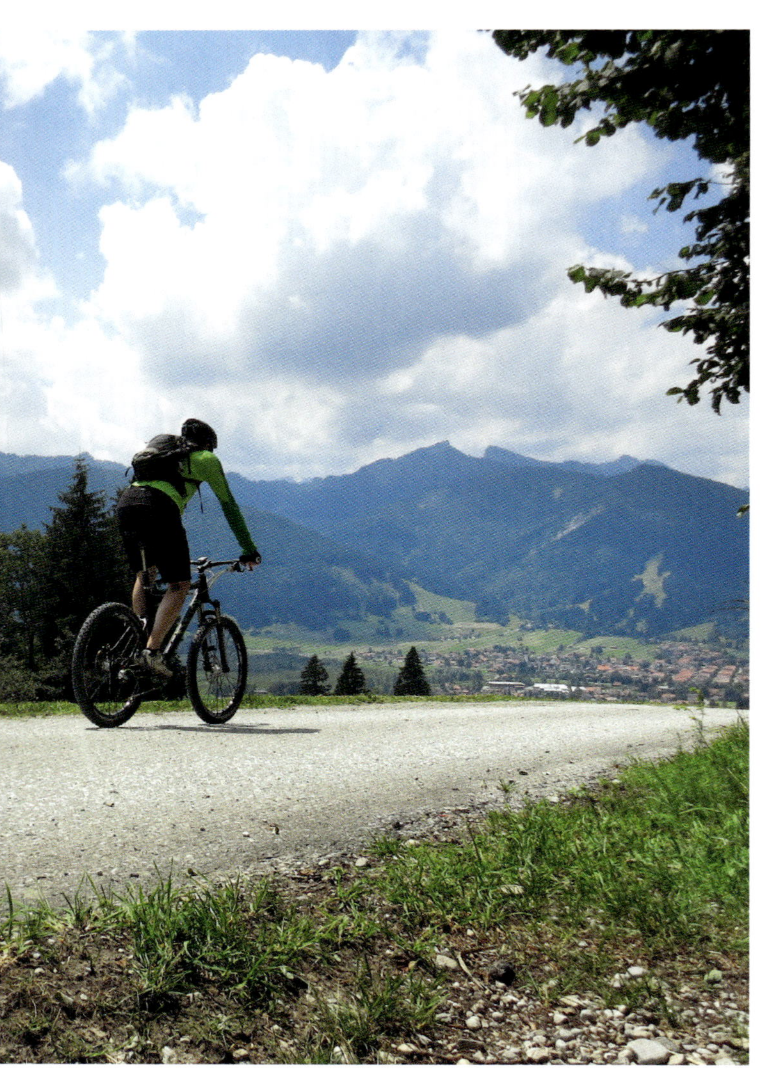

TIPPS ZUR TOUR

- Der Weg zur Bärenhöhle befindet sich direkt an der B23 (Abzweig im GPS-Track markiert). Die Höhle ist über einen steilen, gut ausgebauten Steig in etwa 10 Minuten zu erreichen.
- Für eine Besichtigung von Schloss Linderhof sind für die Hin- und Rückfahrt gut 10 Kilometer extra einzuplanen. Für eine Führung sollte man unbedingt Karten vorbestellen.
- Das Kloster Ettal ist mit seinen vielen Attraktionen, unter anderem dem Alpenklimagarten, der Liqueurmanufaktur und der Klosterbrauerei ebenfalls einen Besuch wert. Die Kirchenführung in der Basilika ist kostenfrei, andere Führungen sollte man rechtzeitig buchen.

HÖHENPROFIL

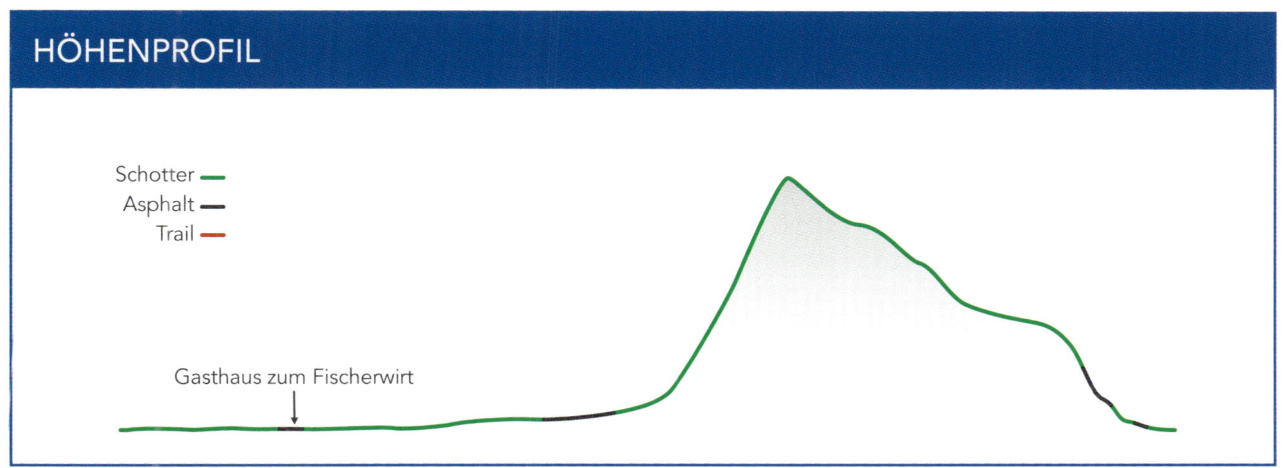

KARTENAUSSCHNITT

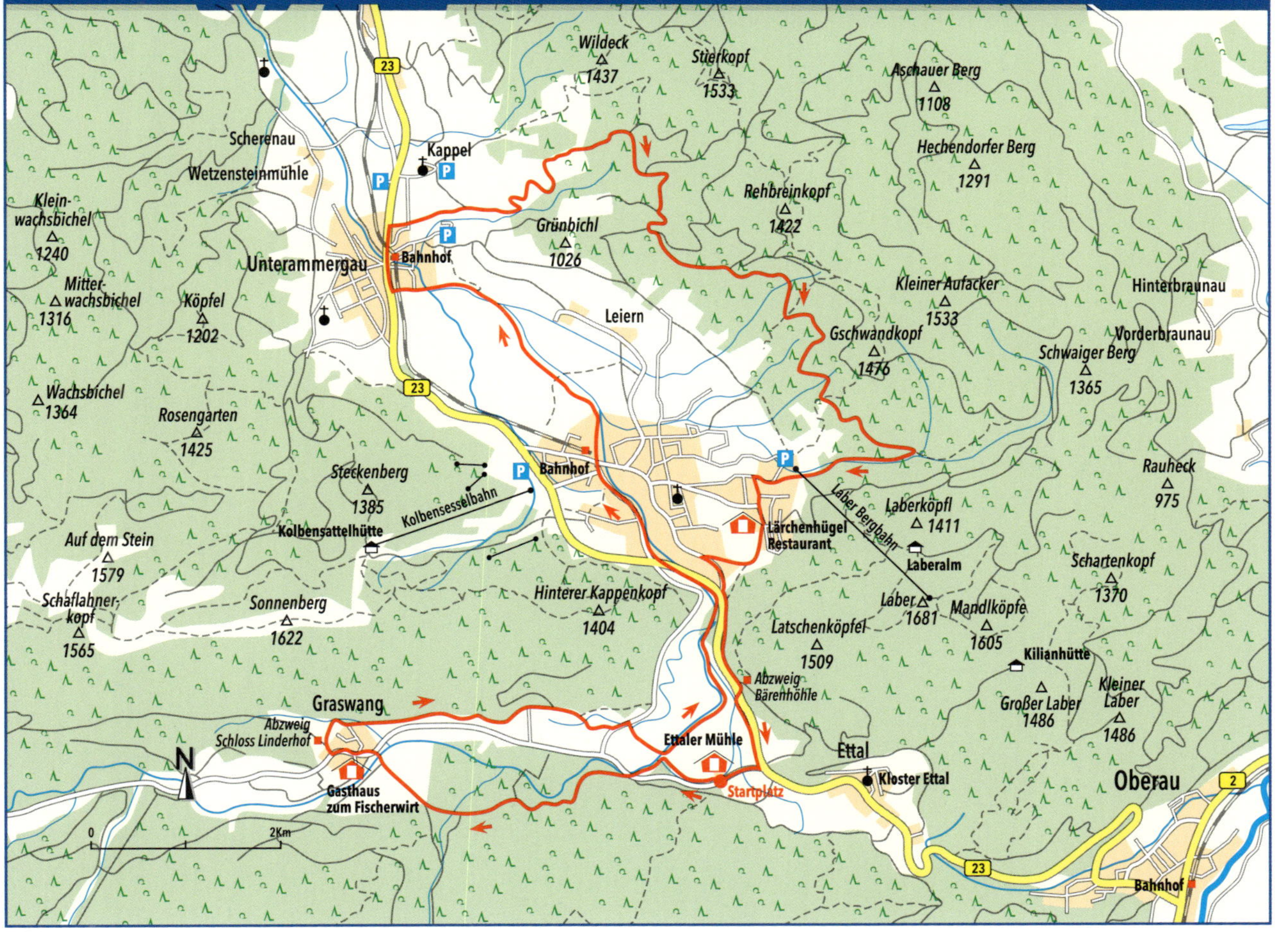

Scherenau
Wetzensteinmühle
Kappel
Unterammergau
Bahnhof
Wildeck 1437
Stierkopf 1533
Aschauer Berg 1108
Hechendorfer Berg 1291
Rehbreinkopf 1422
Grünbichl 1026
Klein-wachsbichel 1240
Mitter-wachsbichel 1316
Köpfel 1202
Leiern
Kleiner Aufacker 1533
Hinterbraunau
Gschwandkopf 1476
Vorderbraunau
Schwaiger Berg 1365
Wachsbichel 1364
Rosengarten 1425
Steckenberg 1385
Kolbensesselbahn
Bahnhof
Rauheck 975
Laber Bergbahn
Laberköpfl 1411
Kolbensattelhütte
Lärchenhügel Restaurant
Laberalm
Auf dem Stein 1579
Schartenkopf 1370
Schaflahner-kopf 1565
Sonnenberg 1622
Hinterer Kappenkopf 1404
Laber 1681
Mandlköpfe 1605
Latschenköpfel 1509
Kilianhütte
Abzweig Bärenhöhle
Kleiner Laber 1486
Großer Laber 1486
Graswang
Abzweig Schloss Linderhof
Ettaler Mühle
Ettal
Kloster Ettal
Oberau
Gasthaus zum Fischerwirt
Startplatz
N
0 2Km
23
2

Tour 20

AUF DEN PÜRSCHLING

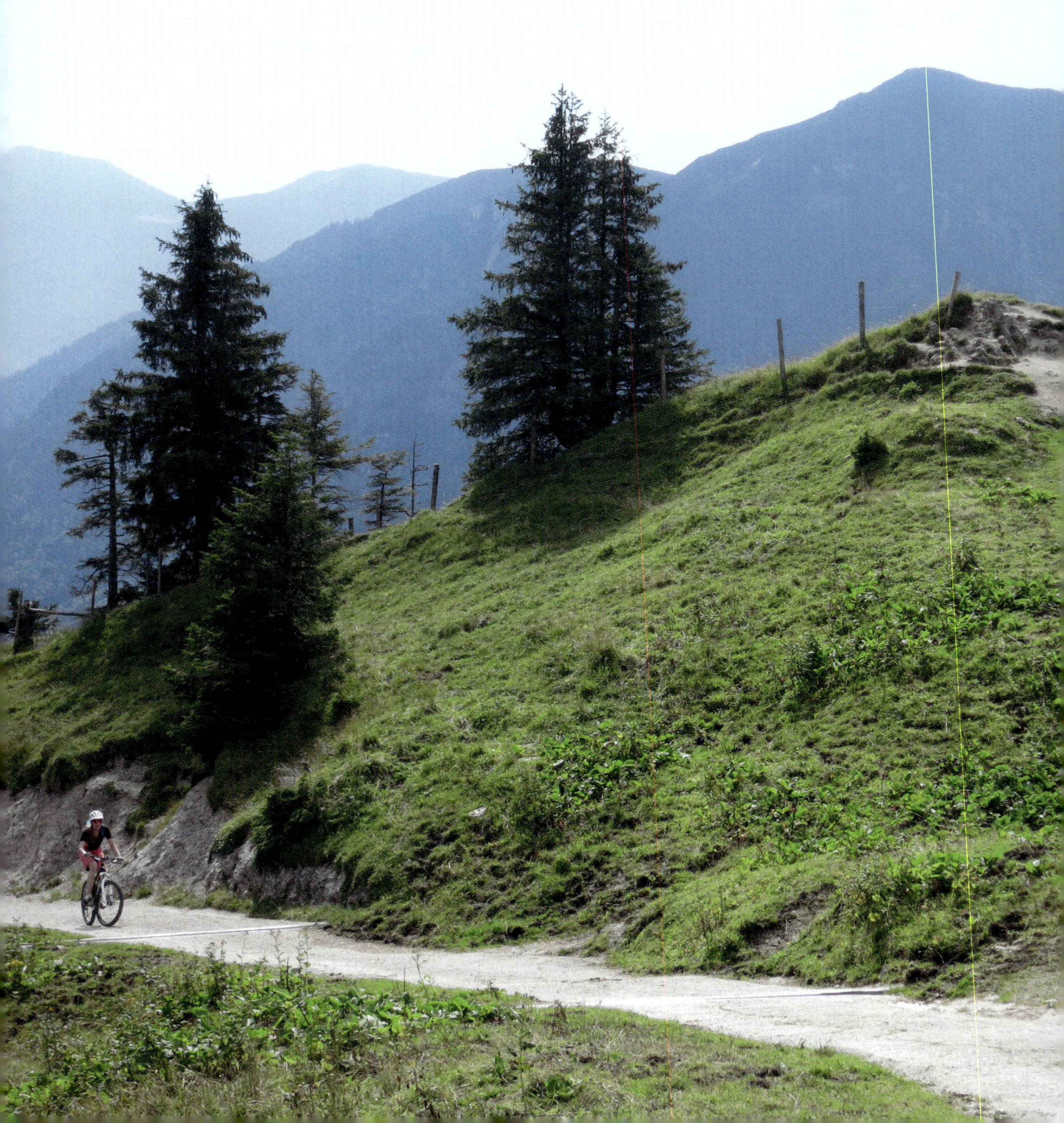

Das fast das ganze Jahr geöffnete August-Schuster-Haus ist im Sommer wie im Winter ein beliebtes Ziel in den Ammergauer Alpen. Die Hütte thront hoch über dem Graswangtal am Pürschling. Die Gegend um den Gipfel ist auch historisch von Bedeutung, da dort auch die Jagdhütten von Maximilian II. (König von Bayern und Vater des "Märchenkönigs" Ludwig II.) standen.

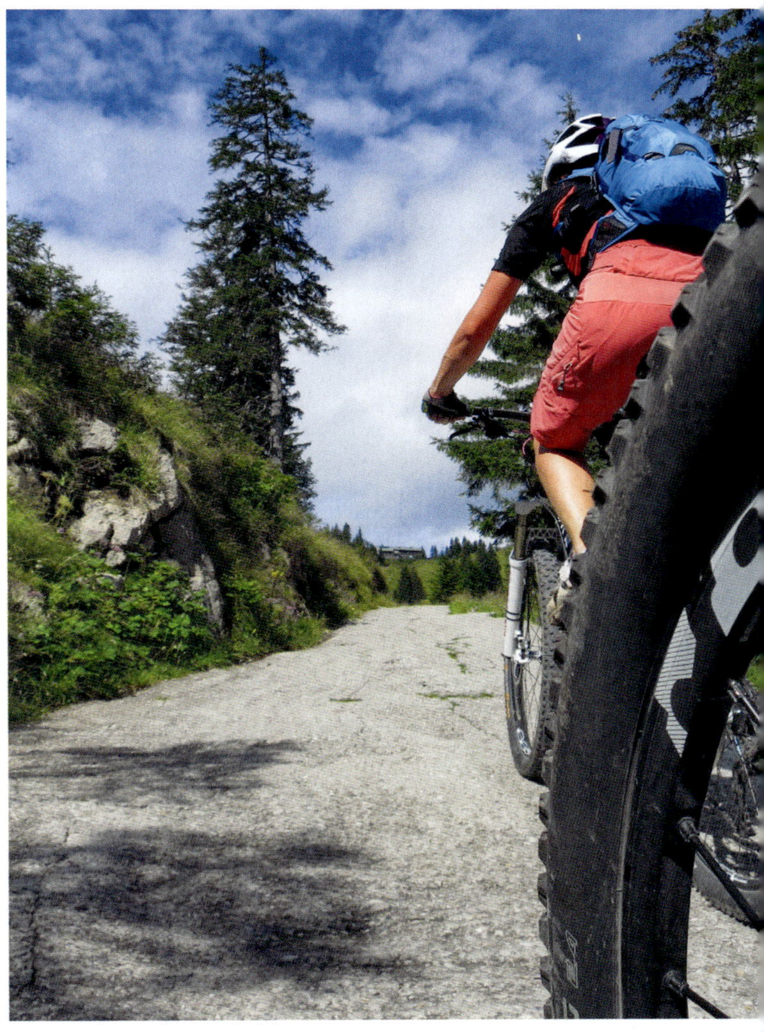

Neben den kulturellen Hintergründen gibt es aber auch am Fuße des Pürschling eine **Sommerrodelbahn,** die die Kleinsten in jedem Fall begeistern wird. So kann man die Familie auch aufteilen und sich später im Gasthaus Schleifmühle, genau zwischen Parkplatz und Sommerrodelbahn, zu einer gemütlichen Einkehr im Biergarten treffen.

Zunächst verläuft die Fahrt, im Sommer sehr angenehm kühl, an der Schleifmühlenlaine entlang. Nun wird die Auffahrt etwas steiler und über einige Serpentinen schraubt sich der Forstweg nach oben.

Kurz nachdem sich das Hochtal öffnet, wird es flacher und man kommt an dem Abzweig zur Josephskapelle (siehe Tipps zur Tour) vorbei. Hier eine kurze Pause einzulegen ist eventuell eine gute Idee, denn für alle ohne E-Bike wird die weitere Auffahrt doch eher anstrengend. Dabei folgt man als Erstes dem Forstweg nun wieder steiler bergauf. Wenn dieser in eine alte Asphaltpiste übergeht, hat man einige steilere Abschnitte zu bewältigen. Kurz vor dem August-Schuster-Haus legt sich die Piste wieder zurück.

DIE TOUR KOMPAKT

Startplatz: Parkplatz hinter dem Streckenberglift in Unterammergau
Schwierigkeit: mittel
Anstieg: 710 Höhenmeter
Höchster Punkt: 1564 m
Distanz: 10 Kilometer
Zeitbedarf: ca. 1,5 Stunden

Nach einer gemütlichen Rast in der urigen Hütte sollte man unbedingt noch auf den Gipfel des Pürschling (Abzweig im GPS-Track markiert) wandern. Von dort hat man einen fantastischen Tiefblick auf das Graswangtal. Besonders Wagemutige können auch in gut 45 Minuten auf den Teufelstättkopf kraxeln. Die letzten Meter sind mit einem Drahtseil gesichert, trotzdem sollte man absolut schwindelfrei sein.

Die Abfahrt folgt auf dieser Tour dem Anfahrtsweg, wobei man sich auf halber Strecke noch entscheiden kann, ob man einen breiten, grob geschotterten Trail einbauen möchte. Der Trail trifft nahe der **Schleifmühlenklamm** wieder auf den bekannten Weg zum Parkplatz zurück.

TIPPS ZUR TOUR

- Die Gedächtnisstätte Josephskapelle (Abzweig im GPS-Track markiert) ist den am Berg Verunglückten geweiht und beherbergt eine alte Josephsstatue.

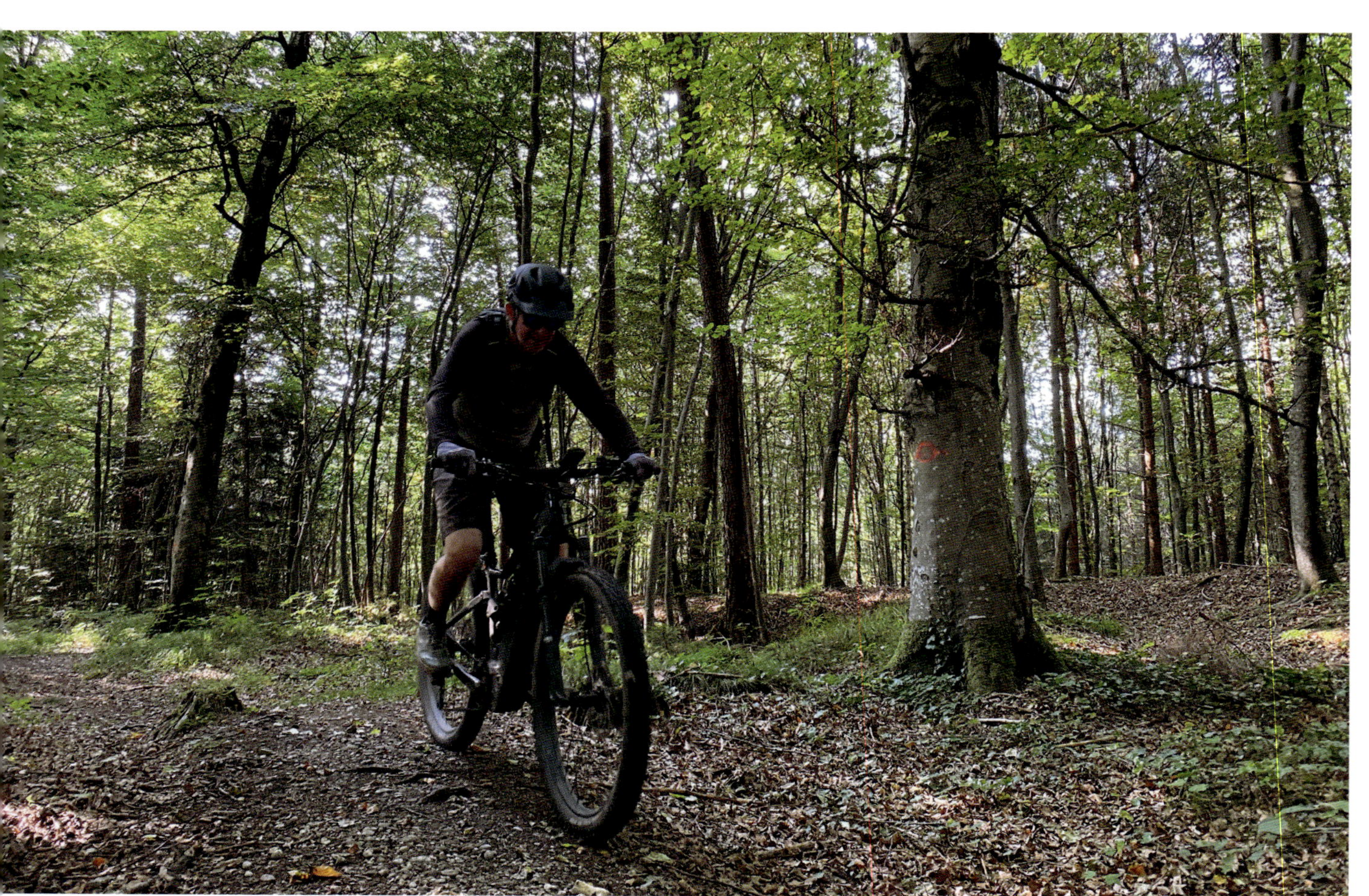

HÖHENPROFIL

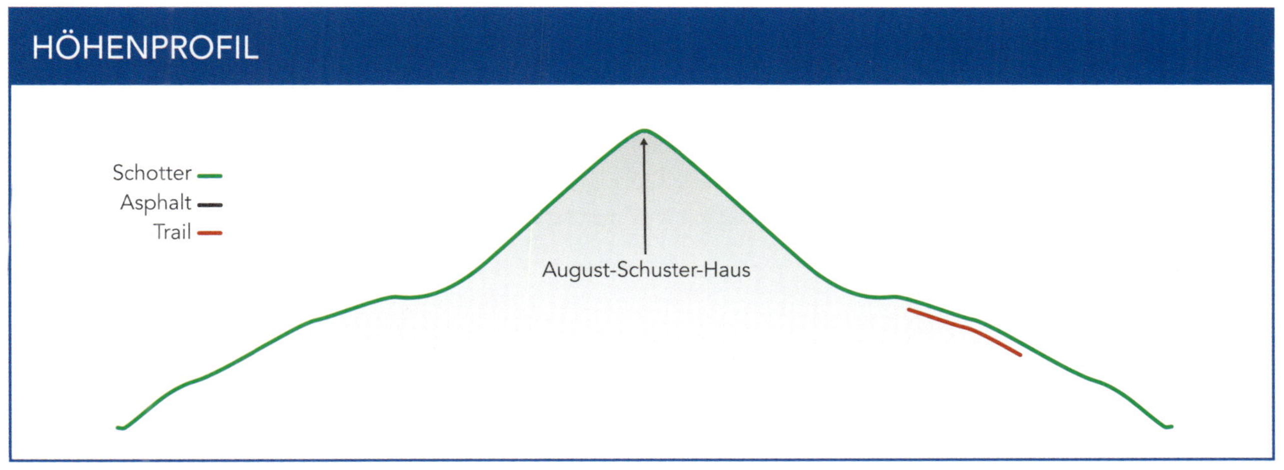

KARTENAUSSCHNITT

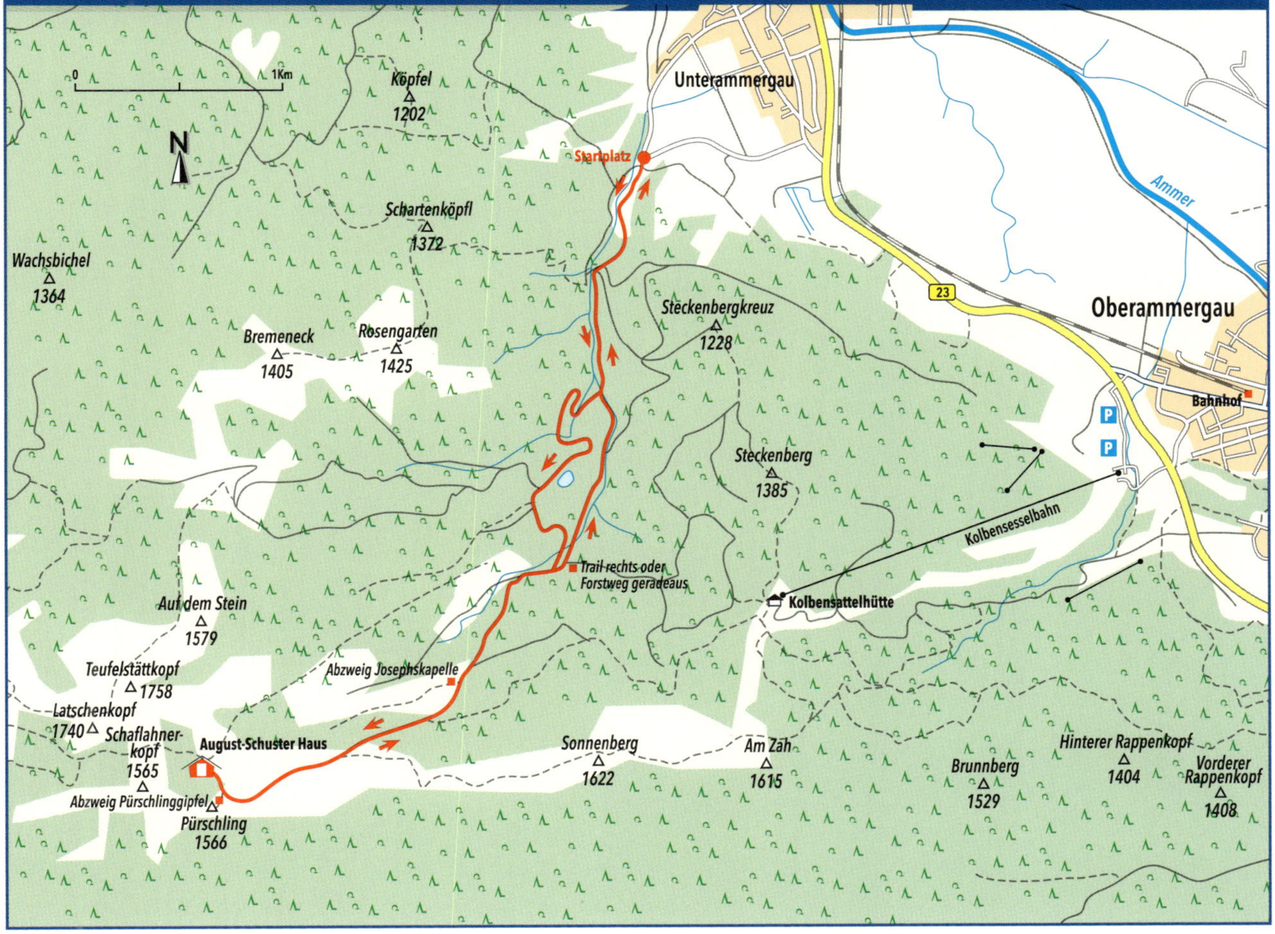

Tour 21

ZUR HOCHTHÖRLEHÜTTE

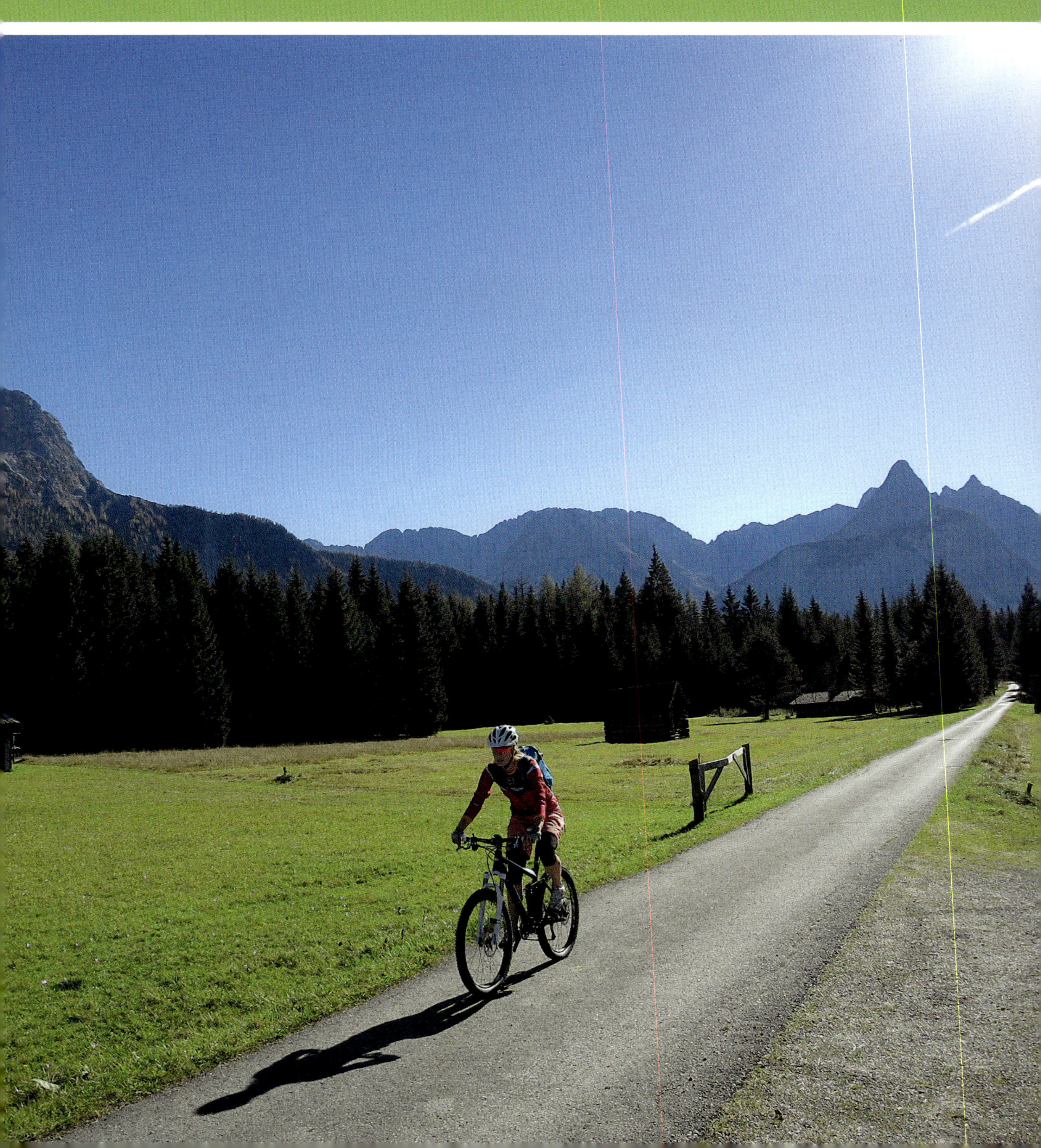

Mit seinem klaren grün schimmernden Wasser und der atemberaubenden Kulisse unterhalb der Nordwände des Zugspitzmassivs ist der **Eibsee** zu Recht einer der schönsten Gebirgsseen der bayerischen Alpen. Er zählt zu den Blindseen, das heißt, das Wasser fließt unterirdisch zu und ab. Entstanden ist der Bergsee in der Senke des Isar-Loisach-Gletschers. Sein heutiges Aussehen bekam der Eibsee aufgrund eines mächtigen Bergsturzes aus der Westflanke des Zugspitzmassiv. Seinen Namen erhielt er von den Eiben, die früher um den See wuchsen. Der See ist seit 1972 wieder in Privatbesitz. Nach der Tour kann man im Sommer an seinen Ufern relaxen, schwimmen oder sich ein **Boot ausleihen**.

Aber bevor es soweit ist, fährt man erst einmal kurz an dem Südufer des Eibsee vorbei in den Wald. Der bestens ausgebaute Forstweg nähert sich in angenehmer Steigung und einer weiten Schleife den Nordflanken der Zugspitze. Nach einiger Zeit kann man die ersten Ausblicke auf die steilen dunklen Felswände erhaschen.

Nun wird die gemütliche Auffahrt durch eine ruppige steile, aber kurze Rampe gestört. Danach fährt man wieder flacher auf einem wunderschönen alten Forstweg, bald bergab zur Hochthörlehütte. Eventuell empfiehlt sich eine erste kleine Rast, da die Hütte tendenziell später am Tag auch von Wanderern immer sehr gut besucht ist.

Da man die grüne Grenze bereits hinter sich gelassen hat, fährt man jetzt über die Fahrstraße und einen Forstweg zur Station der Tiroler Zugspitzbahn. Dabei hat man die Möglichkeit auch über einen alten Karrenweg-Trail abzufahren (Abzweig im GPS-Track markiert).

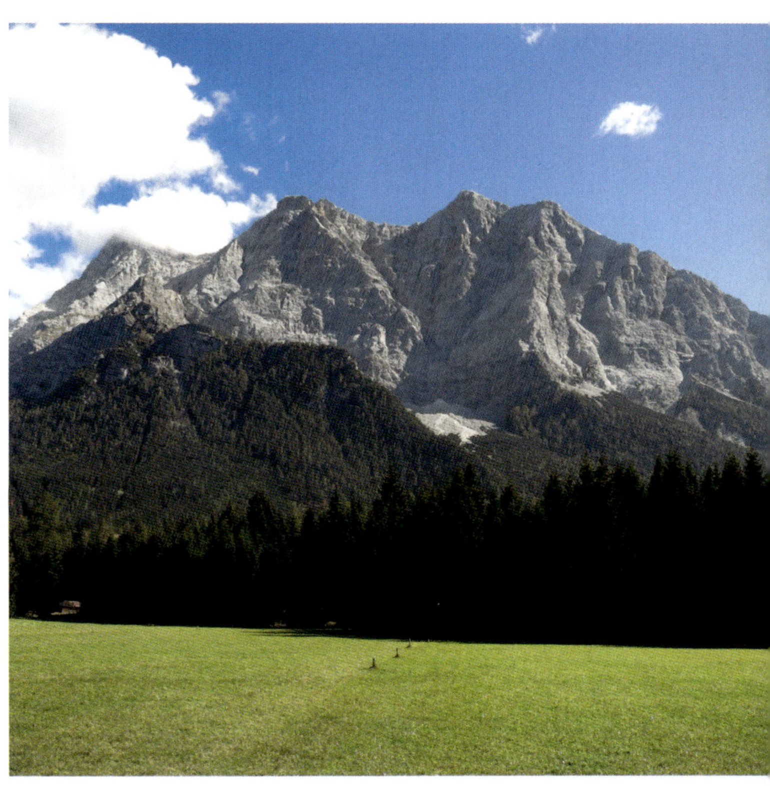

DIE TOUR KOMPAKT

Startplatz: Parkplatz direkt am Eibsee
Schwierigkeit: mittel
Anstieg: 920 Höhenmeter
Höchster Punkt: 1479 m
Distanz: 27 Kilometer
Zeitbedarf: ca. 3 Stunden

Im Ehrwalder Obermoos angekommen hat man einen unbeschreiblichen Blick auf das Zugspitzmassiv. Zwischen der Zugspitze, dem Schneefernerkopf und den Wetterspitzen liegt auch die berühmte Ski-Freeride-Abfahrt *Neue Welt* auf der Tiroler Seite des Massivs.

Bald darauf beginnt die zweite Auffahrt zur Hochthörlehütte. Man folgt dazu der bald asphaltierten steileren Fahrstraße, bis man schließlich scharf nach Süden in einen flachen Forstweg einbiegt. Hier trifft man nach einiger Zeit auf eine Bank mit traumhaftem Blick auf die Zugspitze, die sich als alternativen Pausenplatz geradezu aufdrängt.

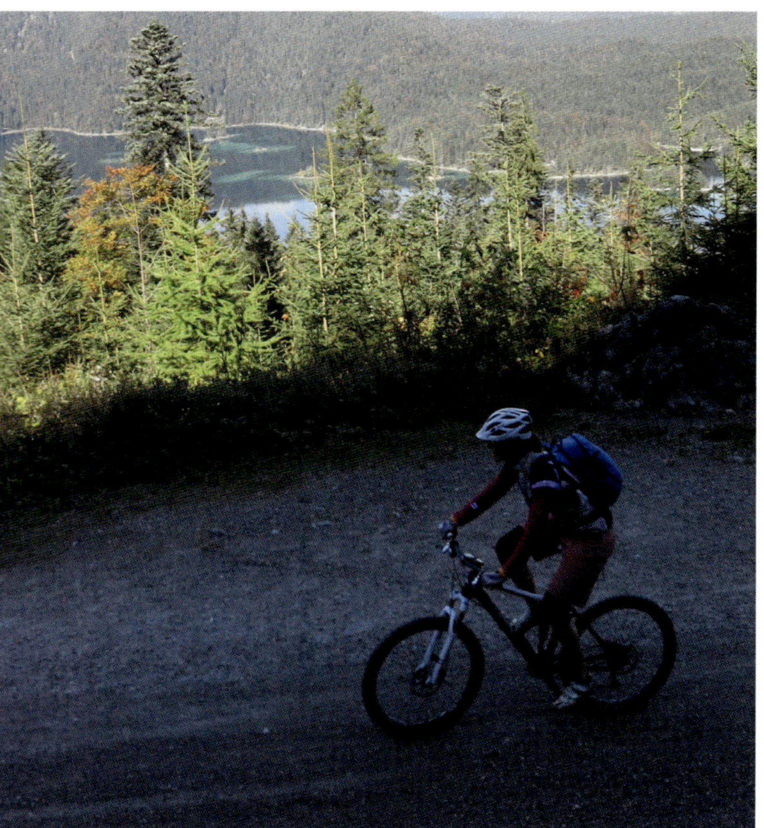

Man mündet danach an einer schmalen Asphaltstraße und folgt ihr bergauf. Nach zwei kurzen steileren Abschnitten ist die Hütte bereits wieder im Blickfeld. Hinter der Hochthörlehütte geht es nun auf bekanntem Weg noch ein kleines Stück weiter bergaus, bevor es nur noch bergab geht.

Während der Abfahrt kommt man noch an einem schönen Aussichtspunkt auf den Eibsee vorbei, den man auf keinen Fall verpassen sollte, und sei es nur für eine kurze Fotopause (Punkt im GPS-Track markiert).

Zum Ende der Tour teilt sich der Weg noch einmal, um über einen alten Forstweg etwas trailmäßig und direkter zum Ausgangspunkt zurückzukehren. Alternativ kann man natürlich auch einfach auf dem Anfahrtsweg bleiben.

TIPPS ZUR TOUR

- Die Tour ist besonders im Hochsommer zu empfehlen, da die gesamte Auffahrt im Schatten der Zugspitze stattfindet und außerdem der Eibsee mit herrlichen Badeplätzen lockt.
- Da man bereits auf dem Parkplatz der Zugspitzbahn am Eibsee steht, lässt sich die Tour auch ideal mit einer Gondelfahrt auf die Zugspitze am Nachmittag verknüpfen.

HÖHENPROFIL

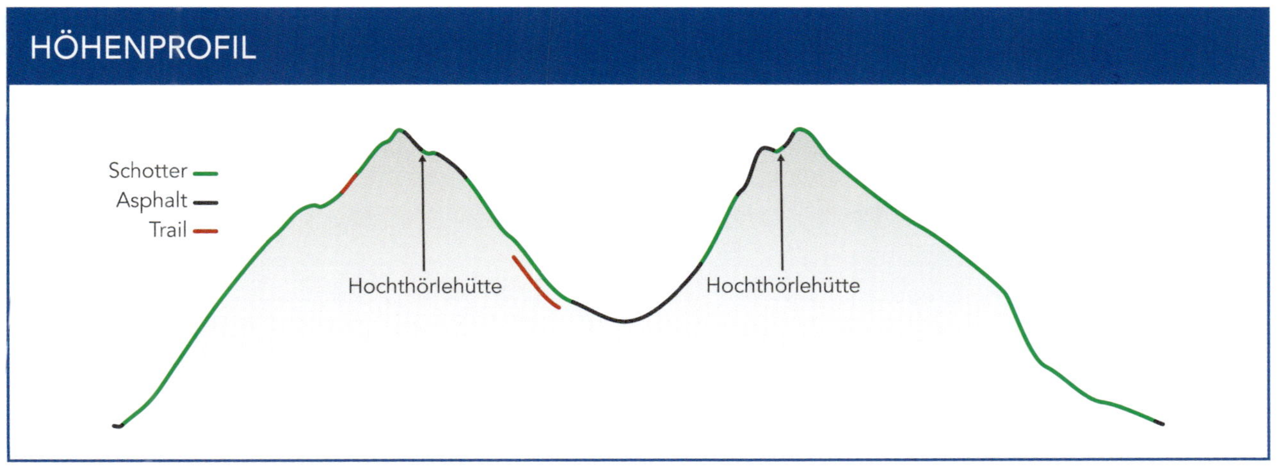

KARTENAUSSCHNITT

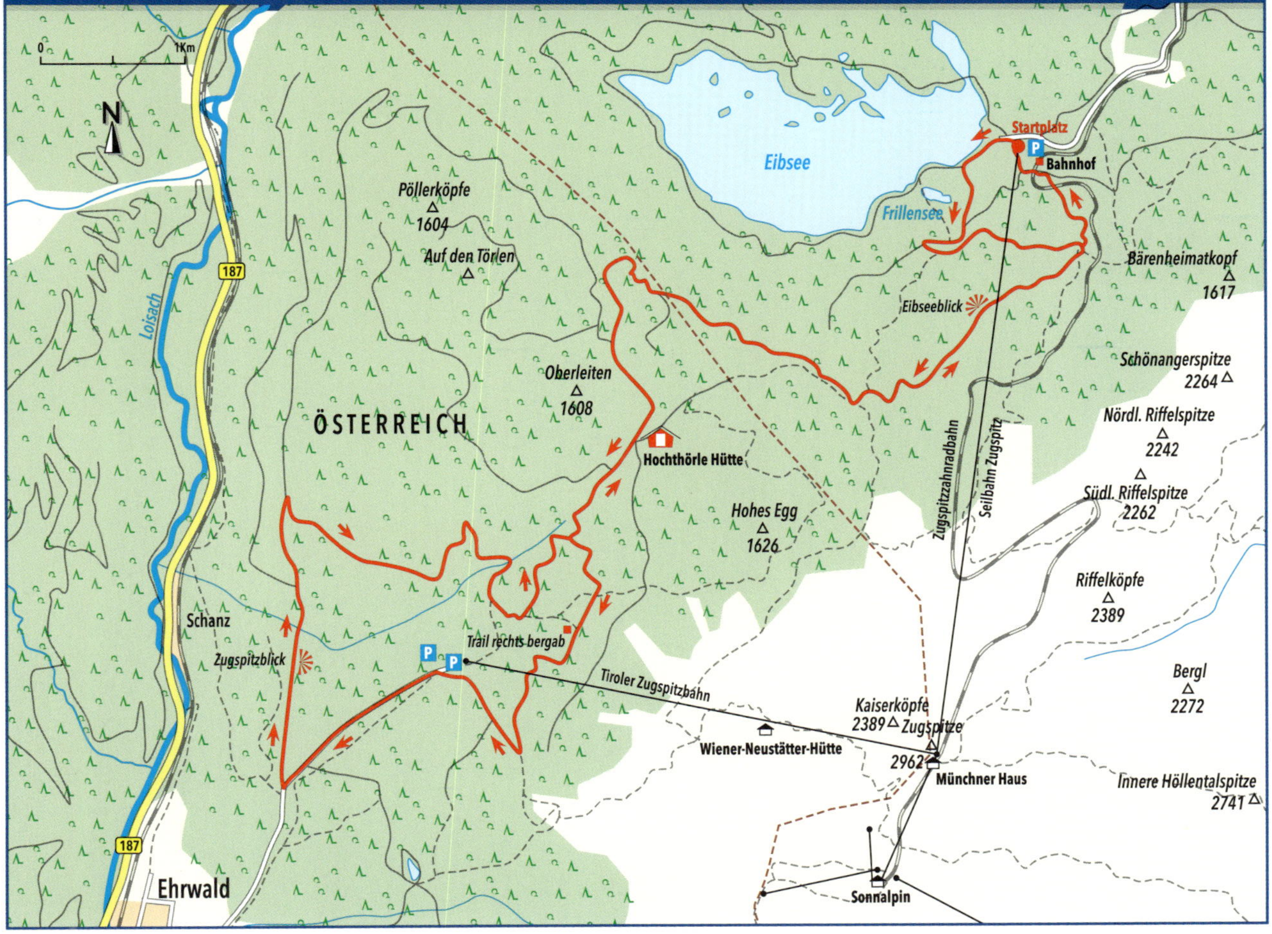

Tour 22

ZUR ROTMOOSALM

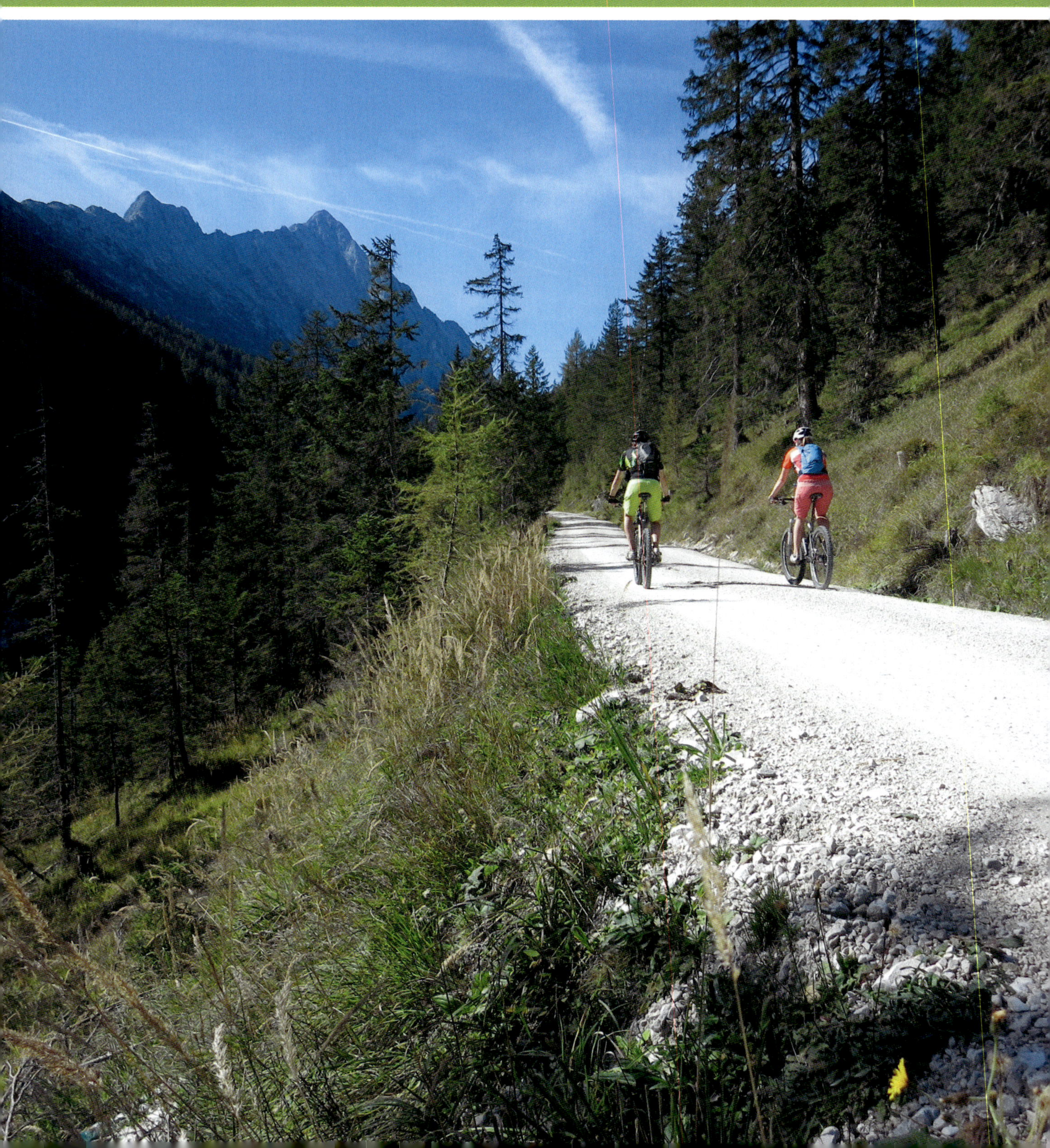

Das Gaistal ist landschaftlich herausragend. Über Jahrtausende hat die Leutascher Ache sich durch den Felsen gefräst und letztendlich eine gigantische Furche zwischen den Steilen Nordwänden der Mieminger Kette und den südlichen Ausläufern des Wettersteingebirges hinterlassen. Zwar ist es touristisch ziemlich gut erschlossen, was bereits am Parkplatz des Salzbaches deutlich wird, hat sich aber dennoch seinen **ursprünglichen Charakter** erhalten.

Zu Beginn fährt man ganz entspannt durch den lichten Wald auf einem Forstweg. Im späteren Verlauf der Auffahrt geht es immer an der Leutascher Ache entlang und die steilen Wände der Mieminger Kette ziehen einen in ihren Bann. Mit einer kurzen Abfahrt wird schließlich das sich weit öffnende Tal mit der Gaistalalm erreicht. Eine kurze Pause ist vor dem weiteren langen Anstieg vielleicht eine gute Idee, allerdings sollte man sich das ausgesprochen leckere Schnitzel für später aufheben.

Nun wird der Forstweguntergrund etwas ruppiger und es folgen auch einige steilere Abschnitte. Zum Schluss der Auffahrt kann man dann die Rotmoosalm auf einer langen Geraden bereits am Horizont erblicken. Kinder werden die familienfreundliche Alm und ihren liebevoll angelegten Spielplatz lieben. Alle anderen genießen den atemberaubenden Ausblick und das Angebot an regionalen Speisen und Getränken.

Die Abfahrt schlängelt sich dann auf dem bekannten Forstweg bergab. Man kommt dabei an dem Abzweig zum Predigtsteingipfel vorbei, einer formschönen Felspyramide, die über einen tollen Steig erklommen werden kann (siehe Tipps zur Tour).

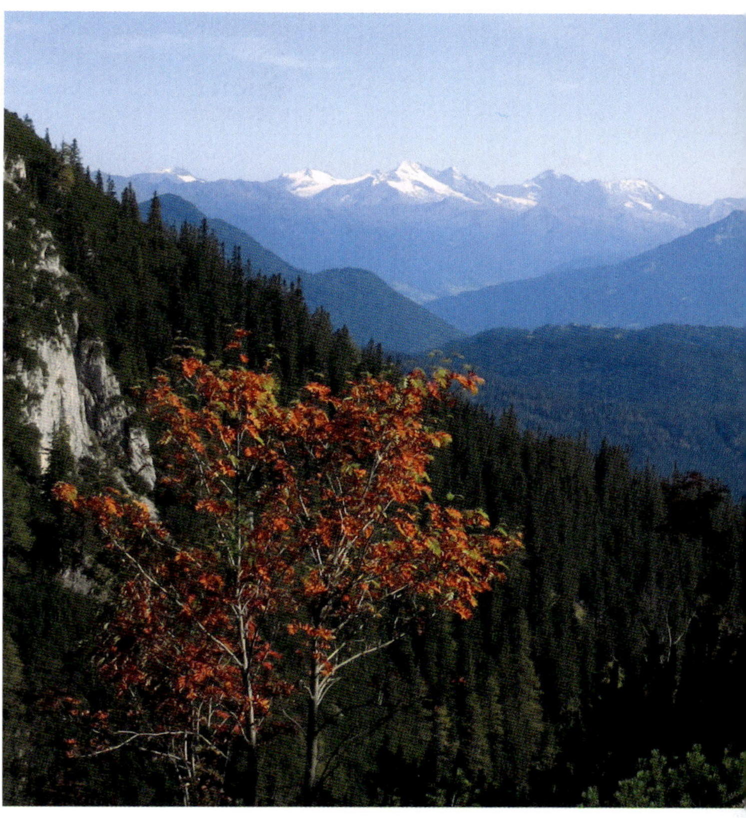

DIE TOUR KOMPAKT

Startplatz: Parkplatz im Gaistal am Salzbach hinter Leutasch
Schwierigkeit: mittel
Anstieg: 820 Höhenmeter
Höchster Punkt: 2030 m
Distanz: 20 Kilometer
Zeitbedarf: ca. 2,5 Stunden

Bevor man schließlich wieder die bereits erwähnte Gaistalalm erreicht, kann man noch einen tollen, nicht allzu schweren Fels- und Wurzeltrail in die Tour einbauen (Abzweig im GPS-Track markiert).

Den Abschluss bildet die Rückfahrt auf einer Forstwegalternative durch die herrlichen Wiesen des Almgeländes zum Ausgangspunkt. Dieser Forstweg ist etwas weniger frequentiert und eignet sich daher bestens für die Abfahrt. Für alle Interessierten gibt es am Parkplatz P4 noch ein kleines Informationszentrum.

TIPPS ZUR TOUR

- Der Predigtstein ist über einen steilen Steig erreichbar. Man sollte jedoch trittsicher sein und eine gute Dreiviertelstunde einplanen.

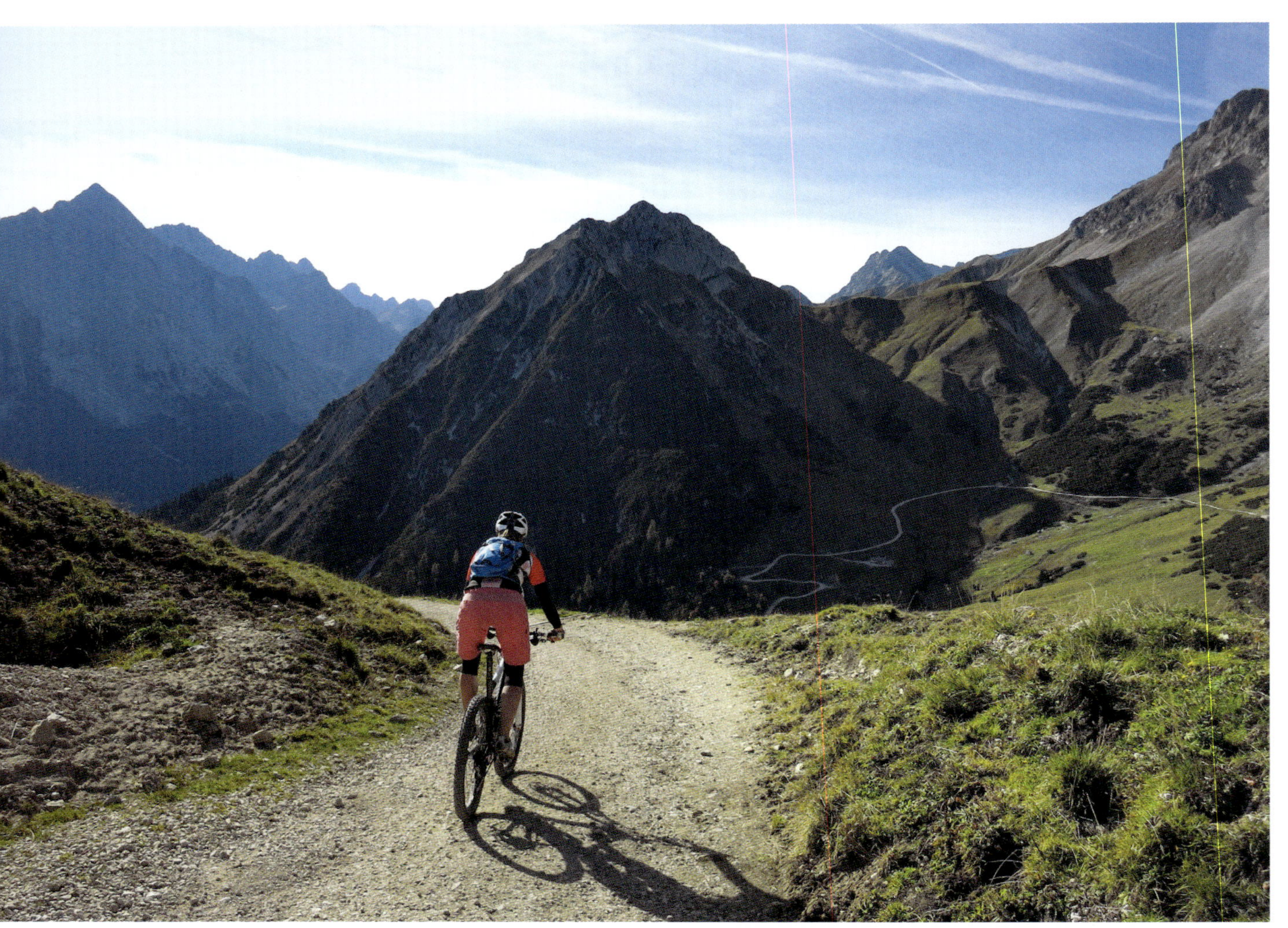

HÖHENPROFIL

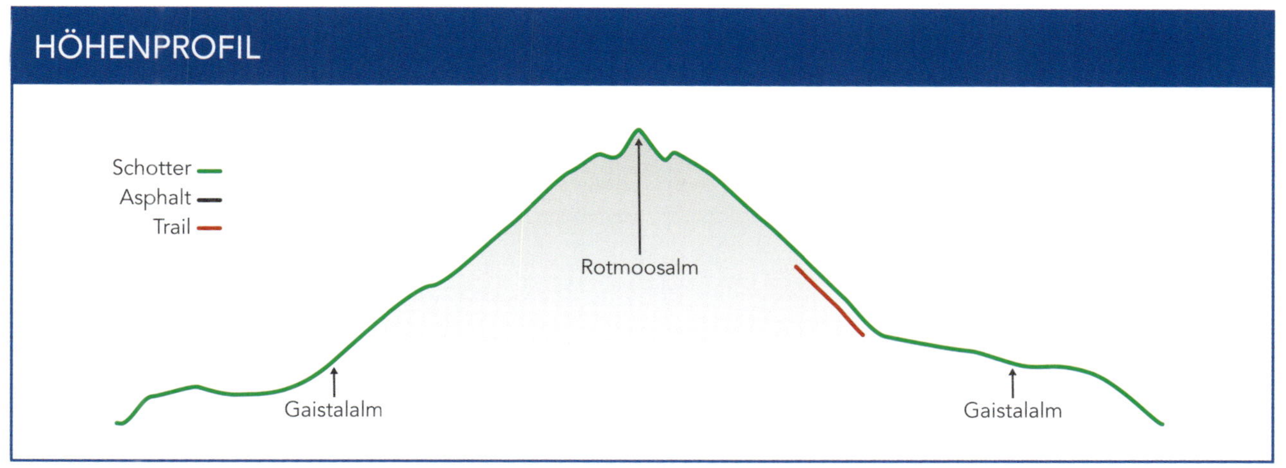

KARTENAUSSCHNITT

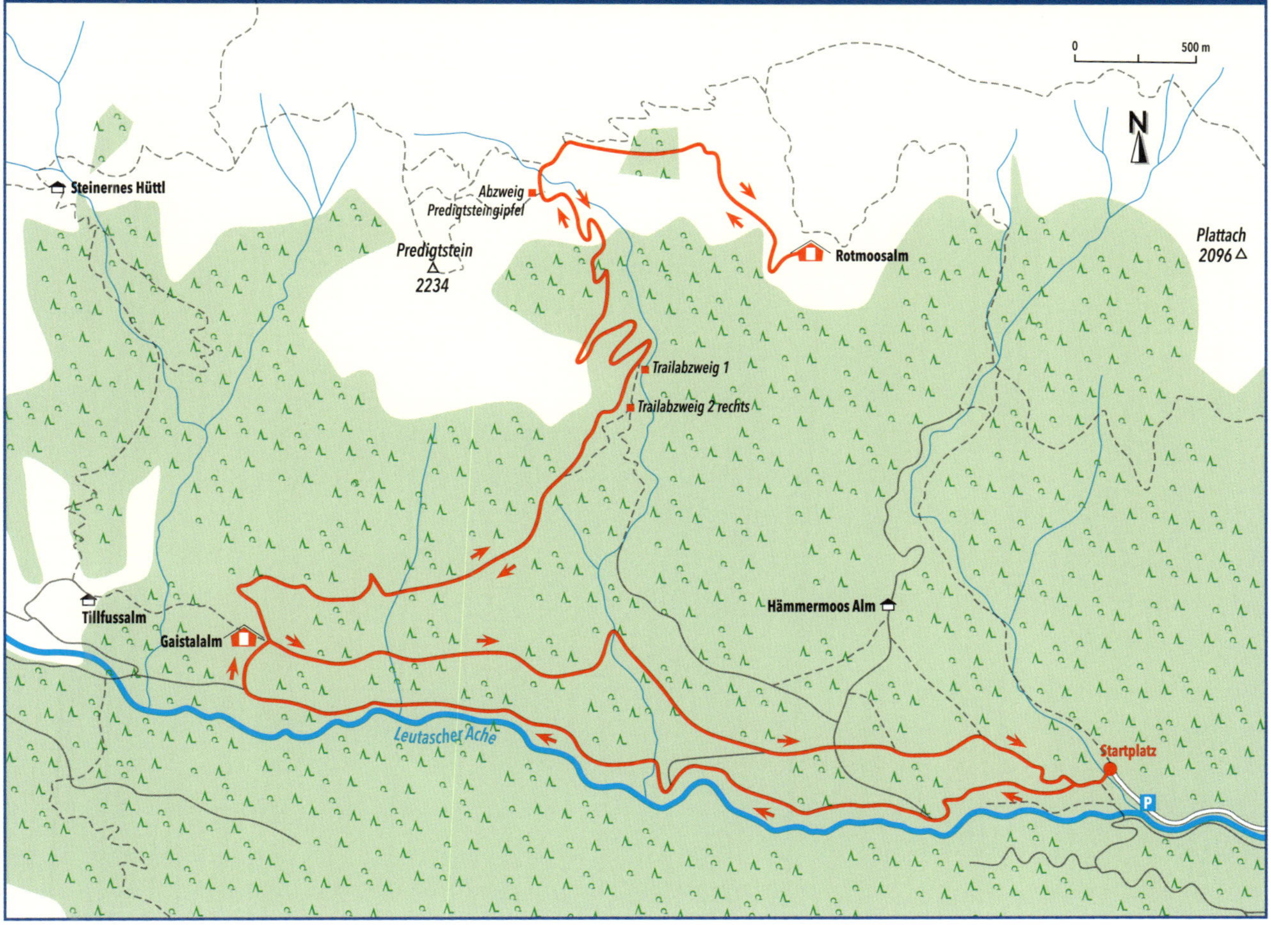

Tour 23

ZUM KÖNIGSHAUS AM SCHACHEN

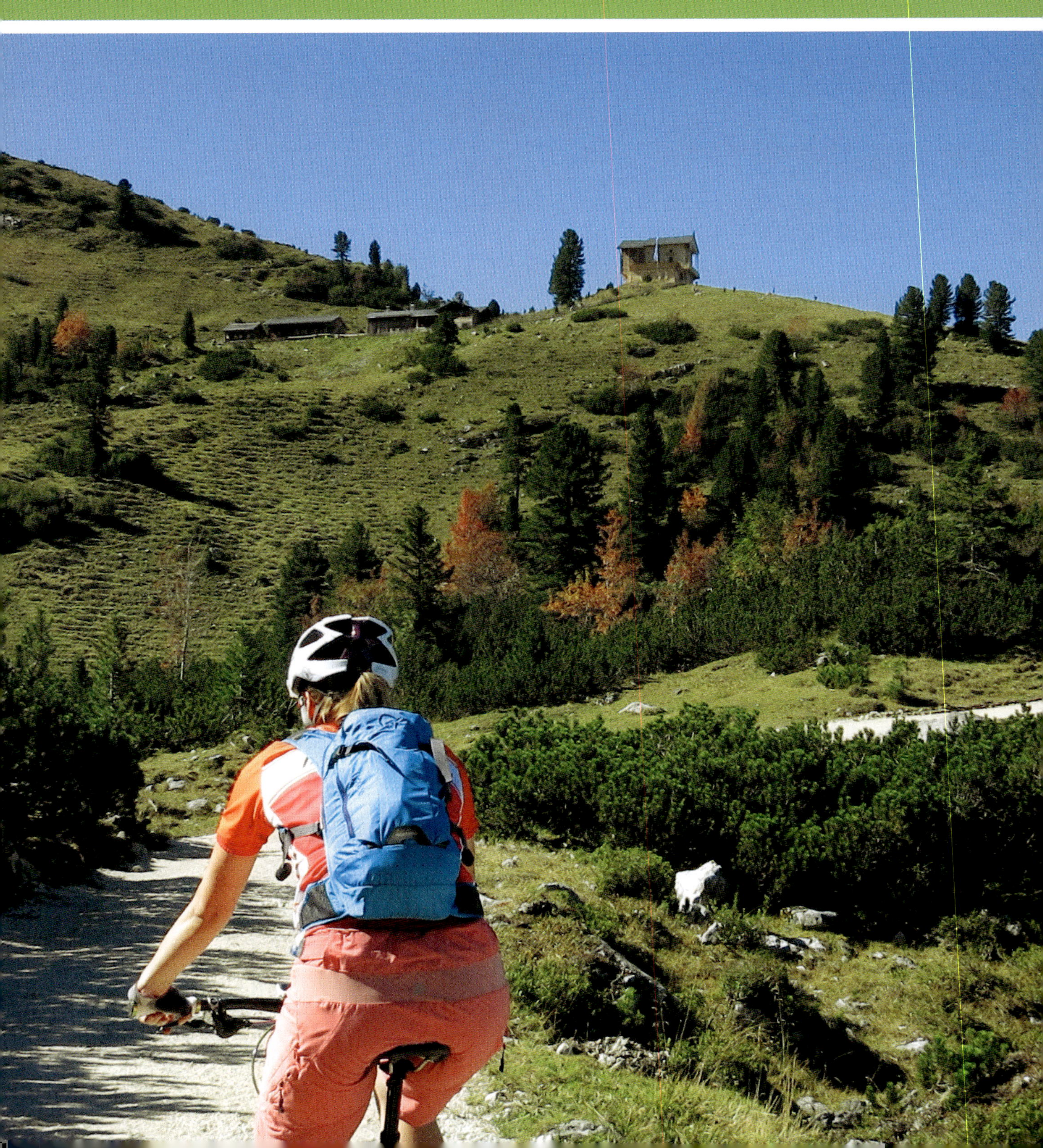

Am Schachen hat sich König Ludwig II. um 1870 ein kleines Hochgebirgsdomizil errichten lassen. Von außen eher unscheinbar verbirgt sich im ersten Stock des Hauses ein Traum aus Tausend und einer Nacht, den sich der Märchenprinz hier erfüllt hat. Eine Besichtigung lohnt sich in jedem Fall (siehe Tipps zur Tour).

Die Fahrt beginnt, wie bei der Tour auf den Hohen Kranzberg, am südlichen Ende von Mittenwald und folgt bald der Fahrstraße nach Leutasch zwischendurch auch steiler bergauf. Etwas später ergeben sich wieder die ersten Blicke auf den Lautersee.

Schließlich wird der nun geschotterte Weg flacher und man erreicht den Ferchensee, der zu einer ersten Rast im gleichnamigen Gasthof einlädt. Da diese Tour aber wesentlich länger und anstrengender ist, sollte man sich den Genuss eines Kuchens für die Rückfahrt aufheben. Immer mit einem tollen Blick auf die obere und untere Wettersteinspitze fährt man nun entlang des Ferchenbachs in genussvoller Steigung nach Elmau. Von dort zieht der Forstweg Richtung Süden und wird im Schnitt immer etwas steiler. Nach einiger Zeit biegt man in eine interessante Trailauffahrt mit groben Geröll ein. Da die Steigung jedoch moderat ist, wird man auch ohne E-Bike seinen Spaß haben können.

Bald darauf gelangt man hoch über den Ammergauer Alpen zum Schlussanstieg dieser Tour. Man blickt dabei bereits ständig auf das Schachenschloss, welches aber nicht wirklich näher kommen will. Nach einigen Kehren ist es dann endlich geschafft und man hat das Schachenhaus erreicht. Hier erwarten einen eine typische kleine Auswahl an Bergsteigergerichten und täglich frisch gebackenem Kuchen.

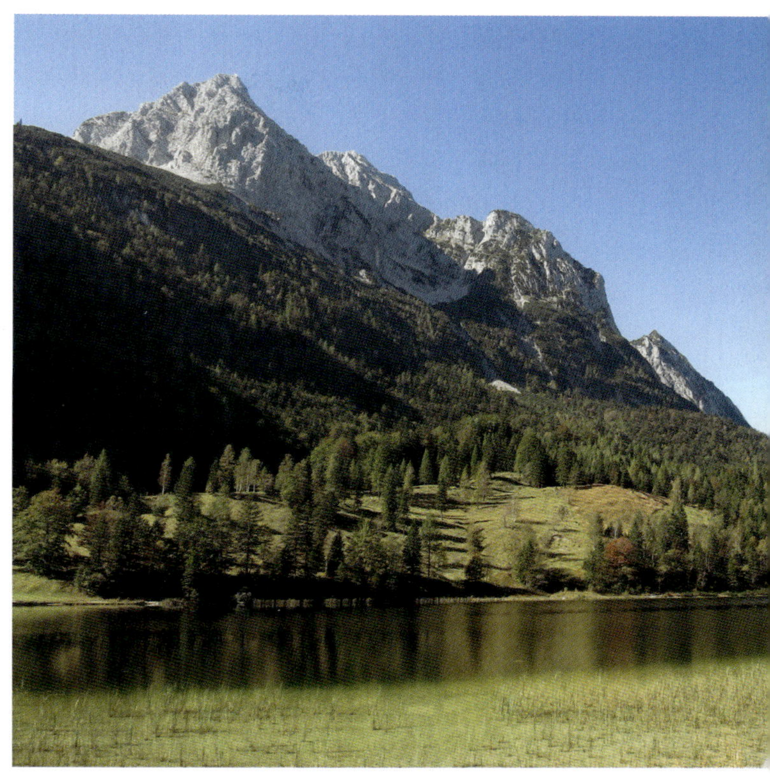

DIE TOUR KOMPAKT

Startplatz: Parkplatz am Riedboden in Mittenwald
Schwierigkeit: schwer
Anstieg: 1220 Höhenmeter
Höchster Punkt: 1840 m
Distanz: 38 Kilometer
Zeitbedarf: ca. 3,5 Stunden

Nach dem leiblichen Wohl und den Besichtigungen hat man die Wahl zwischen einem technisch nicht allzu schwerem Felsentrail (Abzweig im GPS-Track markiert) oder der Abfahrt auf dem Forstweg der Anfahrt. Im weiteren Verlauf der Abfahrt kann man kleine Trailabstecher einbauen, die jedoch zum Teil schwieriger und steiler sind. Gleich danach folgt der leichte Gerölltrail, der bereits von der Auffahrt bekannt ist. Ohne weitere Hindernisse gelangt man nach einiger Zeit wieder nach Elmau. Hier empfiehlt sich eine Einkehr im Wirtshaus nahe dem fünf Sterne Hotel Schloss Elmau. Oder man fährt noch weiter zum Ferchensee, wo das Gasthaus Ferchensee ebenfalls mit regionalen Köstlichkeiten lockt.

Zum Ausgangspunkt zurück folgt man zuerst dem bekannten Forstweg und dann einfach der Fahrstraße durch Mittenwald.

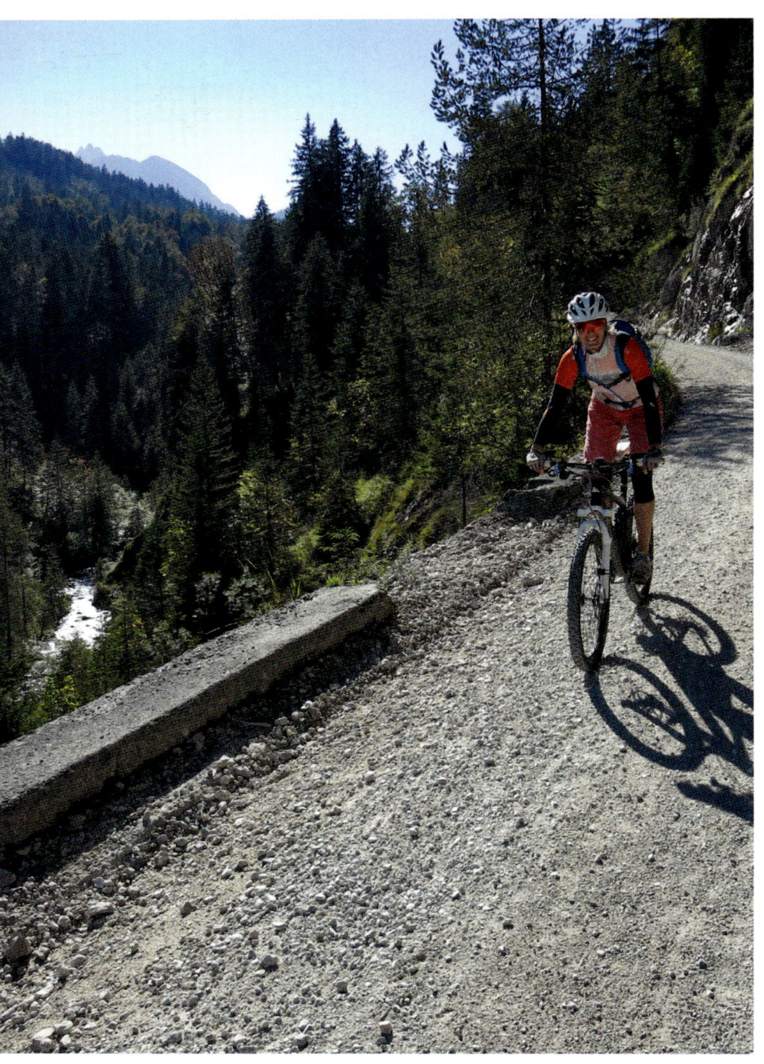

TIPPS ZUR TOUR

- Der botanischer Alpengarten am Schachenhaus beherbergt über 750 Pflanzenarten aus den Hochgebirgen dieser Welt, von heimischen Arten bis zu verschiedensten Pflanzen aus den Anden und dem Himalaya. Die beste Zeit für einen Besuch ist Juni bis Juli. Der Eintritt beträgt zwei Euro.

- Eine Schlossbesichtigung sollte unbedingt eingeplant werden. Für ein paar Euro kann man sich im ersten Stock des Hauses von dem *türkischen Saal* mit einem Springbrunnen mitten im Raum und fantastisch bleiverglasten Fenstern verzaubern lassen. Dieser Saal steht im absoluten Widerspruch zu dem Rest der Ausstattung, die einem alpinen Feriendomizil der Zeit entspricht.

HÖHENPROFIL

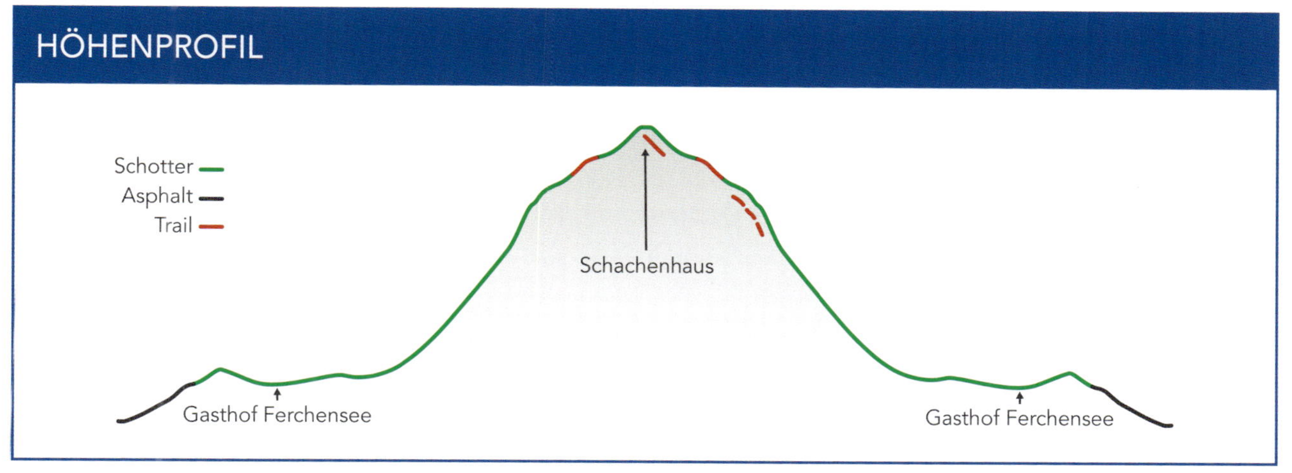

KARTENAUSSCHNITT

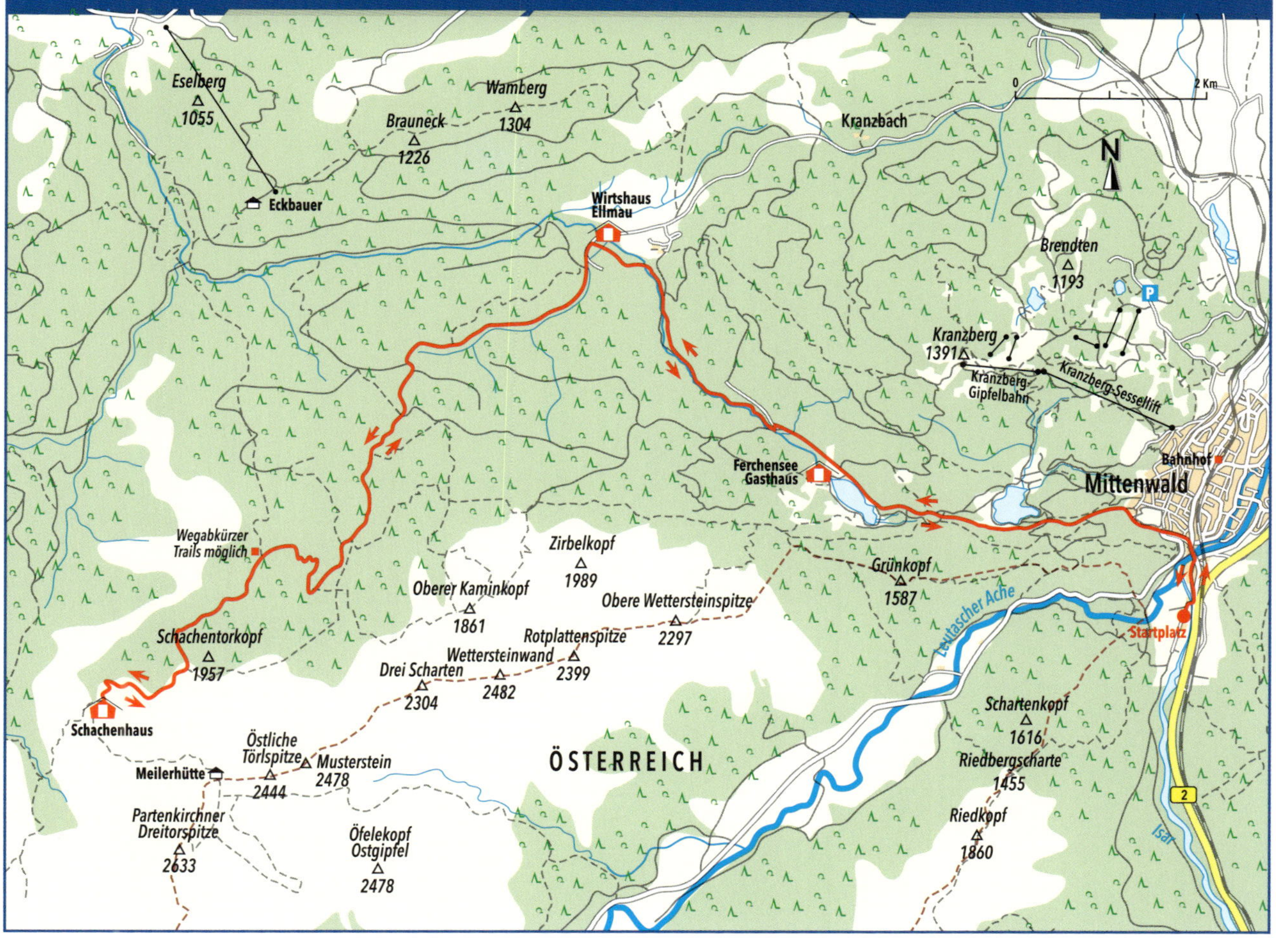

Eselberg 1055
Wamberg 1304
Brauneck 1226
Kranzbach
0
2 Km
N
Eckbauer
Wirtshaus Ellmau
Brendten 1193
P
Kranzberg 1391
Kranzberg-Gipfelbahn
Kranzberg-Sessellift
Bahnhof
Ferchensee Gasthaus
Mittenwald
Wegabkürzer Trails möglich
Zirbelkopf 1989
Oberer Kaminkopf 1861
Obere Wettersteinspitze 2297
Grünkopf 1587
Leutascher Ache
Startplatz
Schachentorkopf 1957
Rotplattenspitze
Wettersteinwand 2399
Drei Scharten 2304
2482
Schachenhaus
Schartenkopf 1616
Riedbergscharte 1455
Östliche Törlspitze 2444
Musterstein 2478
ÖSTERREICH
Meilerhütte
2
Partenkirchner Dreitorspitze 2633
Öfelekopf Ostgipfel 2478
Riedkopf 1860
Isar

Tour 24

ZUR FALKENHÜTTE

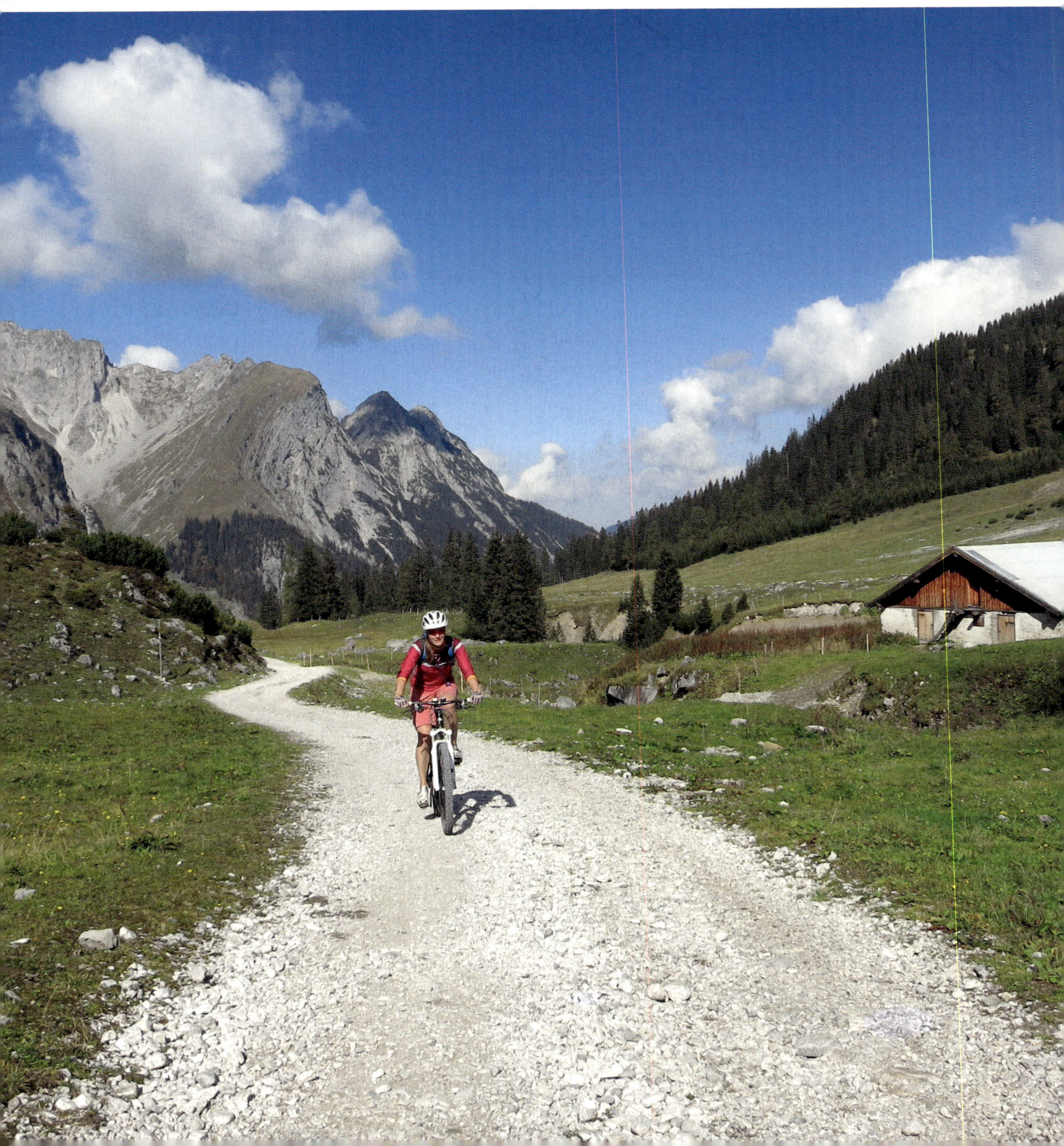

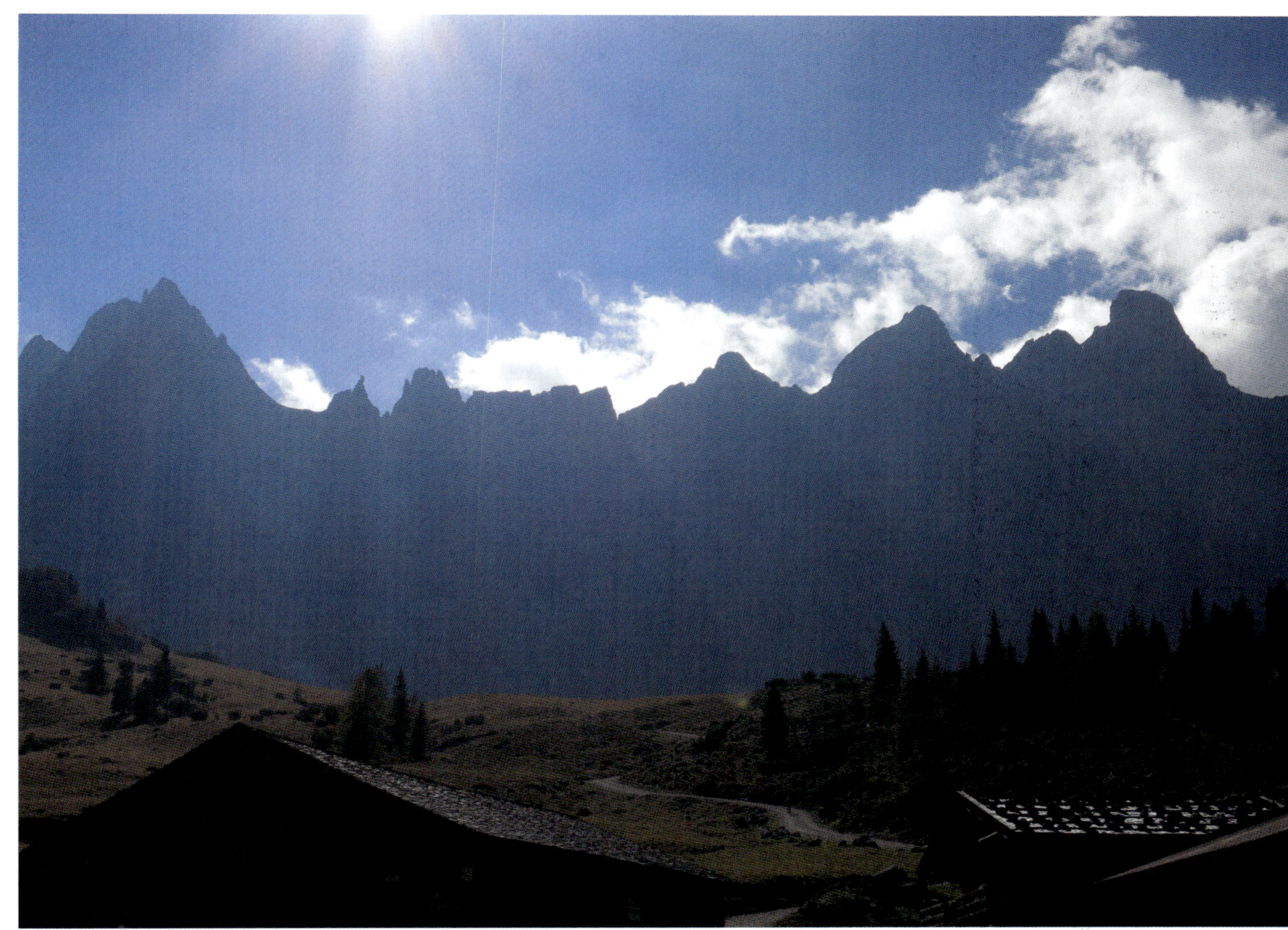

In den schroffen und abweisenden Laliderer Wänden, zu deren Füßen die Falkenhütte errichtet wurde, ist alpine Klettergeschichte geschrieben worden. Und auch heute kann man noch den ein oder anderen wagemutigen Kletterer beim Tanz durch den teils brüchigen Fels beobachten. Die denkmalgeschützte Falkenhütte wurde von 2017 bis 2020 liebevoll renoviert und eignet sich auch ideal als Stützpunkt für weitere Unternehmungen in der Umgebung.

DIE TOUR KOMPAKT

Startplatz: Parkplatz P4 im Rißtal kurz hinter der Fuggeralm
Schwierigkeit: schwer
Anstieg: 990 Höhenmeter
Höchster Punkt: 1856 m
Distanz: 24 Kilometer
Zeitbedarf: ca. 3 Stunden

Der erste Teil der landschaftlich beeindruckenden Auffahrt durch das Johannestal führt oberhalb einer Schlucht entlang. Der alte Forstweg ist nicht allzu steil und so hat man bald Gelegenheit die Aussicht auf die Kalkriesen des zentralen Karwendelgebirges zu genießen.

Nach einer kurzen Flachpassage wird die Piste etwas rauer und kurz hinter der Ladizalm auch teilweise sehr steil. Hier ist man mit einem E-Bike wieder einmal klar im Vorteil.

Schließlich folgt man nach einem weiteres kurzen Flachstück einigen engen Serpentinen und erreicht so das Tagesziel.

Nach einer ausgiebigen Pause, die man mit einer mitgebrachten Brotzeit auch wunderbar in der traumhaften Umgebung verbringen kann, geht es auf dem bekannten Anfahrtsweg zurück zum Ausgangspunkt. Hierbei kann man zwei interessante Fels- und Schottertrails befahren (Abzweige im GPS-Track markiert).

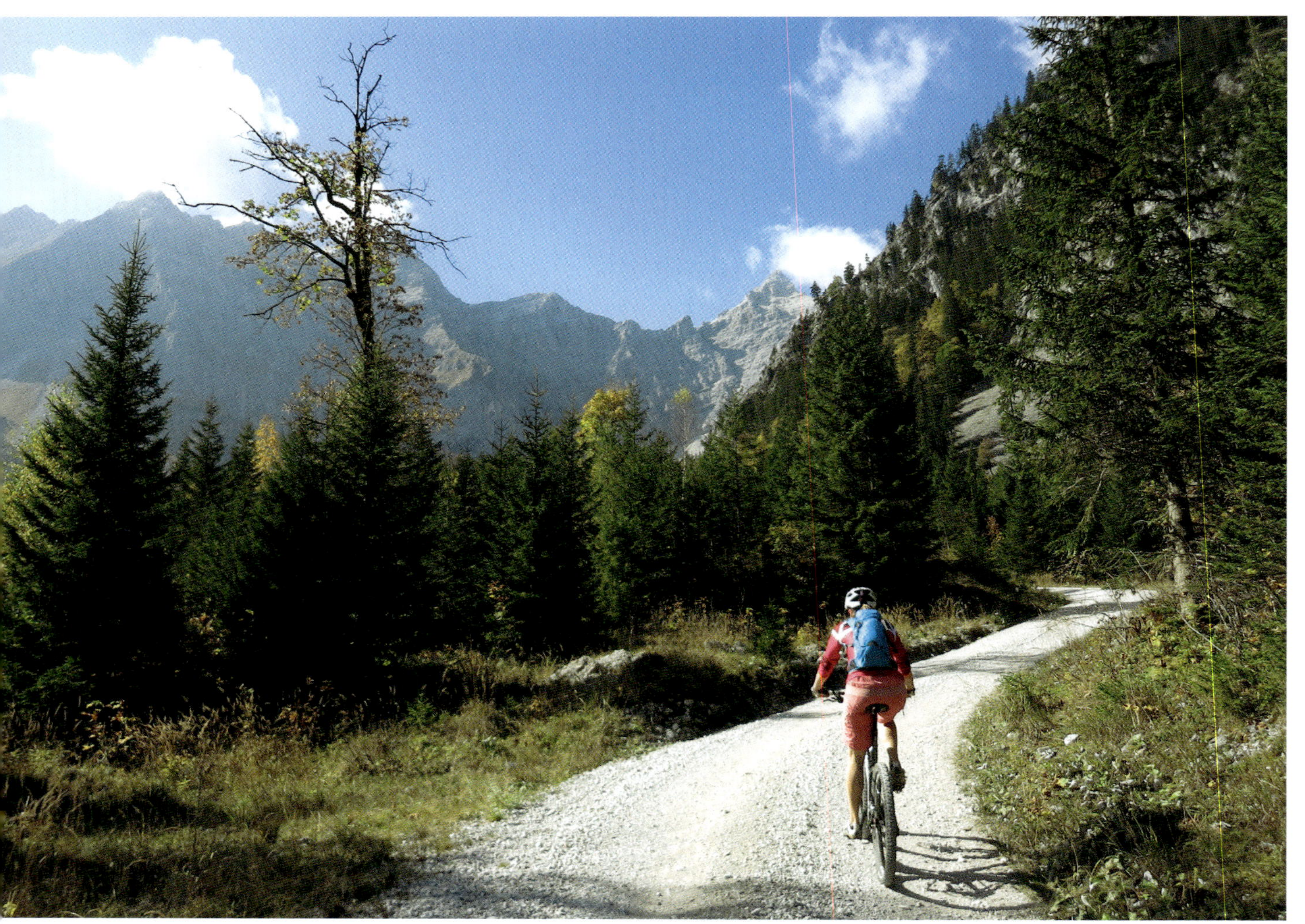

HÖHENPROFIL

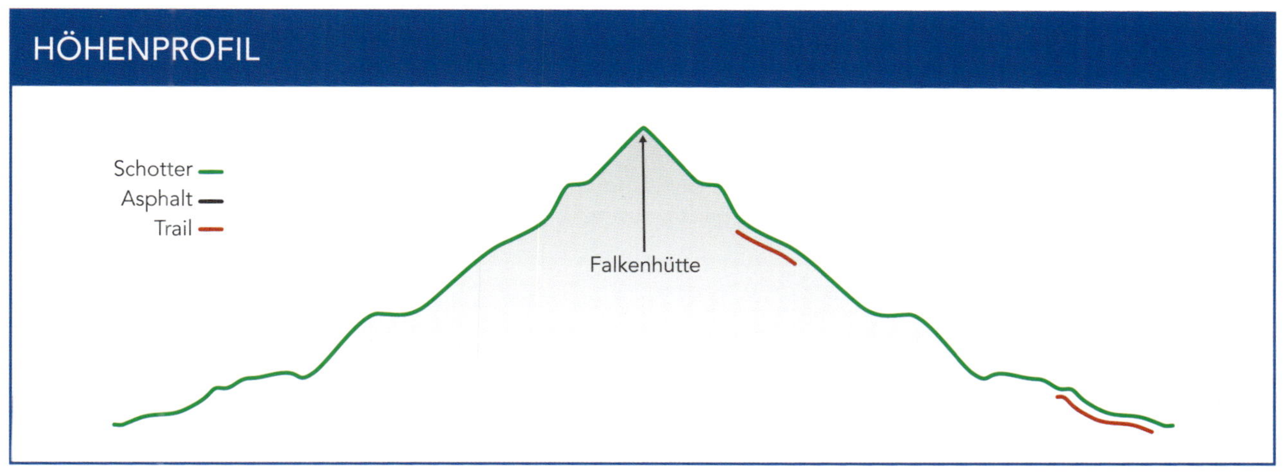

KARTENAUSSCHNITT

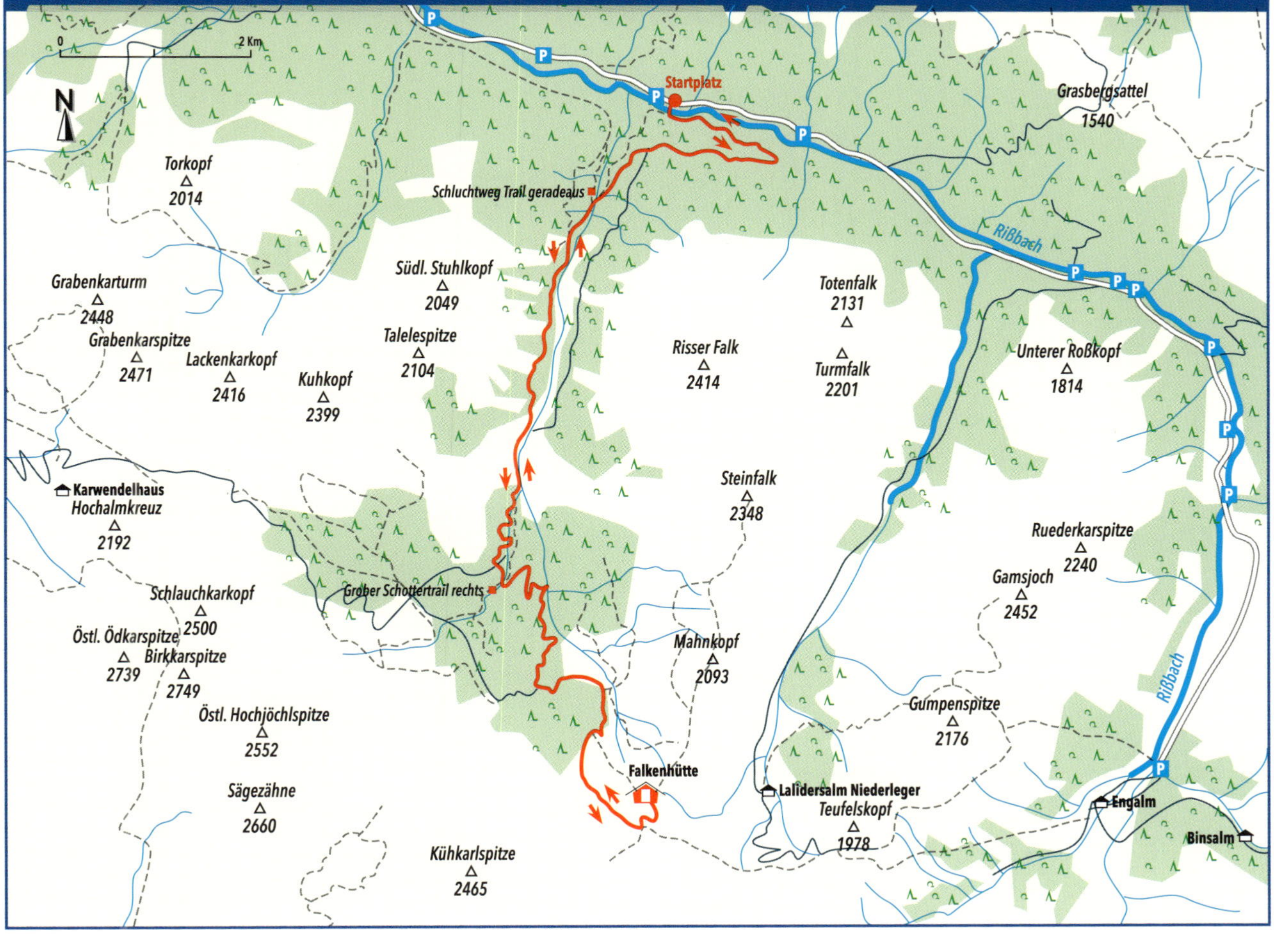

Tour 25

UM DEN WANK

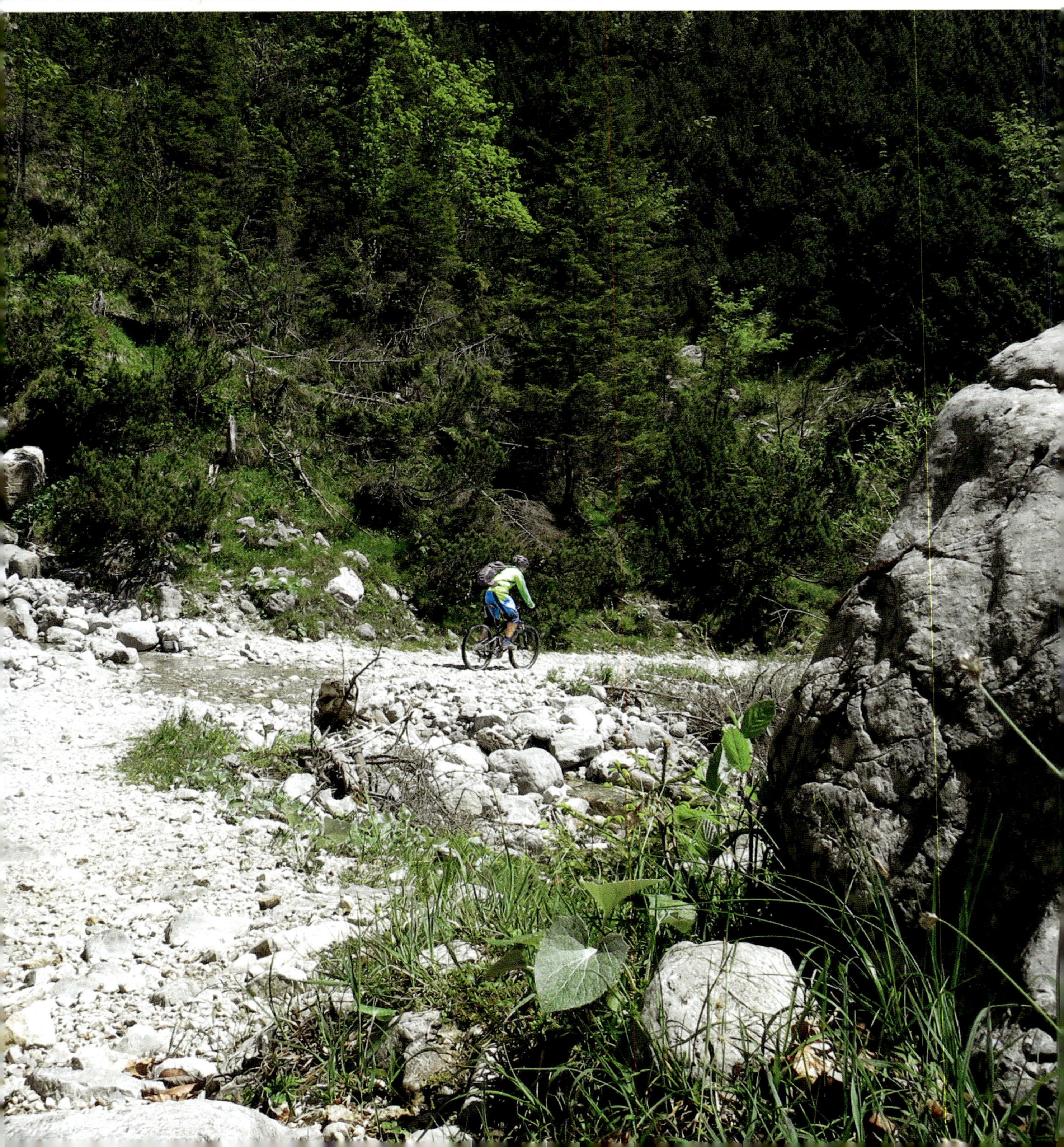

Wer die Einsamkeit sucht hat mit dieser Tour die richtige Entscheidung getroffen. Hinter der Esterbergalm trifft man nur noch selten auf Wanderer oder Mountainbiker.

Zur Beginn sollte man eine Tatsache klar vor Augen haben. Die Auffahrt zur Esterbergalm ist ohne E-Bike nur sehr gut Trainierten zu empfehlen oder es wird einfach geschoben, bei der teils lang anhaltenden Steilheit ist dies auf keinen Fall eine Schande.

Von dem Parkplatz der Wankbahn folgt man zunächst der Asphaltstraße bis zum Kletterwald. Hier wechselt der Untergrund auf Schotter, die Steigung ist aber immer noch angenehm zu fahren. Das ändert sich beim nächsten Wechsel des Untergrundes schlagartig und man bekommt einen kleinen Vorgeschmack auf das, was noch folgen wird. Dazwischen hat man allerdings noch einmal kurz die Gelegenheit auf einem flachen Forstwegabschnitt die Aussicht auf Garmisch-Partenkirchen und die umliegenden Berge zu genießen.

Jetzt kommt die ultimative Uphill-Herausforderung. Auf einer alten Asphaltpiste schraubt sich der Weg mit steilsten Rampen nach oben. Teilweise hat man das Gefühl auf eine Mauer zuzufahren. Nach den steilsten Abschnitten erreicht man schließlich den leicht welligen, aber eher flachen Forstweg, der einen zur Esterbergalm leitet. Hier warten neben deftigen Brotzeittellern wechselnde Tagesgerichte wie zum Beispiel Junghirschgulasch oder Lammeintopf auf die hungrigen Besucher.

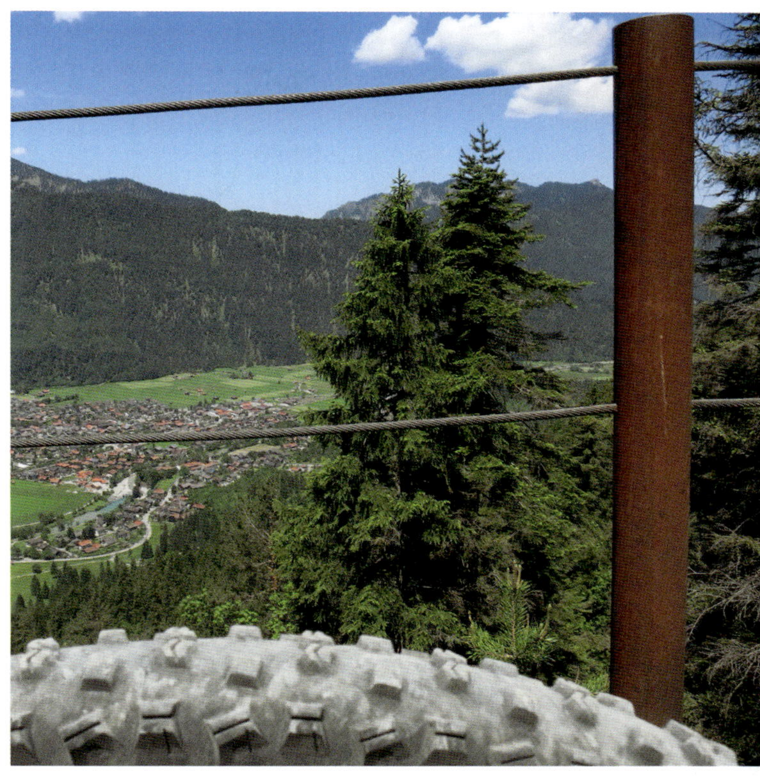

Auf der Weiterfahrt wird es auf dem alten Forstweg durch das Flinzbachtal wildromantisch und der danach folgende Gegenanstieg ist im Vergleich zum Vormittag eher harmlos.

DIE TOUR KOMPAKT

Startplatz: Parkplatz an der Wankbahn in Garmisch-Partenkirchen
Schwierigkeit: sehr schwer
Anstieg: 980 Höhenmeter
Höchster Punkt: 1296 m
Distanz: 26 Kilometer
Zeitbedarf: ca. 3,5 Stunden

Ein felsiger und grobschottriger Singletrail fordert nun die Aufmerksamkeit. Am Ende dieser Technikprüfung kann man sich entscheiden, den Trail auf einer schalen ausgewaschenen Wurzelpiste bis zum Gschwandtnerbauer zu verlängern (Abzweig im GPS-Track markiert). Oder man biegt, vielleicht auch dann, wenn es viel geregnet hat, auf den Forstweg ab. In jedem Fall landet man letztendlich bei der urigen Gastwirtschaft des Gschwandtnerbauern.

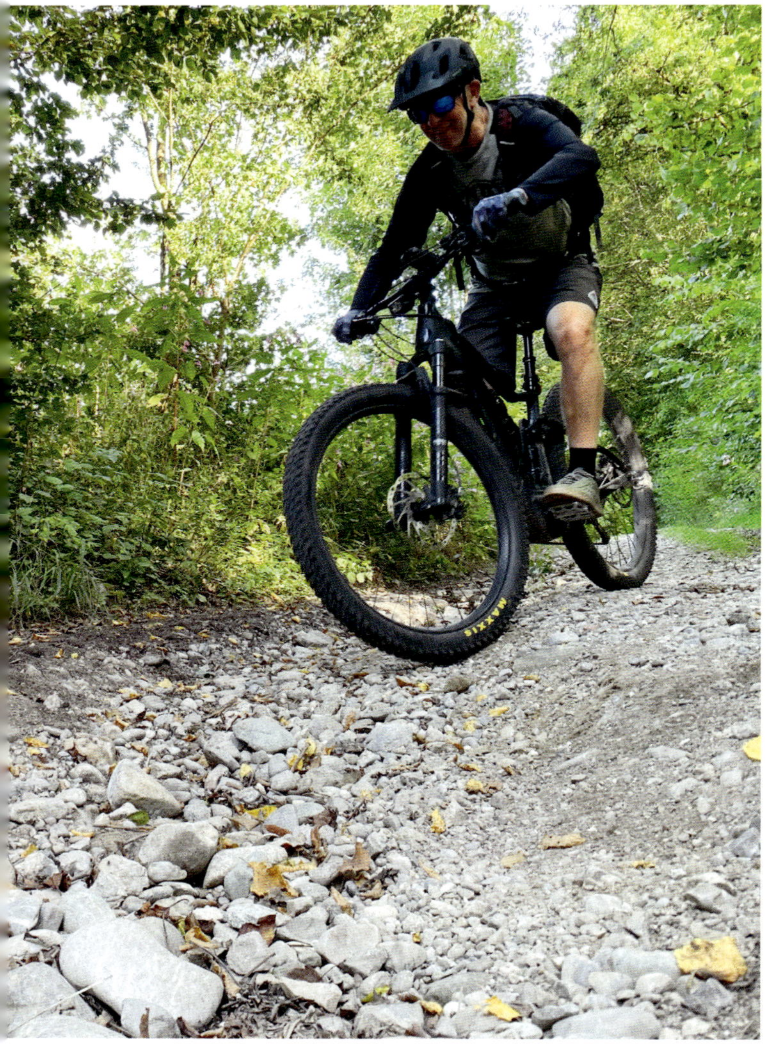

Nachdem man den Tag gebührend gefeiert hat, rollt man über Wiesen und kleine Dörfer zurück zum Ausgangspunkt.

TIPPS ZUR TOUR

- Man sollte sich diese Tour auf jeden Fall so einteilen, dass man noch genügend Zeit für die Einkehr beim Gschwandtnerbauer hat. An dem fantastischen Ausblick auf den Jubiläumsgrat kann man sich kaum sattsehen.
- Die Ziegen der Esterbergalm sind bei Kindern besonders beliebt. Der Kaiserschmarrn sei für alle Altersklassen besonders empfohlen.
- Die Tour ist auch als Bike-and-Hike-Tour zur empfehlen. Kurz hinter der Esterbergalm zweigt ein alter Versorgungsweg ab (Abzweig im GPS-Track markiert), der bis zur alten Materialseilbahn noch fahrbar ist. Danach folgen noch ca. 500 Höhenmeter Aufstieg zum Krottenkopf, der eine grandiose Rundumsicht von den Ammergauer Bergen bis zum Karwendelgebirge bietet. Man fährt dann auf dem gleichen Weg zurück oder hängt noch den Rest der Tour dran. Besonders mit dem E-Bike ein tagesfüllendes Abenteuer.

HÖHENPROFIL

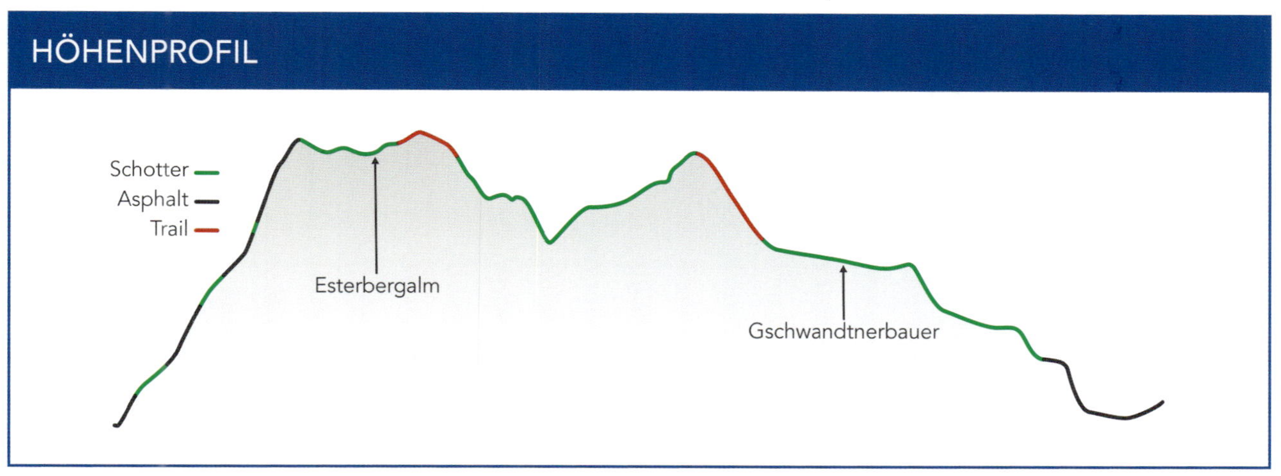

KARTENAUSSCHNITT

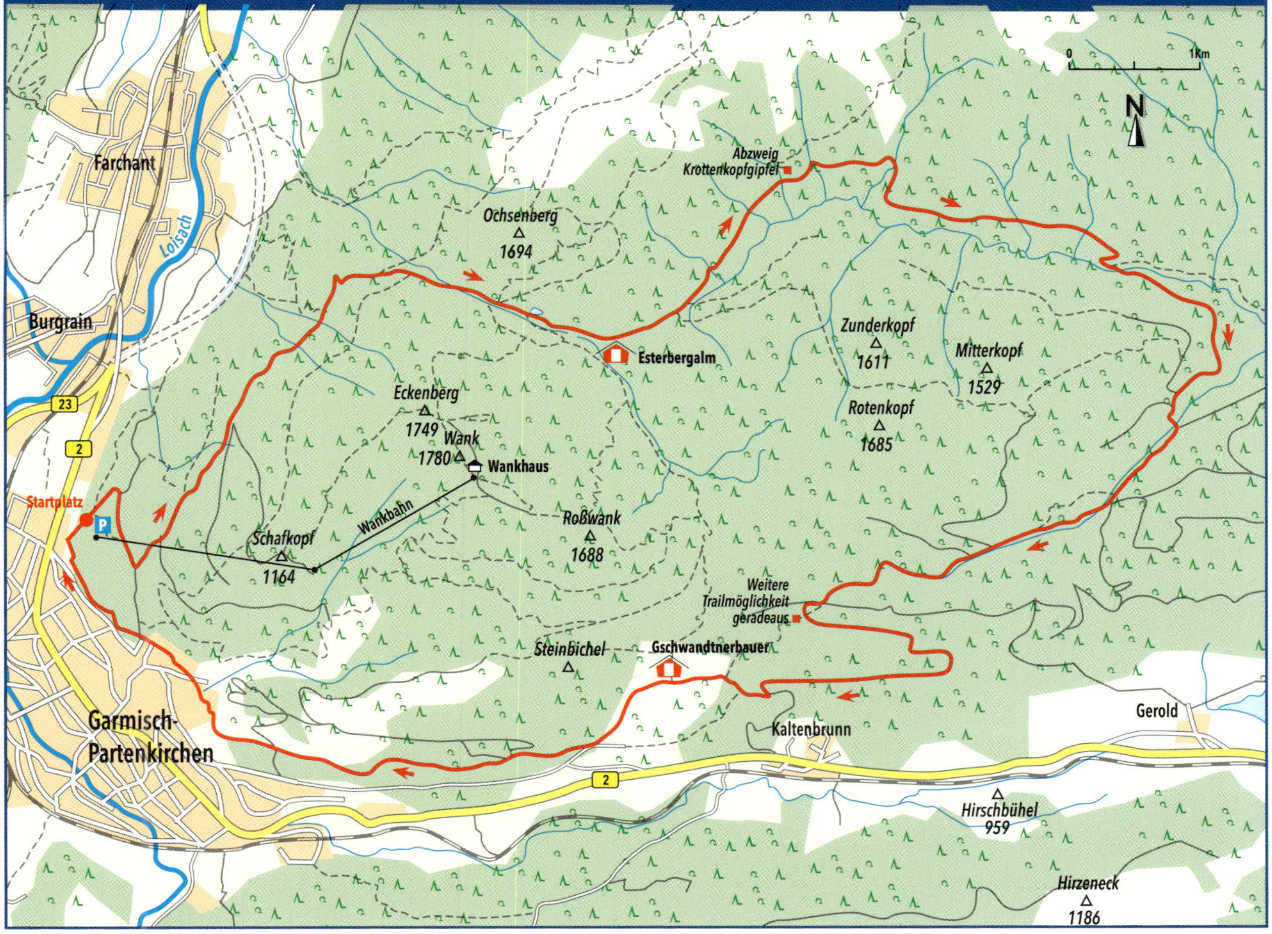

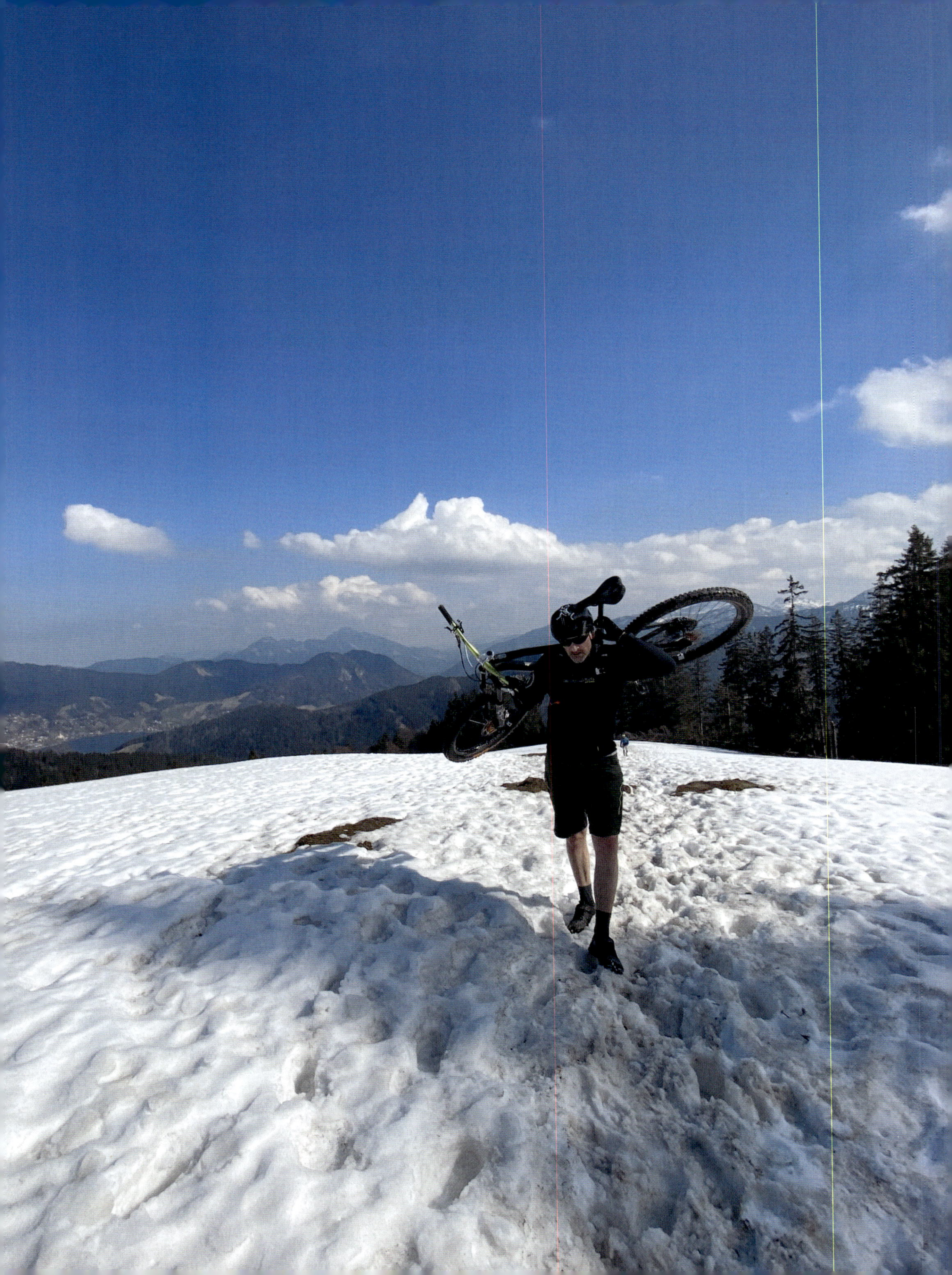

An dieser Stelle danke ich meinen Eltern
für ihre Liebe und Fürsorge,
die es mir immer ermöglicht hat,
das zu tun, was mir Spaß macht.

Ich danke meinen Begleitern auf so vielen
Touren, Mathias Barba, Claudia Bensch,
Susann Pilotto und Taner Yalcin –
ohne euch wäre es nur halb so schön gewesen!

Register

A

Ackernalm 67

Aiplspitz 47

Aueralm 71

August-Schuster-Haus 95

Auracher Köpfl 47f.

B

Bärenhöhle 91f.

Benediktenwand 55, 59

Blomberg 59f.

Blombergbahn 60

Blomberghaus 59f.

Brandenberger Ache 67

Brecherspitz 47

Breitenstein 63f.

Bründlings-Alm 15

D

Download Karten + GPS-Tracks 7

Duftbräu 38

E

Ehrwalder Obermoos 100

Eibelsfleck Alm 55

Eibsee 99f.

Elendalm 68

Elendsattel 67

Elmau 107f.

Engelstein 16

Engelsteinhöhle 16

Erzherzog-Johann-Klause 67f.

Esterbergalm 115f.

Ettaler Mühle 91

F

Falkenhütte 111f.

Feichteck 37

Feichteckalm 37f.

Ferchensee 87, 107f.

Fischerwirt 91

Fockenstein 71f.

G

Gaistal 103

Gaistalalm 103f.

Gasthaus Brand 12

Gasthaus Schleifmühle 95

Geigelstein 33

Geigenbaumuseum 88

Gindelalmen 51f.

Gindelalmschneid 51

Gleichenbergalm 15

Gorialm 29

GPS-Tracks Download 7

Graswang 91

Graswangtal 95f.

Großglockner 37

Großvenediger 37

Gschwandtnerbauer 116

H

Hennerer Hof 47, 52

Heuberg 19

Hindenburghütte 26
Hirschtalsattel 72, 75
Hochfelln 15
Hochgern 12
Hochplatte 41f.
Hochplattenalm 41f.
Hochries 37
Hochthörlehütte 99f.
Hoferalm 65
Hohenburger Weiher 72
Höhenprofil 7
Hoher Kranzberg 87f.
J
Jägerkamp 47
Jenbachfall 63f.
Jenbachtal 63
Josefstaler Wasserfälle 80
Josephskapelle 95f.
K
Kampenwand 29f.
Karten + GPS-Tracks Download 7
Karwendelgebirge 87, 112f.
Kloster Ettal 92
Kolben 92
Kranzberghaus 88
Kranzhorn 19f.
Kranzhornalm 19f.
Kranzhornkapelle 19
Krottenkopf 116
L
Ladizalm 112
Lainbachtal 55f.
Lainbachwasserfälle 55
Lautersee 87, 107
Lehenkirchl 60
Lenggries 71f., 75f.
Leutascher Ache 103
Loferer Steinberge 25
M
Märchenpark Niedernfels 42
Maria Eck 11f., 15
Markus Wasmeier Freilichtmuseum 47
Mieminger Kette 103
Mittenwald 87f., 107f.
Moaralm 60
Möseralm 25
Muckklause 25f.
N
Neue Welt 100
Neuhüttenalmen 71f.
Neureuthhaus 52
O
Oberammergau 91f.
P
Pattenberg 16
Piesenhauser Hochalm 41f.
Pölcher Schneid 37
Pölcheralm 38

Predigtstein 103f.
Priener Hütte 33
Pulvermoos 91
Pürschling 92, 95f.
R
Rechelkopf 71
Restaurant Lärchenhügel 92
Roßkopf 79
Rotmoosalm 103
Rotwandhaus 79f.
Ruchenköpfe 79
Ruhpoldinger Marmor 11
S
Sattelalm 56
Schachen 107
Schachenhaus 107f.
Schachenschloss 107
Schinder 67
Schindlau 19
Schlechtenberger Alm 29
Schlechtenberger Kapelle 29
Schleifmühlenklamm 96
Schliersee 47
Schloss Linderhof 91f.
Schneefernerkopf 100
Schreckalm 33
Schwaiger Alm 71
Schwarzentenn Alm 76
Seegatterl 25
Sigrizalm 71
Soinsee 79
Sommerrodelbahn 59, 95
Spitzingsattel 80
Spitzingsee 79f.
Staffelstein 30
Steingrabner Alm 65
Steinlingalm 29f.
Stinkergraben 75f.
T
Teufelstättkopf 96
Tregleralm 64
U
Ursprungtal 68
W
Wallfahrtskirche Maria Eck 11
Wank 115f.
Wendelstein 63
Wetterspitzen 100
Wetterstein 87, 103, 107
Wilder Kaiser 33, 67
Winkelmoosalm 25
Wirtsalm 63
Z
Zahmer Kaiser 20
Zipfelwirt 68
Zugspitze 59, 99f.
Zwiesel 59f.

Impressum

ISBN 978-3-8094-4415-2

1. Auflage

PROJEKTLEITUNG: Dr. Iris Hahner
UMSCHLAGGESTALTUNG: Atelier Versen, Bad Aibling
FOTOS: Jürgen Kiermeier
KARTOGRAPHIE: Heike Boschmann, München
LAYOUT UND SATZ: LAYER-CAKE, Jürgen Kiermeier, Glonn
HERSTELLUNG: Elke Cramer

REPRO: Mohn Media Mohndruck GmbH, Gütersloh
DRUCK UND BINDUNG: Mohn Media Mohndruck GmbH, Gütersloh
Printed in Germany

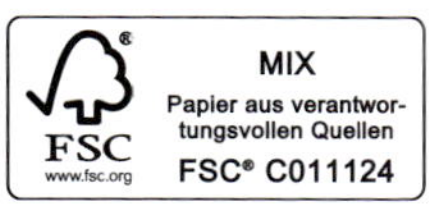

Penguin Random House Verlagsgruppe FSC® N001967

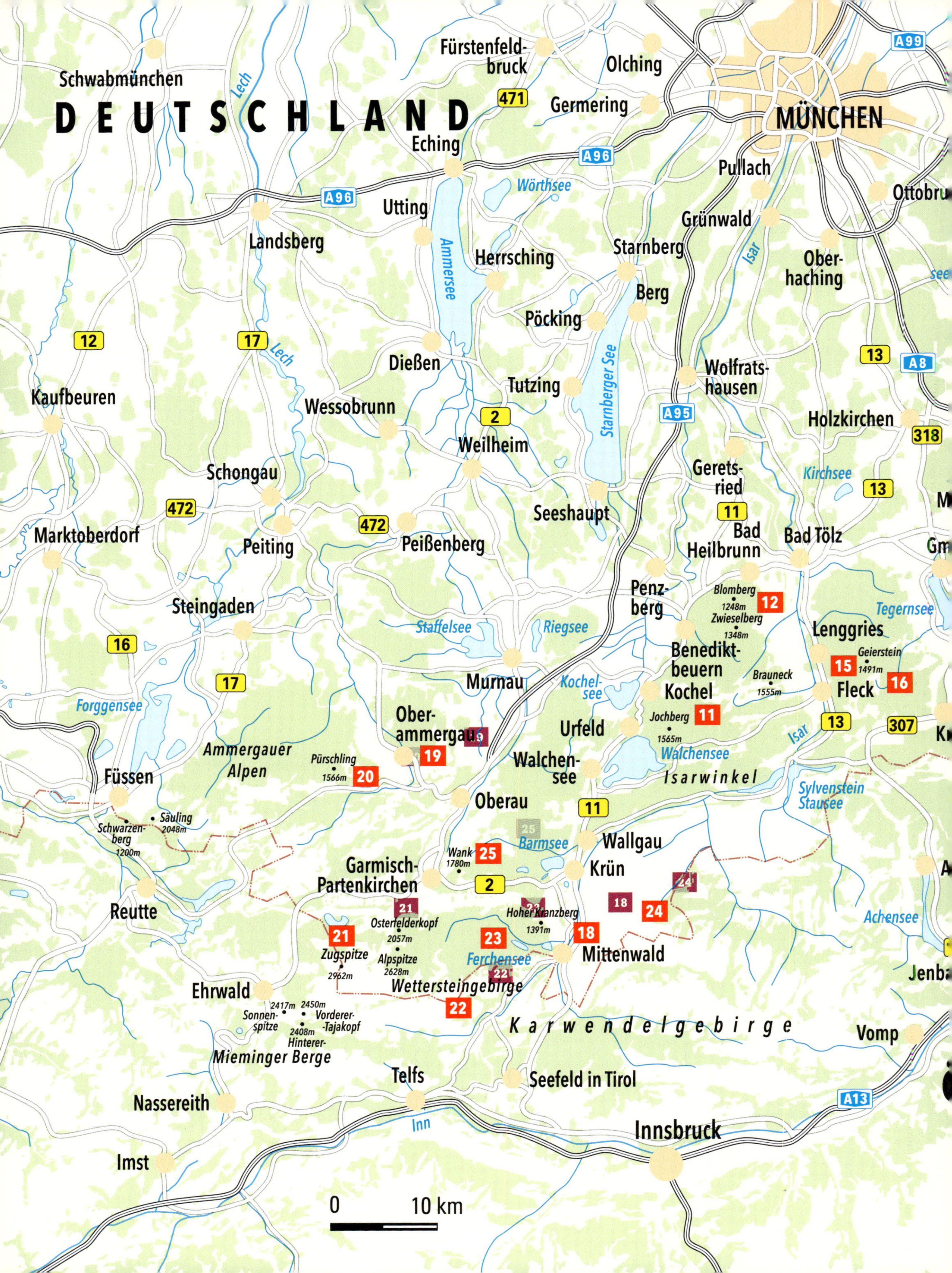
DEUTSCHLAND
MÜNCHEN
Schwabmünchen
Fürstenfeld-
bruck
Olching
Germering
Eching
Pullach
Ottobru
Grünwald
Ober-
haching
Utting
Landsberg
Herrsching
Starnberg
Berg
Pöcking
Wörthsee
Ammersee
Starnberger See
Isar
Lech
Dießen
Tutzing
Wolfrats-
hausen
Kaufbeuren
Wessobrunn
Weilheim
Holzkirchen
Gerets-
ried
Kirchsee
Schongau
Seeshaupt
Marktoberdorf
Peiting
Peißenberg
Bad
Heilbrunn
Bad Tölz
Steingaden
Penz-
berg
Blomberg
1248m
Zwieselberg
1348m
Tegernsee
Lenggries
Staffelsee
Riegsee
Benedikt-
beuern
Geierstein
1491m
Brauneck
1555m
Murnau
Kochel-
see
Kochel
Fleck
Forggensee
Ober-
ammergau
Urfeld
Jochberg
1565m
Ammergauer
Alpen
Pürschling
1566m
Walchen-
see
Walchensee
Isarwinkel
Füssen
Oberau
Sylvenstein
Stausee
Säuling
2048m
Schwarzen-
berg
1200m
Barmsee
Wallgau
Wank
1780m
Garmisch-
Partenkirchen
Krün
Reutte
Osterfelderkopf
2057m
Hoher Kranzberg
1391m
Achensee
Zugspitze
2962m
Alpspitze
2628m
Ferchensee
Mittenwald
Wettersteingebirge
Jenba
Ehrwald
2417m
2450m
Sonnen-
spitze
Vorderer-
-Tajakopf
2408m
Hinterer-
Mieminger Berge
Karwendelgebirge
Vomp
Telfs
Seefeld in Tirol
Nassereith
Inn
Innsbruck
Imst
0
10 km
A99
A96
A95
A8
A13
471
12
17
2
13
318
11
472
16
307
12
15
16
11
19
20
25
21
23
18
24
22